Benedikt Mayr
mit Fred Sellin

LAST EXIT

Mein gefährliches
Leben im Schnee

Dies ist meine Geschichte. Eine Geschichte von Erfolgen und Niederlagen, guten wie schlechten Tagen, von glücklichen und traurigen Zeiten – und von Zeiten, in denen ich weder das eine noch das andere war, nicht einmal ich selbst. Oder ein anderes Selbst, das nur zum Vorschein kam, wenn ich der Realität entfloh. Kurz: Es geht um das Leben, wie es mir passiert ist. Dazu gehören Dinge, auf die ich nicht stolz bin. Für manche schäme ich mich, um ehrlich zu sein. Aber nichts geschieht ohne Grund, auch wenn es mitunter Jahre braucht, bis man den erkennt. Ich habe einiges verbockt, allein und mit Freunden. Oder mit vermeintlichen Freunden. So oder so, verantwortlich sind nicht andere, verantwortlich bin ich selbst. Da diese Personen aber zu meiner Geschichte, meinem Leben gehören, wie andere in diesem Buch, habe ich von einigen – um ihre Identität zu schützen und die Persönlichkeitsrechte zu wahren – den Namen geändert, charakteristische Merkmale verfremdet und gemeinsame Erlebnisse an andere Orte verlegt. Das ändert nichts daran, dass es sich um reale Personen handelt und um wahre Begebenheiten, wie sie mir in Erinnerung geblieben sind.

Have you run your fingers down the wall
And have you felt your neck skin crawl
When you're searching for the light?
Sometimes when you're scared to take a look
At the corner of the room
You've sensed that something's watching you
(*Fear of the Dark*, Steve Harris/Iron Maiden)

Verstehen kann man das Leben nur rückwärts.
Leben muss man es vorwärts.
(Søren Kierkegaard)

Inhalt

No panic – oder doch?   9
Ein Tag im Oktober

„Benedikt ist ein sehr aufgewecktes Kind."   27
Waldorf, Vorfahren und Dämonen

Skifahren – okay, Sprünge – juchhe!   60
„Der Münchner" probiert alles aus

What's up guys?   90
Stürze, Helden und Sponsoren

Die Freestyler-WG   110
Von Innsbruck um die Welt

Legs of Steel   131
Ambitionierte Filmdrehs,
waghalsige Sprünge, böse Stürze

Die erste Line   164
Alte Verletzungen, neuer Frust
und der Blick für Schnee

Ja, nein, doch ...   182
Olympia, geplatzte Träume
und russische Schönheiten

Turbulente Zeiten 212
Skifahrer, Barbetreiber,
Tänzer – und das weiße Pulver

White Lines 240
Der schöne Schein, die tödliche Gefahr
und viel zu viele Lügen

Last Exit 267
Wenn das Ende ein neuer Anfang ist

No panic – oder doch?

Ein Tag im Oktober

Eine Zigarette, ich brauche eine Zigarette! Wenigstens einen Zug, jetzt sofort. Besser wäre, ich würde etwas essen. Ich sollte auch etwas trinken, Wasser wäre eine kluge Entscheidung. Aber mir ist nicht nach essen, kein Appetit. Und Hunger habe ich schon gar nicht. Auch keinen Durst. Ich zögere einen Moment, kämpfe mit mir, dann frage ich doch, ob ich rauchen darf. Normalerweise würde ich mir das in einer fremden Wohnung verkneifen. Heute schaffe ich das nicht, beim besten Willen, unmöglich. Mir ist warm und gleichzeitig kalt. Und ich bin müde, so verdammt müde, als würde ich augenblicklich einnicken, sobald ich meine Augen nur für eine Sekunde schließe.

Im Gedanken halte ich die Schachtel bereits in der Hand. Und in der anderen das Feuerzeug. Frau Printius sagt, sie habe selbst geraucht, bis vor zwei Jahren. Man höre es an ihrer Stimme, deswegen sei die so kratzig. Inzwischen verspüre sie kein Verlangen mehr, keinen Jieper, sagt sie, aber riechen würde sie es immer noch gern.

„Also, nur zu, junger Mann!" Sie lächelt.

„Ist das wirklich in Ordnung?", höre ich mich fragen. „Sonst kann ich es auch lassen." Warum ich das sage, weiß ich selbst nicht. Die Worte purzeln mir aus dem Mund, während ich im selben Moment nach der Zigarettenschachtel in meiner Hosentasche greife.

Frau Printius ist Anfang achtzig, noch gut beieinander. Eine gepflegte Dame. Sie trägt einen blauen Strickpullover, der zum Blau ihrer Augen passt, dazu eine hellblaue Chino. Ihre Haare sind grau, beinahe weiß, und so kurz geschnitten, dass die Ohren freiliegen. Sie gehört zu den Menschen, die nicht erst lächeln müssen, um einen freundlichen Blick zu haben. Wir sitzen in ihrem Wohnzimmer. Auf dem Tisch vor uns eine Kanne frisch gebrühter Kaffee, ein Teller mit Schokoplätzchen und zwei Tassen, eine für sie, eine für mich. Feines Porzellan mit Blumenmuster und Goldrand. Ihr Sonntagsgeschirr, vermute ich. Weil Besuch da ist.

Ich zünde mir eine Zigarette an und sehe, dass meine Hände zittern. Bestimmt sieht sie das auch. Sofort fühle ich mich ertappt. Ein Junkie auf Entzug. In diesem Zustand bildet man sich ein, ständig von jemandem beobachtet zu werden. Selbst Wände haben plötzlich Augen, oder sie sind durchsichtig – so kommt es einem vor.

Ich nehme einen tiefen Zug, inhaliere, um mir nichts von der Wirkung des Nikotins entgehen zu lassen, schöne Grüße an die Lunge. Schon fühle ich mich besser. Jedenfalls rede ich mir das ein, obwohl ich nicht den geringsten Unterschied spüre.

Frau Printius schenkt Kaffee ein, rührt Milch in ihre Tasse, trinkt vorsichtig einen Schluck, dann steht sie auf, als wäre ihr plötzlich etwas Wichtiges eingefallen. Sie geht zum Schrank hinüber, öffnet die Tür, scheint sich kurz zu orientieren, bevor sie ein dünnes Büchlein herauszieht, das sich als Fotoalbum entpuppt. So eins mit Klarsichthüllen, in die man Papierabzüge stecken kann, etwa im Format von Postkarten. Es sind Bilder von ihrer Katze, einer weißen Perserkatze, die es anscheinend nicht mehr gibt. Zumindest sehe ich nirgendwo eine herumschleichen. Frau Printius blättert weiter, um mir Fotos von dem Haus zu zeigen, in dem sie früher mit ihrem Mann lebte, der sei vor einigen Jahren verstorben. Zu sehen ist ein Einfamilienhaus mit Spitzdach, Terrasse und Garten, den habe ihr Mann immer picobello gepflegt.

Sie erzählt noch mehr aus ihrem Leben. Ich höre zu – und höre doch nicht zu, nehme ihre Worte wahr, vergesse die meisten aber direkt wieder. Nur die im Zusammenhang mit den Fotos bleiben hängen. Als würde alles andere, was sie sagt, gerade bis zu meinen Ohren dringen, jedoch nicht weiter ins Gehirn. Sobald dort ein Gedanke aufzukeimen scheint, sich sozusagen andeutet, noch gar kein fertiger Gedanke ist, flattert er davon wie ein aufgescheuchter Vogel.

Es ist Sonntag, der 10. Oktober 2021. Ein Herbsttag, als wäre der Sommer noch einmal zurückgekommen: Der Himmel makellos blau, die Farbe so intensiv, als wäre ein Filter drübergelegt worden, wie man das auf dem Handy bei Fotos machen kann. Seit dem Morgen scheint die Sonne. Über Mittag dürften es an die zwanzig Grad gewesen sein. Von den Blättern an den Bäumen auf dem Weg hierher schimmerten manche golden, dass man denken konnte, jemand hätte Schmuck aufgehängt.

Seit drei Tagen bin ich im Rheinland unterwegs. Geschäftstermine. Der bei Frau Printius ist mein letzter auf der Tour. Ihre Wohnung liegt in einem Mehrfamilienhaus in Meerbusch.

Die Stadt zählt zum Speckgürtel von Düsseldorf. Eine attraktive Wohngegend, etwas ruhiger, in manchen Ecken fast ländlich, aber nah an der Großstadt, viel Grün, kleine Waldstücke und weite Wiesen und Felder, die sich nach Osten hin bis zum Rheinufer erstrecken. Das Haus, in dem Frau Printius wohnt, wurde von einer Immobilienfirma gekauft, die sämtliche Wohnungen sanieren ließ, um sie als Eigentumswohnungen auf den Markt zu bringen. Mit Ausnahme der von Frau Printius, die ist noch nicht gemacht. Dafür hätte sie ausziehen müssen. Das würde sie auch, nur hat sie bisher keine neue Wohnung gefunden, keine, die ihr zusagte. Deswegen bin ich hier: um sie bei der Suche zu unterstützen. Dazu muss man wissen, dass besagte Immobilienfirma meinem besten Freund Sven, den ich seit unseren gemeinsamen Freeskier-Zeiten kenne, und mir gehört. Wir waren es, die das Haus gekauft haben. Häuser kaufen und verkaufen ist unser Geschäft. Doch bevor jemand etwas Falsches denkt, von wegen skrupelloser Immobilienhai vertreibt arme alte Dame aus ihrem Zuhause – so sind wir nicht, ich schwörs.

Frau Printius und ich hatten uns über den Vormittag einige Wohnungen angeschaut, die zur Vermietung stehen. Und tatsächlich fanden wir eine, gar nicht weit entfernt von der hier, in die sie sich vorstellen kann einzuziehen. Abgesehen vom Badezimmer, das sei ihr zu schäbig. Mit demselben Wort hatte sie es schon bei der Besichtigung beurteilt. Da es ihrerseits der einzige Einwand zu sein scheint, verspreche ich, das Bad auf unsere Kosten sanieren zu lassen. Und ich gebe ihr mein Wort, gleich am nächsten Tag alles in die Wege zu leiten, damit sie bald umziehen kann.

Dann wird es Zeit für mich. Bis zu mir nach Hause in München sind es gut 600 Kilometer. Inzwischen ist später Nachmittag. Ich fühle mich erleichtert: Mission erfüllt! Überhaupt geht es mir deutlich besser. Die Müdigkeit – wie weggeblasen. Fiel es mir vor einer halben Stunde noch schwer, den aufmerksamen Zuhörer zu mimen, der ich definitiv nicht war, schnappe ich nun jedes Wort auf wie ein hungriger Fisch das Futter im Aquarium. Und noch mehr drängt es mich, selbst etwas zur Konversation beizutragen. Wie von allein schwappt ein Satz nach dem anderen aus meinem Mund. Es sind ungeheuer kluge Sätze, so empfinde ich es, durchdacht, perfekt formuliert und jedes Wort genau richtig betont, dass ich mich vor lauter Begeisterung selbst auf die Schulter klopfen könnte. Wenn ich diesen Zustand nicht kennen würde, *mich* in diesem Zustand nicht kennen würde, ich wäre vermutlich ganz schön erstaunt. Als wir uns an der Wohnungstür zum Abschied die Hand geben, muss ich mich regelrecht bremsen, um die gute Frau in meinem Überschwang nicht auch noch an die Brust zu drücken, wie ich das sonst bei meinen Eltern mache oder bei meinen Freunden.

Woher diese Hochstimmung auf einmal kommt? Nicht von der Zigarette, um die Wahrheit zu sagen. Ich hatte mir danach noch zwei gegönnt, aber auch die waren es nicht, die mich – wie soll ich sagen? – in eine andere Umlaufbahn katapultierten. Dabei hatte ich mir am Morgen, bevor ich das Hotel verließ, fest vorgenommen, es nicht zu tun, auf gar keinen Fall, nicht bei der netten Frau Printius. Abgesehen davon, dass ich sie mag, irgendwie erinnert sie mich an meine verstorbene Großmutter, war es ein beruflicher Termin, und da gehörte sich so etwas einfach nicht.

Mit diesem Gedanken war ich losgefahren. Er war auch noch da, als wir zu den Wohnungsbesichtigungen aufbrachen. Irgendwo unterwegs muss es dann gekippt sein. Ein neuer Gedanke schlich sich in meinen Kopf, breitete sich aus, bis er den guten Vorsatz vom Morgen verdrängt hatte. Und zwar vollständig, als hätte es ihn vorher gar nicht gegeben. Das geschah natürlich nicht, ohne dass es einen Grund dafür gab, eine Ursache. Meine Verfassung war die Ursache, ganz einfach. Und diese hing mit dem weißen Pulver zusammen, das ich im Hotelzimmer über die Nasenschleimhaut in meinen Blutkreislauf befördert hatte. Muss ich mehr dazu sagen?

Während ich also mit Frau Printius von einer zur nächsten Wohnung getigert war, hatte die Wirkung des Pulvers allmählich nachgelassen, sodass ich das dunkle Loch, auf das ich in einem solchen Fall immer zumarschierte, mental gesehen, bereits erahnen konnte. Man spürt, wie es einen mehr und mehr runterzieht, ab in den Keller, in die Finsternis. Nur dass man gar nicht dorthin will. Also lügt man sich selbst die Hucke voll, redet sich ein, es irgendwie auf die Reihe zu kriegen, die nächsten paar Minuten zu überstehen, dann die danach und so weiter. Genau in dieser Phase steckte ich, als wir wieder zurück waren und ich meinte, in Frau Printius' Wohnung zum Kaffee unbedingt rauchen zu müssen. Da stand ich sozusagen schon am Rand dieses dunklen Lochs und klammerte mich an die absurde Idee, dem Abmarsch ins Reich der Finsternis fürs Erste mit einem Glimmstängel entkommen zu können.

Die pure Illusion. Bei klarem Verstand hätte ich das gewusst. Und dann passierte, was zu dieser Zeit zwar nicht tagtäglich, aber doch verdammt häufig passierte – als hätte jedes

Mal jemand in meinem Hirn das abgeschaltet, was man Vernunft nennt: Wie fremdgesteuert stand ich auf, entschuldigte mich unter dem Vorwand, einem dringenden Bedürfnis nachgeben zu müssen (was nicht gelogen war, wenn Frau Printius sich auch etwas anderes darunter vorgestellt haben dürfte), und marschierte geradewegs ins Badezimmer. Geübt wie ich war, brauchte ich dort keine drei Minuten, alles zusammengenommen – zack zack und rein damit. Anschließend drückte ich die Spülung, alibimäßig, prüfte kurz im Spiegel, ob an meiner Nase verräterische Spuren zu sehen waren, und kehrte ins Wohnzimmer zurück, wo ich zu meiner Erleichterung feststellte, dass das Pulver bereits anfing zu wirken.

Es wirkt auch jetzt noch. Ich nehme zwei Treppenstufen auf einmal, stoppe kurz, drehe mich um, noch ein Blick zu Frau Printius, ein Lächeln und ein flüchtiger Gruß mit der Hand, den sie erwidert – und weiter gehts.

Draußen ist es angenehm warm, obwohl die Sonne schon tief steht. Ich steige in meinen Wagen, den ich vor dem Haus geparkt hatte, starte und fahre los. Richtung Düsseldorf. Dort lenkt mich das Navi nach Osten, damit ich auf die A 3 gelange. Die Musik aus den Lautsprechern übertönt das Motorengeräusch. Meine Playlist vom Smartphone. Acht Stunden sind da drauf, hauptsächlich Electro, House und Deep House, Solomun zum Beispiel, auch Deutschrap und Stücke von Metallica und anderen Metalbands, Iron Maiden, Black Sabbath, Motörhead.

Während ich die ersten 200 Kilometer runterschrubbe, ändert sich die Lage. Normalerweise fahre ich gern Auto, auch längere Strecken. Man spürt die Geschwindigkeit, ist in Bewegung und als Zugabe wechselt rechts und links der

Fahrbahn ständig die Kulisse. Vielleicht mag ich auch diesen Zwischenzustand, weder da noch dort zu sein, oder dass man einem Ziel entgegenstrebt, das klar definiert und in absehbarer Zeit erreichbar ist. Jedenfalls kann ich es meistens genießen. Das ist jetzt anders. Wenn ich die Symptome richtig deute, dürfte mein Körper dehydriert sein. Mund und Zunge trocken, der Blutdruck im Keller, dazu ein seltsam schummriges Gefühl, schwer zu beschreiben, als wollten Müdigkeit und Schwindel sich gegenseitig überrumpeln. Wie vorhin im Wohnzimmer von Frau Printius, mit dem Unterschied, dass mir jetzt alles irgendwie intensiver vorkommt, viel intensiver.

Irgendwo bei Frankfurt lege ich einen Stopp ein, um mir auf einer Raststätte einen Kaffee zu besorgen. Nicht gerade vernünftig, aber mit Vernunft ist sowieso nicht mehr viel, wenn man erst mal einen bestimmten Grad an Dehydrierung erreicht hat. Man denkt dann nicht rational, falls man überhaupt denkt. Sonst hätte ich mich anstatt dieser lächerlich kleinen Dosis Kaffee, die höchstens meinen Harndrang anregt, für eine große Flasche Wasser entschieden und mir dazu eine Currywurst mit Pommes einverleibt oder wenigstens eins von diesen eingeschweißten Sandwiches aus dem Kühlregal neben der Kasse. Und anschließend hätte ich mein Handy nach dem nächstbesten Hotel suchen lassen, dieses schnurstracks angesteuert und mich für mindestens zwölf Stunden aufs Ohr gehauen. Aber ich muss ja unbedingt nach München zurück, heute noch, aus irgendeinem Grund, der mir im Moment dummerweise nicht einfallen will. Wahrscheinlich habe ich es mir einfach nur in den Kopf gesetzt – um endlich wieder nach Hause zu kommen, in meine

Wohnung, wo ich mich sicher fühle, geschützt wie in einem Kokon. Es ist kompliziert.

Also wieder ins Auto, die Musikanlage an, das Handy koppelt sich automatisch. Zurück auf die Autobahn. Ich drücke auf die Tube. Es ist immer noch die A 3. Die Hälfte der Strecke sollte fast geschafft sein. Bis Nürnberg noch, fange ich an, mir selbst gut zuzureden, dort am Autobahnkreuz auf die A 9, dann ist es nicht mehr weit. Du schaffst das! Du hast immer alles geschafft!

So setzt sich der stille Monolog noch eine Weile fort. Eine Art Affirmation. Glaubenssätze formulieren und diese wiederholen, bis man so sehr davon überzeugt ist, dass sie einem Kraft geben und motivieren.

In dem Zusammenhang kommt mir Sotschi in den Sinn, 2014. Zum ersten Mal war unsere Sportart bei Olympischen Spielen vertreten. Ich wollte unbedingt dabei sein. Und: Ich habe es geschafft. Obwohl die Knochen da schon arg geschunden waren, speziell mein Knie, das linke. Fünf Operationen. Dass ich mit so einem Knie überhaupt antreten konnte – für mich ein kleines Wunder. Aber als wäre das nicht Handicap genug gewesen, ramponierte ich mir kurz vorher bei einem Sturz noch sauber die Schulter, ebenfalls die linke. Links scheint meine Teufelsseite zu sein. Tossy II, Experten werden wissen, was das bedeutet. Und für Nichtexperten erklärt es der, wie ich finde, etwas martialische Begriff „Schultereckgelenksprengung". Wobei die Schulter nach einer solchen Verletzung durchaus Furcht einflößend aussehen kann, kommt auf den Schweregrad an, was alles kaputt geht und wie dann die Knochen stehen. In meinem Fall, also bei Tossy II (es gibt auch I und III, also harmloser und schlimmer), waren die

Gelenkkapsel und die Bänder, die Schlüsselbein und Schulterblatt zusammenhalten, eingerissen. Kein schöner Schmerz, das kann ich sagen. Nicht als es passierte und nicht in den Wochen danach. Gestartet bin ich im olympischen Schnee trotzdem, habe als einziger Freeskier die deutsche Fahne hochgehalten. Bei den Herren, da hatte nur ich die Quali geschafft, arschknapp, aber das ist eine andere Geschichte. Die Schulter wurde getapt, schön straff, damit sie einigermaßen stabil war. Und gegen die Schmerzen warf ich einige Extradosen Ibuprofen ein. Also zusätzlich zu dem, was ich von diesem Zeug wegen meines Knies sowieso schluckte. Dabei war schon das nicht wenig. In Spitzenzeiten schraubte ich meine Tagesdosis locker bis auf 1600 Milligramm hoch. Wahrscheinlich lag sie sogar noch höher. An die vorgeschriebenen Zeitabstände, wie viele Stunden zwischen der Einnahme der Tabletten liegen sollten, hielt ich mich schon lange nicht mehr – die Schmerzen richteten sich schließlich auch nicht danach. Und irgendwann hörte ich auf, die Tabletten zu zählen. Ohne Ibu ging damals praktisch nichts. Ganz weg waren die Schmerzen dann zwar meistens trotzdem nicht, aber einigermaßen zu ertragen.

Also, was jammere ich eigentlich? Dagegen sind die restlichen Kilometer bis nach München ein Klacks – geradezu lächerlich. Ich sitze bequem, die Heizung ist auf angenehme zwanzig Grad eingestellt ... Ich schaffe das! Natürlich schaffe ich das!

Kilometer um Kilometer lasse ich hinter mir. Inzwischen ist es dunkel. Auf einmal spüre ich, dass mit meinem Bein etwas nicht stimmt, natürlich wieder das linke. Genau genommen ist es nicht das Bein, sondern der Fuß – noch genauer sind es die Zehen. Als Sportler und nach all den Verletzungen, die ich mir zugezogen habe – Knie und Schulter waren längst nicht die einzigen Stellen, die es erwischte –, kenne ich jede Faser meines Körpers.

Die Zehen fühlen sich auf einmal an, als wären sie eingeschlafen. Während ich grüble, woran das liegen könnte, merke ich, dass die Taubheit, wenn man es so nennen kann, ins Sprunggelenk wandert – besser gesagt: sich dorthin ausbreitet. Denn die Taubheit in den Zehen verschwindet nicht. Wie eine giftige Schlange windet sie sich weiter nach oben.

Die lange Fahrerei, denke ich, und das Stillsitzen, daher kommt das sicher. So gut es möglich ist, versuche ich, Fuß und Bein zu bewegen. Bei Automatik geht das. Ich strecke das Bein, kreise mit dem Fuß, bewege die Zehen. Dann beuge ich das Knie, kreise mit dem Fuß in die andere Richtung, kralle die Zehen nach unten, als wollte ich etwas aufheben, und strecke sie. Danach wiederhole ich die erste Übung, anschließend mache ich wieder die zweite und überlege, was ich noch anstellen könnte, denn irgendwie bringt das alles nichts. Nebenbei muss ich mich aufs Fahren konzentrieren. Eine Raststätte ist nicht in Sicht, auch kein Parkplatz. Und einfach auf dem Seitenstreifen zu halten, scheint mir keine gute Idee – zu gefährlich, erst recht in der Dunkelheit.

Zu allem Überfluss macht sich nun auch noch ein Ziehen in der Schulter bemerkbar, das direkt zum Nacken weiterwandert. Da mir nichts Besseres einfällt, rede ich mir wieder gut zu: Ist bestimmt gleich vorbei. Bist eben auch nicht mehr der Jüngste ... irgend so einen Quatsch.

Ich schätze, im Moment glaube ich selbst nicht so richtig daran, dass es gleich aufhört. Also plappere ich es noch ein paar Mal halblaut wie ein Mantra vor mich her, als könnte ich damit etwas ändern: Ist gleich vorbei ... ist gleich vorbei ... du schaffst das ... du schaffst das ... du scha... Bis es mir mitten im Wort die Sprache verschlägt. Verdammt, was ist jetzt mit meinem Arm los? Ich muss wohl nicht extra erwähnen, dass es der linke ist, die Herzseite. Ein seltsames Druckgefühl, beschissen seltsam. Wie soll ich das anders beschreiben? Gibt es das Wort überhaupt – Druckgefühl? Kann man Druck fühlen? Verflucht, ja! So genau hätte ich es gar nicht wissen wollen. Ein irres, hastiges Selbstgespräch. Kann es sein, dass ich gerade panisch werde?

Jetzt hat es auch die Brust erreicht, dieses Druckgefühl oder was das ist. Ich schnappe nach Luft, kriege viel zu wenig, als schnürte mir jemand die Kehle zu.

Scheiße ... atme!

Tief durchatmen!

Bene, bleib ruhig ... du musst atmen!

Wenigstens gelingt es mir, mit der rechten Hand das Lenkrad so zu halten, dass ich in der Spur bleibe. Fragt sich nur, wie lange, wenn die Luft noch knapper wird.

Gedankenfetzen wirbeln durch meinen Kopf. Ein einziger Rummelplatz. Kettenkarussell und Achterbahn. Und Wilde Maus. Und Freefall Tower. Nichts ergibt einen Sinn. Und die Musik dröhnt immer noch.

Ich muss anhalten! Wann kommt die nächste Ausfahrt? Oder ein Parkplatz?

Ich brauche Hilfe!

Das Handy – ich muss jemanden anrufen! Aber wen? Und was soll ich demjenigen sagen? Ich weiß gar nicht, wo genau ich bin. Was stand auf dem letzten Schild? Wie lange bin ich daran schon vorbei? Und wie soll ich überhaupt einen Ton rauskriegen, wenn es schon kaum zum Atmen reicht?

Verdammt, wann kommt endlich eine Ausfahrt ...?

Erstaunlich, dass man selbst in solchen Momenten noch irgendwie funktioniert. Mechanisch wie ein Roboter schalte ich den Warnblinker ein, nehme meinen Fuß vom Gaspedal, bremse, etwas zu stark, dass ich ins Schlingern gerate. Dann habe ich es wieder im Griff, drehe sogar die Musik leiser. Kann auch sein, dass ich sie ausschalte, ich höre sie jedenfalls nicht mehr. Als ich glaube, langsam genug zu sein, steuere ich leicht nach rechts, bremse wieder, diesmal zaghafter, bis ich auf dem Seitenstreifen zum Stehen komme.

Eine Spur von Erleichterung, aber das ändert an meinem Zustand nichts. Ich sitze da wie angewurzelt, starre vor mich hin, versuche, etwas zu spüren. Der Fuß ... das Bein ... der Arm ... die Brust – immer noch das Gleiche. Kein Albtraum. Und doch ein Albtraum.

Ein Stück weiter vorn scheint eine Brücke zu sein. Oder ist das nur eine Fata Morgana? Nein, da steht etwas ... tatsächlich eine Brücke. Das könnte ein Anhaltspunkt sein, falls ich es hinkriege, jemanden anzurufen.

Aber erst mal muss ich hier raus, an die Luft. Ich könnte auch das Fenster runterlassen, aber darauf komme ich nicht. Ich öffne die Tür, stemme meinen Oberkörper dagegen, bis sie nachgibt, steige aus – meine Knie, weich wie Pudding.

Du musst hinters Auto gehen, denke ich, damit die Leute sehen, dass da jemand ist, der Hilfe braucht. Warum ich im selben Augenblick genau die andere Richtung anpeile, mich an der Motorhaube vorbei vors Auto schleppe – ich kann es nicht erklären. Das Verrückte ist, dass es mir vorkommt, als würde ich mich selbst beobachten, wie ich auf wackligen Beinen einen Schritt nach dem anderen mache, es irgendwie bis zur Leitplanke schaffe, mich daran festklammere und zur Fahrbahn umdrehe.

Das Licht von Scheinwerfern fliegt vorbei. Dann ist es kurz dunkel, bis der nächste grelle Lichtschein durch die Dunkelheit schießt. Geräusche höre ich komischerweise keine, obwohl welche da sein müssen.

Dann sehe ich auch nichts mehr, spüre nur, wie meine Beine nachgeben und ich zu Boden sacke.

Ab dem Moment sind Lücken. Zwei- oder dreimal komme ich zu mir, kurz nur, wie ein Aufflackern der letzten Lebensgeister. Winzige Erinnerungssplitter. Ich liege auf dem Seitenstreifen, mit dem Rücken nach unten. Vor mir eine dunkle Gestalt, wie ein Schattenriss, ein fremder Mann, er hält meine Beine hoch. Wie ich dann auf eine Trage verfrachtet und in einen Rettungswagen bugsiert werde, bekomme ich nicht mit, das wird mir erst später erzählt. Aber dass im Rettungswagen das Licht so grell ist, dass ich meine Augen zusammenkneife – diese Erinnerung ist da. Genauso wie der Anblick von mehreren Köpfen, die sich über mich beugen. Allerdings ohne dass ich sagen kann, um wie viele Köpfe es sich handelt, wie die Gesichter aussehen und ob es Männer oder Frauen sind.

Die nächste Erinnerung stammt aus dem Krankenhaus. Uniklinik Würzburg, Notaufnahme. Ich hänge am Tropf und an vier oder fünf Kabeln, die mit Klebeelektroden an meinen

Oberkörper gepappt wurden. Neben dem Bett piept ein Monitor, der die Vitalfunktionen überwacht: Herzfrequenz, Blutdruck, Sauerstoffsättigung, Körpertemperatur, solche Sachen. Wobei ich Tropf, Verkabelung und die Gerätschaften nicht sofort wahrnehme. Es ist eine Krankenschwester, die zuerst durchs Bild huscht, als ich zu mir komme. Oder ein Geist. Die Vorstellung von einer Krankenschwester. Damit ich nicht allein bin.

Dann taucht ein Arzt auf, der wissen will, wie ich mich fühle. Ich zucke mit den Schultern, was aus meiner Sicht eine ehrliche Antwort ist. Gleichzeitig frage ich: „Was ist passiert?" Meine Stimme klingt rau wie nach einem langen Marsch durch die Wüste ohne einen Schluck Wasser.

„Wie es aussieht, hatten Sie Koronarspasmen", sagt er mit ernster Miene und scheint in meinem Blick ein Fragezeichen zu erkennen, auf das er mit einer Erklärung reagiert. Demnach – ich sage es mit meinen Worten – verkrampfen bei einem solchen Spasmus die Blutgefäße, die das Herz mit Sauerstoff und Nährstoffen versorgen. Die Herzkranzgefäße. Mit dem Resultat, dass im Pumpwerk nicht mehr genug ankommt, sich der unterversorgte Herzmuskel darüber mit Schmerzen beklagt und solche Symptome auftreten, wie ich sie im Auto erlebt hatte. Wenn es ganz dumm läuft, die Blutversorgung sich extrem verringert, kann das zu einem Herzinfarkt führen. Was das bedeutet, muss er mir nicht erläutern.

„Mir gehts aber gut, oder?", frage ich vorsichtshalber.

„Durch das Medikament, das wir Ihnen gegeben haben, entspannen sich die Gefäße. Trotzdem sollten Sie erst mal hierbleiben, das muss beobachtet werden."

Bevor er das Zimmer verlässt, interessiert ihn noch, ob ich irgendwelche Arzneimittel nehme, also regelmäßig. Die Zeit des Ibu-Dauerkonsums ist längst vorbei. Darüber hinaus habe ich nichts zu bieten. Aber seine Frage zielt ohnehin auf etwas anderes, nur dass er das in dem Moment für sich behält – und mir in meinem Zustand auch nicht gleich ein Licht aufgeht. Ich bin viel zu erschöpft, außerdem steckt mir der Schrecken in den Gliedern, besser gesagt im Kopf: Auf der Autobahn, das hätte auch anders ausgehen können.

Wie soll man unter den Umständen einen klaren Gedanken fassen? Zum Beispiel, um abzuwägen, ob es ratsam ist, dem Arzt die Wahrheit anzuvertrauen. Also versuche ich das mit dem Abwägen gar nicht erst – viel zu kompliziert, viel zu anstrengend –, sondern sage einfach, wie es ist: „Nee, keine Medikamente, aber Kokain."

Er nickt mit dem Kopf, als würde das einiges erklären. Keine Spur von Überraschung. Am nächsten Tag wird er mir verraten, dass er von meinem Kokainkonsum zu diesem Zeitpunkt bereits wusste. Bei den Symptomen, mit denen ich eingeliefert worden war, noch dazu in dem jungen Alter und bei meiner recht sportlichen Konstitution – ich pumpe immer noch fleißig, vor allem Kraft-Ausdauer, mehrmals die Woche –, hatten sie natürlich sofort mein Blut gecheckt.

Es heißt, Kokain ist eine Stimmungskanone. Man fühlt sich unwiderstehlich und überhaupt wie Superman, glaubt, die Welt aus den Angeln heben oder irgendwelche anderen großartigen Taten vollbringen zu können. Da passiert richtig was im Körper. Es werden kräftig Botenstoffe ausgeschüttet, viel mehr als sonst, Serotonin und Dopamin und so was, und die verpassen dem zentralen Nervensystem einen kräftigen Kick. Aber das Ganze ist auch ein ziemlich fieses Täuschungsmanöver. Der Körper bekommt das Signal, mit all der neuen Energie Bäume ausreißen zu können. Dabei gibt es sie gar nicht, diese neue Energie. Es werden lediglich Reserven mobilisiert, die bereits vorhanden sind. Die Leistungsfähigkeit steigt also nur scheinbar, während sie in Wirklichkeit abnimmt. Außerdem – und das dürfte meinen Zustand im Auto erklären – treibt das weiße Pulver bei dem ganzen Spielchen Herzfrequenz und Blutdruck in die Höhe, kaum dass man sich damit die Nase pudert. Und parallel sorgt es dafür, dass sich die Blutgefäße zusammenziehen. Da läuft also etwas komplett gegeneinander. Das Herz schlägt schneller, der Herzmuskel muss mehr pumpen, kontrahiert häufiger als im Normalzustand, bräuchte demzufolge mehr Sauerstoff. Da gleichzeitig jedoch die Gefäße enger werden, geschieht genau das Gegenteil: Die Arterien transportieren weniger Blut Richtung Herz und somit kommt dort auch weniger Sauerstoff an. Das muss nicht zwangsläufig zu Koronarspasmen führen oder, in der nächsten Stufe, zu einem Herzinfarkt. Es verringert das Risiko aber nicht gerade, noch weniger bei längerem und intensiverem Konsum. Das hatte ich gerade am eigenen Leib erfahren.

Was ich dem Doktor sofort hoch anrechne: Er hält mir keinen Vortrag. Ich weiß selber, dass ich in der Scheiße sitze. Vier bis fünf Gramm vom weißen Pulver – am Tag, so weit habe ich es inzwischen getrieben – sind die absolute Oberscheiße.

Und dennoch: Sucht? Ich doch nicht, ich hab das im Griff. Mit dieser Lüge segelte ich seit Monaten durch die Gegend, die Füße kaum auf dem Boden, mehr ein anderer als ich selbst. Das war sozusagen die große Lüge, die alles zusammenfasste. Daneben gab es unzählige kleine Lügen, fast jeden Tag neue, die notwendig waren, um die eine große aufrechtzuerhalten. Und mit jeder verfluchten Lüge fühlte ich mich schlechter, schämte mich – weil ich das nicht bin, ein Lügner, normalerweise. Und weil ich wusste, dass ich Menschen enttäusche, die mir wichtig sind, nicht wenn ich im Schneegestöber steckte, sondern bei klarem Verstand, also echt wichtig. Wichtig in der Realität, wenn die Füße auf dem Boden standen. Aber lassen konnte ich es eben auch nicht, nicht das Pulver und – gewissermaßen zwangsweise – nicht die Lügen. Sonst hätte ich mir eingestehen müssen, dass die anderen recht haben, Sven und meine Freundin und wer es sonst gut mit mir meinte. Hätte mir eingestehen müssen, dass ich Hilfe brauche, weil ich es allein nicht schaffe. Dass ich eben doch süchtig bin. Ein Looser, der sein Leben nicht auf die Reihe kriegt.

Dabei habe ich es wirklich versucht, kein weißes Pulver, kein Schneegestöber, ein paar Tage, auch Wochen, Monate. Sogar den Jakobsweg bin ich gelaufen, mutterseelenallein, um vom Dope wegzukommen und jenen Bene wiederzufinden, der ich einmal war. Doch am Ende habe ich es jedes Mal vermasselt. Und jetzt liege ich hier in diesem Krankenbett, mit Schläuchen und Strippen am Körper, was für ein jämmerliches Bild. Das Grinsen, das ich mir ins Gesicht klebe, damit es aussieht, auch für mich selbst, als wäre das alles kein Drama, nur ein kleines Missverständnis, no panic, guys – die reinste Staffage. Dahinter ist nichts von dem strahlenden Helden, dem Siegertypen, der ich war und der ich gern wieder wäre. Wie konnte es nur so weit kommen – was ist schiefgelaufen in meinem Leben?

„Benedikt ist ein sehr aufgewecktes Kind."

Waldorf, Vorfahren und Dämonen

Das menschliche Gehirn kann belastende Erinnerungen vergessen, angeblich sogar löschen. Und das freiwillig, wie von selbst, ohne dass man komplizierte Bewältigungsstrategien anwenden oder zeitraubende Sitzungen beim Psychologen über sich ergehen lassen müsste. Wissenschaftler sehen darin keine Fehlfunktion unseres Gehirns, eher eine besondere Fähigkeit. Man könnte auch sagen, es ist ein Geniestreich der Natur. Oder einfach ein Segen. Es macht das Leben leichter. Und manchen macht es das Leben überhaupt erst erträglich.

Daran musste ich schon oft denken, zum Beispiel wenn ich mit Freunden zusammensaß und jeder in der Runde Geschichten aus seiner Kindheit zum Besten gab – frühe Kindheit, die ersten Jahre. Bei den anderen schienen die Erinnerungen wie auf Kommando nur so hervorzusprudeln. Ich dagegen musste meine grauen Zellen mächtig anspornen, damit sie überhaupt etwas lieferten, das mir erzählenswert erschien. Mit einer Ausnahme: Sobald es um sportliche Aktivitäten ging, konnte ich nicht nur mithalten, sondern hatte in der Regel auch die meisten Sportarten vorzuweisen, in denen jemand von uns schon mal unterwegs war. Als wäre das mein ganzer Lebensinhalt gewesen.

Abgesehen von der Schule natürlich, aber das zählte nicht, damit hatte sich schließlich jeder zu arrangieren. Wobei es bei mir schon ein gewisser Sonderfall war, da meine Eltern sich aus irgendwelchen Gründen in den Kopf gesetzt hatten, ihre Kinder – meinen Bruder Dominik und mich – mit der Lehre der Waldorfpädagogik auf den Ernst des Lebens vorbereiten zu lassen. Das Individuelle einer Persönlichkeit fördern, die Entwicklung zu einem freien Menschen, überhaupt die Erziehung zur Freiheit. Nicht zu vergessen die Fähigkeit, seinen Namen tanzen zu können – wer kriegt das schon hin? Eurythmie, so heißt das Fach, in dem uns das beigebracht wurde. Anthroposophische Bewegungskunst. Stand fest im Lehrplan, von der ersten bis zur zwölften Klasse, kam man nicht drum herum. Körper, Geist und Seele treten in Verbindung. Sprache und Musik oder auch nur Klänge werden in Gebärden und Bewegungen „übersetzt", die dann wie ein Tanz aussehen können – eine gewisse Fantasie vorausgesetzt. Und noch mehr die Bereitschaft, sich darauf einzulassen, dem Hier und Jetzt hinzugeben, vollkommen bei sich zu sein.

Man kann das so oder so sehen. Ich kannte nichts anderes, wurde bereits durch die Zeit im Kindergarten darauf konditioniert, bei dem es sich natürlich ebenfalls um eine Waldorfeinrichtung handelte. An die Stuhlkreise dort erinnere ich mich, immer kurz vorm Mittagessen. Zeit zum Sammeln. Dabei wurden uns Märchen oder Geschichten erzählt, oft waren es die gleichen. Kinder, so hieß es, mögen das in dem Alter, weil sie im Vertrauten, dem, was sie schon kennen, jedes Mal etwas Neues entdecken könnten. Diese Stuhlkreise bedeuteten allerdings auch Stillsitzen. Das war nicht so meine Stärke. Dafür war mein Bewegungsdrang bereits damals zu ausgeprägt. Anstatt mich in Märchenwelten hineinzuträumen, beschäftigte sich mein Gehirn lieber damit, wie ich auf der Schaukel draußen im Garten Überschläge hinbekomme. Eine Zeit lang versuchte ich es jeden Tag, schaffte es immer höher, beinahe bis zur Horizontlinie, doch nie reichte mein Schwung aus, um die Schwerkraft zu überwinden. Das Wort kannte ich damals garantiert noch nicht. Überhaupt hatte ich von physikalischen Gesetzmäßigkeiten, die bei einer Schaukel mit Seilen wie unserer höchstens mit einem ausgeklügelten Raketenantrieb am Sitz zu überlisten gewesen wären, nicht die geringste Ahnung.

Aber noch mal zur Schule: Ich fand die ziemlich cool, zumindest am Anfang. Keine Hektik, kein Leistungsdruck, jeder Schüler bekam Zeit und Raum, um sich frei zu entwickeln und seine Interessen zu entdecken. Neben den üblichen Fächern, die an allen Schulen gepaukt werden, lernten wir eine Menge handwerklicher Sachen, die einem heute fast exotisch erscheinen, so was wie Nähen, Holzschnitzen, Steinhauen und Gartenbau. Ich machte das gern. Die Hände waren beschäftigt, der Kopf musste sich voll und ganz auf diese eine Tätigkeit konzentrieren, und am Ende hatte man etwas geschaffen, das man sehen und anfassen konnte. Zum Beispiel nähte ich mir damals einen Rucksack und eine Shorts. Aber auch für einige der gewöhnlichen Fächer konnte ich mich durchaus begeistern. Erdkunde fand ich super interessant, später Physik und Chemie. In allen drei Fächern war ich richtig gut. Geschichte mochte ich ebenfalls, genauso Sport. Dagegen war Deutsch die Hölle für mich.

Und noch etwas bereitete mir Schwierigkeiten, unabhängig davon, welches Fach gerade an der Reihe war: Ich konnte ums

Verrecken nicht still sitzen. Hummeln im Hintern wäre noch gelinde ausgedrückt. Ähnlich wie beim Stuhlkreis im Kindergarten, nur dass der vergleichsweise kurz ausfiel und mir nur einmal am Tag abverlangt worden war. Außerdem schaffte ich es selten, mich länger als zwei, drei Minuten auf das zu konzentrieren, was der Lehrer – oder die Lehrerin – von uns wollte. Und das war dann schon lange. In meinem Kopf ging es zu wie in einem Flipperautomaten, die Kugeln als Gedanken vorgestellt: hin und her, her und hin, rechts, links, oben, unten – ich wusste nie, wo sie gerade waren. Auf jeden Fall nicht dort, wo sie hätten sein sollen. Ständig schaute ich auf die Uhr, in dem innigen Wunsch, dass die Stunde bald vorüber sein möge, damit ich endlich wieder Auslauf bekam, mich bewegen konnte. Kein Wunder also, dass sich auf meinem Zeugnis in verlässlicher Regelmäßigkeit eine Formulierung fand, die das ungefähr so beschrieb: „Benedikt ist ein sehr aufgewecktes Kind. Er folgt eher den Hasen, die vor dem Fenster herumhoppeln, als dem, was vorn an der Tafel geschieht."

Einmal legte ich das mit der freien Entfaltung als anthroposophische Lern- und Lebensmaxime offenbar etwas zu großzügig aus. Ich glaube, es war in der zweiten oder dritten Klasse, was zu meinen Gunsten angerechnet werden sollte – ich war noch verdammt jung, stand erst am Anfang meiner Schulkarriere und der entsprechenden Waldorfsozialisation. Es ging um meinen Klassenkameraden Markus. Obwohl wir unterschiedliche Typen sind, es auch damals schon waren, er ein Technikfreak, ich der Sportler, hatten wir uns ziemlich schnell angefreundet. So etwas lässt sich manchmal schwer erklären, es passt oder eben nicht. Bei uns passte es. Er ist bis heute einer meiner besten Freunde. Jedenfalls wurde Markus eines Tages von einem Mitschüler dumm angemacht. Worum es ging, weiß ich nicht mehr. Vielleicht war es nur ein blöder Spruch, den wir heute ignorieren würden. Es spielte auch keine Rolle, jemand griff meinen Freund an – und so fackelte ich nicht lange. Unüberlegte Entscheidungen sind meistens nicht die besten, trotzdem können sie überaus wirkungsvoll sein. Ein kurzer Kopfstoß, ohne Vorwarnung, gezielt gegen die Nase, sozusagen auf den Punkt, und der Typ war außer Gefecht gesetzt. Und das von einem Waldorfschüler! Um es kurz zu machen: Die Schulleitungskonferenz, quasi Verwaltungsrat und Oberster Gerichtshof in einem, drückte mir einen Verweis auf, den ich zu Hause vorzuzeigen hatte, und fortan wurde aus dem getadelten Schüler Benedikt ein braver Zeitgenosse. Oder sagen wir, er bemühte sich nach Kräften, ein solcher zu sein, so im Großen und Ganzen – der eine oder andere Tadel ließ sich auch danach nicht vermeiden.

Wobei der Kampf gegen die Dämonen, die mich nicht zur Ruhe kommen ließen, im Stillen weiterging. Doch das schien ein aussichtsloses Unterfangen zu sein. Heutzutage wäre jemand mit den Symptomen, die sich bei mir zeigten – extremer Bewegungsdrang, auch Hyperaktivität genannt, Konzentrationsschwäche und ein Hang zu unüberlegtem Handeln –, ein sicherer Kandidat für eine ADHS-Untersuchung. Wahrscheinlich wäre ich der Allererste in der Reihe. Umso mehr, wo es sich um die drei klassischen Merkmale schlechthin handelte. Kann man überall nachlesen. Damals war ADHS – die Abkürzung steht für **A**ufmerksamkeits**d**efizit-**H**yperaktivitäts**s**törung – zwar schon bekannt, aber längst nicht so ein großes Thema wie heute, nicht hierzulande und nicht in den Kreisen, in denen unsere Familie sich bewegte. So kam niemand auf die Idee, das mal checken zu lassen, weder die Lehrer in der Schule, denen meine Hummelei unmöglich entgangen sein kann, noch meine Eltern.

Eine meiner größten Niederlagen der gesamten Schulzeit erlebte ich in der achten Klasse. Dabei hatte ich mit einem Triumphzug gerechnet, oder wenigstens mit ein paar lobenden Worten. In dem besagten Schuljahr stand die sogenannte Achtklassarbeit auf dem Programm. Eine Art Jahresarbeit, für die man mehrere Monate Zeit bekam, in denen man sich ausgiebig mit einem Thema zu beschäftigen hatte. Das Thema durfte jeder selbst auswählen. Freie Entwicklung der Individualität, da wars wieder. Manche malten ein Gemälde, andere erstellten eine Fotokollektion, wieder andere schnitzten eine Figur. Man konnte auch eine kluge schriftliche Abhandlung verfassen, aber das wäre für mich sowieso nicht infrage gekommen.

Ich suchte mir als Thema das aus, womit ich mich am liebsten beschäftigte: Sport. Das klingt erst mal recht banal. Dabei warf ich alles in die Waagschale, was ich zu bieten hatte, angefangen bei einer großen Portion Kreativität – aus meiner Sicht. Dann natürlich, ohne angeben zu wollen, meine sportliche Begabung. Überhaupt meine ganze Begeisterung für die Sache, mein Feuer. Und obendrauf kamen noch hilfreiche Beziehungen meines Vaters.

Doch der Reihe nach: Die Idee war, die vier Sportarten vorzustellen, mit denen ich damals so ziemlich jede Minute meiner Freizeit ausfüllte, natürlich nicht mit allen gleichzeitig. Die erste war Taekwondo, die zweite Inlineskaten, die dritte

Trampolinspringen, die vierte Skifahren. Mir schwebte vor, sie nicht einfach nur vorzustellen, das würde langweilig sein, ich wollte sie richtig präsentieren – in action, mit Sprüngen, Tricks, Saltos und allem. Also brauchte ich jemanden, der mich dabei filmte, zum Beispiel wie ich in der Halfpipe auf Skates meine Kunststücke vollführte. Oder wie ich auf dem Trampolin verschiedene Saltos machte. Hier kamen Vaters Kontakte ins Spiel. Er hatte eine kleine Werbeagentur und kannte jemanden an der Filmhochschule, der uns eine Studentin vermittelte. Sie übernahm das Filmen – absolut professionell, soweit ich das beurteilen konnte. Wir verstanden uns blendend. Ich war hochzufrieden mit dem Ergebnis. Erst recht, nachdem die besten Sequenzen zusammengeschnitten und mit cooler Musik unterlegt waren. Das Mädel – Pia hieß sie – hatte es echt drauf, der Clip war der Hammer. Mit diesem Hochgefühl marschierte ich in die Schule und gab mein Werk ab, beziehungsweise unser Werk. Da es um Sport ging, bekam es der Sportlehrer. Wie gesagt, ich erwartete, dass er ungefähr so begeistert sein würde wie ich. Doch mit Erwartungen ist das so eine Sache, wie ich lernen sollte. Erwarte nichts, dann kannst du auch nicht enttäuscht werden.

Es kam also der Tag der Wahrheit: Ich war ziemlich aufgeregt und noch unruhiger als sonst. Gleich würde die ganze Klasse erfahren, was ich da Feines abgeliefert hatte. Doch Pustekuchen, die erhoffte Lobeshymne blieb aus. Und nicht nur das. Für den Sportlehrer war es gerade mal eine Drei – eine lächerliche Drei! Befriedigend. Ich war am Boden zerstört, verletzt, enttäuscht, als würde ich alle schlechten Gefühle auf einmal spüren. Noch heute versetzt es mir einen Stich, wenn ich daran denke. Vor allem an seine Begründung, mein Video sei reine Selbstdarstellung. Bestimmt hatte er noch mehr rumzumäkeln, aber das ist hängen geblieben: Selbstdarstellung! Nicht für eine Sekunde hatte ich das im Sinn gehabt. Nicht mal für eine Millisekunde. Wollte ich doch lediglich zeigen, so anschaulich wie möglich, dass es spannende Sportarten sind und was alles dazugehört, wie man beispielsweise einen Bruchtest beim Taekwondo hinbekam, ohne sich die Knochen zu brechen. Allerdings hätte ich daran denken sollen, dass die Waldorfphilosophie seit jeher moderne Technik eher kritisch betrachtet, als wäre manches ein Fluch, der die Menschheit unweigerlich ins Verderben treibt. Und da kam ich ausgerechnet mit einem Videoclip um die Ecke, für den man eine Filmkamera, Computer, Software und so was brauchte.

Darauf hätte ich wirklich kommen können, allein wegen der Geschichte mit dem Fernsehen. Fernseher waren in diesem Kosmos ja auch solche Werkzeuge des Teufels, die man gefälligst zu meiden hatte. Ob meine Eltern tatsächlich diese Überzeugung teilten oder nur gewissenhaft die Vorgaben erst des Kindergartens und dann der Schule umsetzten, kann ich nicht sagen. Bei meiner Mutter könnte ich es mir vorstellen, bei meinem Vater eher nicht, aber ich kann auch falschliegen. Auf jeden Fall gab es bei der Familie Mayr ewig keinen Fernseher – für uns Kinder. Und als dann endlich einer für alle zugänglich im Wohnzimmer stand, wurde er für Domi und mich genau einmal pro Woche angestellt – sonntags um 11:30 Uhr, *Die Sendung mit der Maus*. Die lief damals noch zu dieser Zeit, dreißig Minuten, danach war sofort wieder Schluss.

Diese kurzen kostbaren Momente, in denen wir das, was da vor uns auf dem Bildschirm flimmerte, regelrecht aufsaugten wie Botschaften aus einem mysteriösen Universum, bringen mich zu einem anderen Thema. Die Erinnerung daran ist nämlich fest verknüpft mit einer weiteren Freizeitbeschäftigung. Genau genommen war es eine Verpflichtung – und ein Bekenntnis, aber auch eine gewisse Ehre, irgendwie alles zusammen. Wie es sich für eine ordentliche bayerische Familie gehörte, hatten unsere Eltern meinen Bruder und mich gleich als Babys taufen lassen – katholisch, versteht sich. Sie sind selbst Katholiken, hatten auch kirchlich geheiratet. Und als wir später in dem entsprechenden Alter waren, Anfang der Schulzeit, schickte uns Mutter – es ging wohl hauptsächlich von ihr aus – eine Zeit lang regelmäßig in die Kirche. Dominik entsprechend später, er ist zwei Jahre jünger als ich. Wir beteten abends auch immer mit Mutter, das war ein festes Ritual. Ich glaubte an Gott, weil sie an Gott glaubte. Somit gab es keinen Grund, den Glauben oder die Kirche infrage zu stellen. Eher war es so, dass mir der Glauben guttat. Ich hatte das Gefühl, da ist jemand, der mich beschützt. Und welcher kleine Junge ist nicht froh, einen großen Beschützer an seiner Seite zu wissen? Ob sichtbar oder nicht, Hauptsache, es gab ihn.

Für mich war es also eine ernste Sache – und nur folgerichtig, dass ich als Krönung des Kirchenunterrichts die Erstkommunion empfing, das heilige Brot, die Hostie als Leib Christi. Das müsste in der dritten Klasse gewesen sein. Kurz danach wurde ich Ministrant, auch Messdiener genannt, was mich zu unseren seltenen Fernsehmomenten im heimischen Wohnzimmer zurückbringt. Die Messen, bei denen Klein

Benedikt im festlich weißen Gewand dem Pfarrer unserer Gemeinde assistierte, wofür es jedes Mal fünfzehn Pfennige gab, pro Stunde, fanden fast immer sonntags statt. Und so wie das allabendliche Beten ein Ritual war, so war es nach den Messen für mich eins, mit Volldampf nach Hause zu düsen, zu Fuß oder mit dem Radl, um pünktlich vor dem Fernseher zu sitzen und bloß keine Minute mit der Maus zu verpassen.

Später, mit vierzehn, fünfzehn, verließ mich der Glauben – beziehungsweise ich kehrte ihm den Rücken. Es gab nicht das eine einschneidende Ereignis, das meine Sicht auf Gott und die Welt veränderte, vielmehr war es ein schleichender Prozess, der mit leisen Zweifeln begann. Irgendwann passte das, was ich dachte und woran ich glaubte, nicht mehr zu dem, was ich denken und glauben sollte, wenn es nach unserem Pfarrer und der Kirche gegangen wäre. Mutter akzeptierte das, besser gesagt, sie nahm es hin, schluckte die Kröte, zwangsläufig, was blieb ihr übrig? Aber sie war Kummer gewohnt. Und sie war eine starke Frau, das ist sie immer noch.

Die Geschichte meiner Eltern lässt sich in etwa so zusammenfassen: Zwei Kinder aus Bauernfamilien, aufgewachsen auf dem Land, Mutter am Chiemsee, Vater in der Nähe von Linz – ich bin also halber Österreicher –, träumten von einem Leben in der großen Stadt. Eines Tages, als sie alt genug waren, brachen sie auf, jeder für sich, dazwischen lagen Jahre, und landeten beide am selben Ort, in München. Vater hatte fünfzig Mark dabei und einen Seesack mit seinen Klamotten, Mutter später kaum mehr. Sie waren jung und lebenshungrig, und so trieb es sie natürlich auch nach Schwabing, in das berühmte Szeneviertel, wo in den

Bars noch nachts das Leben pulsierte. Dort begegneten sie sich irgendwann – ein Blick, ein Lächeln, wie das so geht, ein erster Tanz, Schmetterlinge im Bauch ...

Vielleicht trug es sich nicht ganz so märchenhaft zu, doch ich stellte es mir gern so vor, wenn sie davon erzählten. Die beiden mochten nicht viel Gepäck in ihr neues Leben in der Stadt mitgebracht haben, das hieß aber nicht, dass sie völlig unbelastet gewesen wären. Es gab noch anderes Gepäck, das jeder von ihnen zu schleppen hatte. Und zwar Gepäck, das sich nicht einfach absetzen ließ wie ein Rucksack, der zu schwer wird. Man konnte es nicht einmal sehen, denn die Last, die sie trugen, trugen sie in sich. In ihrer Seele oder wo auch immer.

Vater, Jahrgang 1949, wuchs auf dem Bauernhof der Großeltern auf, wo er mit seiner Mutter lebte. Von seinem Vater wusste er lange Zeit kaum mehr, als dass er Ukrainer war und als Partisan in der Aufständischen Armee seiner Heimat gekämpft hatte, noch weit über den Zweiten Weltkrieg hinaus. Die Aktionen der Freiwilligentruppe richteten sich nach 1945 vor allem gegen Stalins Geheimdienst und gegen die Rote Armee, die dann bald Sowjetarmee hieß. Das lässt erahnen, dass die politischen Verhältnisse in dieser Region der Erde, die inzwischen wieder zu einem Krieg geführt haben, schon damals kompliziert waren und weit mehr als das. Irgendwann wurde es für Vaters Vater offenbar zu gefährlich, oder er hatte einfach die Nase voll vom Krieg. Er floh nach Österreich und lernte dort seine große Liebe kennen, Vaters Mutter. Kurz nach Vaters Geburt ging die Flucht nach Australien weiter, Österreich schien Großvater zu unsicher. Er wollte, dass seine kleine Familie per Schiff nachkam, aber das erlaubten die Eltern von Vaters

Mutter nicht. Später kamen sie irgendwie wieder in Kontakt, allerdings nur per Brief, sie schrieben sich ab und an. Wie es meinem Vater damit erging, ohne seinen Erzeuger aufwachsen zu müssen, darüber sprach er selten, mit uns Kindern schon gar nicht. Das ist nicht die Generation, die ihr Inneres vor anderen ausbreitet. Aber eine offene Stelle muss da irgendwo in ihm gewesen sein, vielleicht auch nur ein ewiges Fragezeichen, das mal stärker und mal weniger stark aufschien, je nachdem wie es in seinem Leben lief. Das vermute ich jedenfalls. Denn als er etwa zwanzig war, ließ er sich von seiner Mutter die Adresse geben, flog die lange Strecke nach Sydney, die ihm endlos erschien, sein Vater wohnte in einem kleinen Ort etwas außerhalb. Er suchte die Straße, die richtige Nummer, das Haus – und setzte sich davor. Er klingelte nicht, er wartete einfach, als hätte er auf dem Weg dorthin beschlossen, den entscheidenden Schritt seinem Vater zu überlassen. Es erschien dann kein Mann, sondern eine Frau. Ihr war der unbekannte Besucher offenbar durch das Fenster aufgefallen. Wie sie dort im Türrahmen stand und der junge Mann ihr sein Gesicht zuwandte, wusste sie sofort, wer er war. So erzählte sie es hinterher. Sie lächelte ihn an, blickte sich nach hinten um, und er hörte, wie sie etwas ins Haus hineinrief... dann tauchte er plötzlich auf, der fremde Mann, der sein Vater sein sollte.

Das Fragezeichen war damit nicht verschwunden, die Leerstelle nicht ausgefüllt, nicht einmal ansatzweise, obwohl die beiden sich anscheinend ganz gut verstanden. Aber wie sollte das auch gehen? Zwanzig Jahre ohneeinander, nicht ein einziger gemeinsamer Moment, kein guter, kein schlechter. Kein einziges Wort und nicht mal eine Stimme zu den Worten, die es nicht gab. Eine komplette Kindheit und Jugend. Die Zeit, in der man wird, wer man ist. Der Vater nie ein Vorbild, kein Freund und auch sonst nichts, eben nur diese Leerstelle – wie ein Phantomschmerz, der immer wiederkehrt. Etwa so stelle ich mir das vor, heilfroh, es nicht selbst erlebt zu haben.

Auch in Mutters Familie war es der Krieg, Hitlers Krieg, der tiefe Wunden hinterließ, seelische Kraterlandschaften. Ihr Vater hatte fünf Brüder. Sie alle wurden an die Front geschickt. Kanonenfutter. Ihn selbst ereilte das gleiche Schicksal, mit dem Unterschied, dass er als Einziger von den Jungs nicht in einem Sarg zurückgebracht wurde. Man konnte das Glück nennen. Fragte sich nur, was einem dieses Glück bedeutete, ob man es überhaupt als solches empfinden konnte oder wollte, wenn die Geschwister in diesem Wahnsinn gefallen waren und man selbst die schlimmsten Schrecken durchlebt hatte, erst in den Schützengräben, dann in russischer Gefangenschaft, als wäre das eine nicht schon Hölle genug gewesen. Und es blieb auch die Frage, was das alles mit dem Vater machte – und mit denen, die ihm nahestanden, der Familie, den Eltern und den Kindern wie meiner Mutter. Die traumatisierte Generation. Und die Generation, die unter den Traumatisierten aufwuchs.

Vielleicht schweißte das alles meine Eltern auf eine besondere, einzigartige Weise zusammen. Und vielleicht zählten dadurch andere Werte mehr als so ein schwer zu fassender Begriff wie Glück, das sowieso jeder anders definiert und das wohl nie ein Dauerzustand sein kann, bei keinem Menschen dieser Welt. Wie es auch war, Mutter und Vater entschieden sich nicht für den einfachen, bequemen Weg, nachdem die anfängliche Harmonie, die rosaroten Wolken ... aber das will ich hier gar nicht breittreten. Es ist ihre Geschichte, nicht meine. Ihre Ehe. Eine Ehe, die – trotz allem – bis heute währt, was nun wirklich eine beachtliche Leistung ist. Ich bin sicher, sie versuchten, uns Kinder so behütet wie möglich großzuziehen. Das könnte auch die Hinwendung zu Waldorf erklären. Ein bisschen heile Welt für ihre beiden Sprösslinge, die in meiner Erinnerung zu Hause nicht unbedingt garantiert war, ob mit oder ohne Fernseher. Denn zur Wahrheit gehört auch, dass wir nicht gerade eine Friedefreudeeierkuchenfamilie waren, von wegen Dauerlächeln und nie ein Problem. Ich sags mal so: Im Hause Mayr konnte es schon mal turbulent werden.

Für meinen Bruder und mich war das nicht immer einfach, auch wenn meine Eltern das heute nicht gern hören. Als Kind fühlt man sich hilflos und verängstigt – oder, was noch schlimmer ist, man fühlt sich verantwortlich. Das geschieht nur, weil du etwas falsch gemacht hast. Oder einfach, weil es dich gibt – du bist derjenige, der das Böse auslöst ... gruselig, was sich ein Kinderhirn manchmal zusammenspinnt. Wobei vieles in der Erinnerung nur sehr diffus vorhanden ist, in dem Sinne, dass ungefähr dann und dann etwas Unschönes passierte, kaum konkreter, keine Bilder oder so. Und manchmal könnte ich nicht einmal sagen, ob ich mich wirklich an das Geschehene erinnere, sozusagen als Augenzeuge, oder nur an das, was mir später von jemandem darüber erzählt wurde. Vergessen, löschen – die besondere Fähigkeit des menschlichen Gehirns, sein Schutzmechanismus, aber das hatten wir schon.

Apropos Erinnerung: Unsere erste Wohnung, also für mich die erste, nachdem ich auf der Welt war, hatten wir in der

Kaiserstraße. Achtzig Quadratmeter, fünfter Stock, kleiner Balkon. Die Kaiserstraße ist in Schwabing, heute eine attraktive Adresse, zu der Zeit noch nicht so fein, aber auch da schon gut frequentiert. Auf den Balkon hinaus führte eine verglaste Tür, die Scheibe ging bis zum Boden ... man ahnt, was kommt. Eines Tages landete ein Vogel auf dem Balkon, was mir Steppke von drinnen nicht entging. Ich war zwei, vielleicht drei – und in meiner spontanen Begeisterung für diesen Piepmatz nicht zu bremsen. Sofort setzten sich meine Beine in Bewegung. Bis ich die Tür erreichte, die ich offen wähnte, dürfte ich auf Höchstgeschwindigkeit gewesen sein. Mein Körpergewicht, dazu das Tempo ... wie war das noch gleich in Physik? Masse mal Beschleunigung oder so, irgendwas mit Newton. Auf jeden Fall schepperte es ordentlich, als ich zum Zieleinlauf ansetzte und geradewegs durch die Scheibe marschierte, ohne abzubremsen.

Es muss recht dünnes Glas gewesen sein, angeblich trug ich ein paar harmlose Kratzer davon, sonst nichts. Oder ich hatte einen Schutzengel. Das Vögelchen war natürlich weg.

So amüsant diese Geschichte ist, auch hier würde ich nicht darauf wetten, dass sie meiner eigenen Erinnerung entstammt. Wahrscheinlich haben meine Eltern sie mir irgendwann erzählt. Sicher wurde sie auch bei Familienfesten das eine oder andere Mal zum Besten gegeben. Geschichten von diesem Kaliber sind gern gehörte Klassiker einer jeden Familienrunde. Und da ich von der Wohnung an sich noch eine recht konkrete Vorstellung hatte, wie sie aussah, wo sich mein Zimmer befand, dass ein paar antike Möbel im Wohnzimmer standen, konnte ich mir ausmalen, wie sich das Ganze abgespielt haben muss. So dürfte sich das mit der

Zeit vermischt haben, dass es mir vorkommt, als hätte ich es seit damals selbst gespeichert.

Von einer anderen Episode, die sich einige Jahre später zutrug, aber noch im Kindesalter, erfuhr ich überhaupt erst, als ich längst erwachsen war, etwa mit dreißig. Sie liefert den Beweis – *einen* Beweis –, dass Mutter und Vater sich alle Mühe gaben, gute Eltern zu sein.

Dominik und ich, wir wünschten uns immer ein Haustier. Am liebsten hätten wir einen Hund gehabt, eine Katze aber auch akzeptiert, sogar Meerschweinchen. Ständig lagen wir unseren Eltern damit in den Ohren. Es brachte nur nichts, sie blieben eisern. Bis eines Tages irgendetwas ihr Herz erweichte, was auch immer sie umgestimmt haben mochte. Zwar wurde es dann kein Vierbeiner, aber immerhin ein echtes Tier – vielmehr waren es zwei Tiere: Wellensittiche, Susi und Hansi, für jeden einen. Susis Gefieder war gelb, Hansis schimmerte leicht orange. Dann kam der Sommer und wir Jungs fuhren mit Mutter in den Urlaub. Das war so üblich in unserer Familie. Vater blieb meistens zu Hause. Die Arbeit, seine Agentur, er habe zu tun, hieß es immer. Und irgendwann fragten wir nicht mehr, es war eben so. Mit Mutter flogen wir entweder nach Tunesien ans Mittelmeer, in einen Club Med mit organisierter Kinderbespaßung von morgens bis abends, es war immer derselbe. Oder es ging an die französische Atlantikküste, in die Nähe von Biarritz.

Als wir in jenem Sommer zurückkamen, freuten wir uns auf Hansi und Susi. Wir hatten oft an die zwei gedacht, wie es ihnen wohl erging, das erste Mal ohne uns und dann gleich so lange. Wieder zu Hause, flitzten wir sofort zu ihrem

Käfig – und machten plötzlich große Augen. Waren das unsere beiden Flattertiere? Sie sahen irgendwie anders aus. Aber Mutter wiegelte direkt ab: Wellensittiche würden über den Sommer mausern und dadurch die Farbe ihres Federkleids ändern, das sei vollkommen normal. Heute hätte ich wahrscheinlich erst mal gegoogelt, damals jedoch, in dem Alter, akzeptierte ich Mutter als Lexikon, für mich stimmte alles, was sie sagte. Also Ende der Aufregung und Schluss mit den Zweifeln, bald dachten wir nicht mehr daran, die Sache war abgehakt.

Jahre vergingen, mehr als zwei Jahrzehnte, Susi und Hansi hatten inzwischen längst das Zeitliche gesegnet. Den Anlass weiß ich nicht mehr, aber eines Tages, wir schwelgten gerade in familiären Erinnerungen, rückte meine Mutter mit einer anderen Version der Geschichte heraus – besser gesagt, mit der vollständigen Version: Wir hatten uns in dem Sommer damals doch nicht getäuscht. Während unserer Abwesenheit war der Käfig mit Susi und Hansi runtergefallen, abgestürzt, wie auch immer das passieren konnte. Beim Aufprall auf den Boden muss die Käfigtür aufgesprungen sein. Unglücklicherweise stand das Zimmerfenster sperrangelweit offen, es war ein heißer Tag. So kam eins zum anderen, und ehe Vater reagieren konnte, falls er es überhaupt so schnell mitbekam, hatten sich Susi und Hansi aufgemacht, die große weite Welt zu entdecken, auf Nimmerwiedersehen. Vater muss das schlechte Gewissen geplagt haben, beim nächsten Telefonat beichtete er Mutter das Missgeschick. Um ihren Jungs Enttäuschung und Trauer zu ersparen, entschieden unsere Eltern: Eine neue Susi und ein neuer Hansi müssen her! Und zwar bevor wir wieder in München sein würden. Wellensittiche bekam man in so ziemlich jeder Zoohandlung, nur eben nicht in der Farbgebung, die unsere beiden hatten. Vater musste mühsam die ganze Stadt abgrasen, um zwei Exemplare aufzutreiben, die ihnen wenigstens einigermaßen ähnlich sahen.

Zu der Zeit lebten wir übrigens nicht mehr in der Kaiserstraße. Unser Zuhause stand jetzt auf der entgegengesetzten Seite von München, in Waldperlach am südöstlichen Stadtrand, im sogenannten Märchenviertel. Dort sind die Straßen nach Märchenfiguren benannt: Aschenbrödel, Rotkäppchen, Frau Holle, Rumpelstilzchen, Schneewittchen und so weiter. Wir wohnten in einer Doppelhaushälfte mit Garten. Platzmäßig auf jeden Fall eine Verbesserung. Dominik und ich bekamen jeder ein eigenes Zimmer, was vorher nicht so war. Aber auch ein ganz schöner Kontrast, vom Trubel des Stadtlebens hinaus in eine fast ländliche Idylle. Doch uns gefiel es. Seitdem wurde die Gegend fleißig und recht eng mit Wohnhäusern bebaut, größeren und kleineren. Damals gab es noch viel mehr Wald, weite Felder und Wiesen, auf denen man wunderbar herumstrolchen oder auch Fußball spielen konnte.

Die Schule, wie gesagt eine Rudolf Steiner, war ein ganzes Stück entfernt, in Daglfing, das liegt weiter im Osten von München. Meistens wurden wir mit dem Auto chauffiert. Mutter teilte sich die Fahrten mit einer Bekannten, deren Sohn ebenfalls auf die Schule ging. Eine brachte uns morgens hin, eine holte uns nachmittags ab – mal so, mal so, sie tauschten, wie es am besten in ihren Zeitplan passte. Komischerweise weiß ich noch, was für ein Auto die andere Mutter fuhr: einen VW Polo, dieses eckige Modell, das bis Mitte der Neunzigerjahre gebaut wurde, vorn mit runden Scheinwerfern. Vor allem kann ich mich gut an den Geruch darin erinnern, wenn wir nach Schulschluss mit ihr heimfuhren. Dann drückte sie ihrem Sohn immer eine Schnitzelsemmel mit dick Ketchup drauf in die Hand. Und ich war jedes Mal neidisch, hätte zu gern selbst so ein Teil verputzt.

Nach der Schule, zu Hause, gabs nur eins: Ranzen in die Ecke und raus, mit dem Ball rumbolzen oder, das tat ich noch lieber, auf Inlineskates losdüsen. Hauptsache, sich Bewegung verschaffen, so viel und so lange wie möglich. An den Nachmittagen war ich immer auf Achse. Vom Skaten konnte ich nie genug kriegen. Mit Inlinern zählte man bei uns zwar eher zu den Uncoolen. Meine coolen Schulkameraden fuhren Skateboard. Aber das juckte mich nicht. Noch weniger, nachdem ich es selbst mit einem Skateboard versucht hatte. Nicht dass ich es nicht hinbekommen hätte, zumindest die Anfängersachen, mir verging nur schnell der Spaß daran, das war irgendwie nicht meins.

Selbst im Sommerurlaub, in diesem Club Med, das warme Meer direkt vor der Tür und tausend andere Verlockungen zur Auswahl, vom Bogenschießen bis zum Windsurfen, griff ich immer zuerst nach den Inlineskates, jedes Mal wenn wir dorthin kamen. Und sobald ich einmal auf den Dingern stand, konnte mich nichts mehr halten. Das Meer und der schöne Strand waren ratzfatz vergessen. Alles war vergessen, auch die Zeit. Wäre es nicht irgendwann dunkel geworden, ich hätte wahrscheinlich die ganze Nacht nicht aufgehört. Obwohl nach ein paar Stunden die Füße schmerzten, als wäre ich über glühende Kohlen gelaufen. Dicke fette Blasen, die dann auch noch aufplatzten. Ich fuhr trotzdem weiter, blendete die Schmerzen aus, als gingen sie mich nichts an. Ziemlich verrückt, aber so wars.

Mit Skates an den Füßen konnte ich mich regelrecht verlieren, als wäre ich dann auf einem anderen Planeten unterwegs gewesen, in meiner eigenen Welt. Wenn mich etwas interessierte, ich meine, so richtig interessierte, war mein Kopf förmlich damit belagert. Was ich gerade machte und wo ich mich auch aufhielt, ständig kreisten meine Gedanken um diese eine Sache. Fuhr ich zum Beispiel mit meinen Eltern in die Innenstadt, weil wir Klamotten kaufen wollten oder irgendetwas zu erledigen hatten, hielt ich die ganze Zeit nach Spots Ausschau, an denen ich mich mit den Skates austoben könnte. Diese Bank musst du dir merken, darauf lässt sich bestimmt super sliden. Und das Geländer dort ... und der Bordstein dahinten ... und die Treppe erst ... und, und, und. Ich entwickelte einen anderen Blick, sah die Umgebung mit anderen Augen, nahm andere Ausschnitte wahr, als würden sie aus dem großen Ganzen herausgezoomt. Wahrscheinlich schwer nachvollziehbar. Dabei ist es für einen selbst gar nichts Besonderes, sondern ganz normal. Es fällt einem nicht einmal auf, dass man so extrem auf diese Dinge fokussiert ist.

In der Nähe unseres Hauses gab es ein ehemaliges Militärgelände, den früheren Fliegerhorst Neubiberg, der Ende der Neunzigerjahre stillgelegt wurde. Seitdem war ein großer Teil des Areals öffentlich zugänglich, einschließlich der betonierten Start- und Landebahn. Auf einem kurzen Abschnitt davon hatten sie einen kleinen Skatepark aufgebaut, nichts Spektakuläres, eine Halfpipe, vielmehr eine Miniramp, die

Version ohne hohe senkrechte Steilwände, dazu eine Funbox und zwei Quarterpipes, wenn ich mich recht erinnere, heute steht dort einiges mehr. Das war mein Revier, da bin ich oft hin. Stundenlang probierte ich neue Tricks, übte Saltos – vorwärts, rückwärts – und Spins, also Drehungen um die eigene Achse, in der Luft, beim Sprung. Erst 180 Grad, dann 360, bis ich irgendwann 540 Grad schaffte. Oder Handstand in der Halfpipe. Und verschiedene Slides und Grinds und Grabs. Wenn der Untergrund nass war, weil es geregnet hatte oder gerade ein Schauer runterkam, war natürlich sliden angesagt – sliden und noch mal sliden – allerdings mit Straßenschuhen, mit Skates funktionierte das nicht so gut. Langweilig wurde mir nie. Es gab immer etwas, das man besser hinbekommen konnte. Oder das Nächste, was man sich draufschaffen wollte, neue Sprünge, neue Tricks – schwieriger, waghalsiger, mit noch ein bisschen mehr Thrill.

Beigebracht habe ich mir das alles selbst. Offenbar war ich ganz gut darin, Bewegungsabläufe, die ich bei anderen gesehen hatte, mit dem eigenen Körper umzusetzen, sozusagen nachzuahmen, zu kopieren. Als wir etwas älter waren, wurden die waldorfschen Fernsehregeln zu Hause nicht mehr ganz so streng ausgelegt. Das heißt nicht, dass wir stundenlang vor der Kiste hocken und uns mit jedem Quatsch berieseln lassen durften. Aber es wurden Ausnahmen erlaubt, sodass ich mir hin und wieder Actionsportmagazine anschauen konnte, die auf DSF oder Eurosport liefen. Manchmal guckte ich auch heimlich, jetzt kann ich es ja zugeben. Diese kurzen Filme waren dann meine Anleitungen. Ich versuchte, mir genau einzuprägen, wie die Jungs auf dem Bildschirm das machten,

Skateboarder oder Inlineskater – ihre Körperhaltung, was sie mit den Beinen anstellten, was mit den Armen, wie sie absprangen, wie sie landeten, jedes Detail. Hilfreich dabei war, dass die coolsten Sequenzen meist in Zeitlupe wiederholt wurden. Ich schaute gebannt zu, als wären es die spannendsten Stellen eines Krimis, die man auf keinen Fall verpassen durfte. Und mein Hirn „schnitt" alles mit, wie wenn man früher einen Film, der im Fernsehen lief, auf Videokassette aufnahm. Man kann es auch mit einem fotografischen Gedächtnis vergleichen, so muss das funktioniert haben. Gescannt, gespeichert, abrufbar. Das Verblüffende dabei: Ich musste mich nicht zwingen, konzentriert bei der Sache zu sein, nicht wie in der Schule, wenn der Lehrer vorn stand und etwas erklärte. Hier schalteten meine Antennen automatisch auf Empfang. Und nichts konnte mich ablenken. Damals machte ich mir keine Gedanken, weder darüber, woher diese Fähigkeit kam, noch ob andere sie womöglich auch hatten. Nicht einmal, dass sie überhaupt ungewöhnlich sein könnte. Es war eben so, für mich völlig normal, kein Grund, ins Grübeln zu geraten oder mich selbst zu erforschen. Wer macht das in diesem Alter? Mittlerweile weiß ich, dass eine solche Gedächtnisleistung, besonders wenn sie nicht antrainiert ist, und das war sie nicht, ein Hinweis auf ADHS sein kann.

Normalerweise werden sämtliche Informationen, die unser Gehirn erreichen, gefiltert. Im Arbeits- oder auch Kurzzeitgedächtnis kommen nur die an, die uns wichtig erscheinen. Alle anderen fliegen raus. Das Arbeitsgedächtnis funktioniert wie ein Zwischenspeicher, der die eintreffenden Informationen noch einmal siebt. Entweder bleiben sie dort, im

Kurzzeitgedächtnis, und sind dann bald vergessen, weil sie von neu eingehenden überlagert werden, oder es geht für sie weiter ins Langzeitgedächtnis. Dort landet hauptsächlich das, was mit besonderen Emotionen verbunden ist oder häufig wiederholt wurde, wie man das beim Lernen macht. Bei jemandem, der ADHS hat, findet das Filtern der ursprünglichen Informationen nicht oder so gut wie nicht statt, sodass der Arbeitsspeicher regelrecht überflutet wird und aufgrund der Überlastung seinen Dienst quittiert. Das bedeutet, es gelangen nur noch wenige Informationen ins Langzeitgedächtnis, man kann sich schwer Neues merken. Aber jetzt kommt der Punkt: Betrifft es etwas, für das man sich besonders interessiert, geht die Aufmerksamkeitskurve schlagartig steil nach oben. Man ist megafokussiert, während andere Informationen, die auf einen einströmen, gar nicht wahrgenommen werden. Mit dem Ergebnis, dass man sich das, was einen interessiert, besser und auch länger merken kann als alles andere, bis in kleinste Details, eben wie bei einem fotografischen Gedächtnis.

Ich hatte meine Anleitungen also auf diese Weise im Kopf gespeichert. Am nächsten Tag, wieder im Skatepark, ließ ich die einzelnen Szenen vor meinem inneren Auge ablaufen, wie das Skifahrer machen, die im Starthäuschen noch einmal visualisieren, wie die Tore gesteckt sind und wie der Kurs verläuft, bevor sie die Piste hinunterrasen. Und dann legte ich los. Nur dass ich nicht gleich alles in einem Ritt hinbekam, sondern mich Stück für Stück herantastete – und dabei oft genug recht unsanft auf dem Boden landete. Das gehörte dazu. Ich kam nie ohne Schrammen, blaue Flecken oder Beulen nach Hause. Es konnte auch schon mal eine Platzwunde sein. Einmal kurvten ein paar Radler dort herum. Man hätte meinen sollen, sie halten von sich aus Abstand, wenn da jemand zugange ist. Kann sein, dass ich sie gar nicht bemerkte, bis mir einer von ihnen in die Quere kam. Stoppen ging nicht mehr, ich war bereits in der Luft ... und schoss förmlich in den Trottel rein. Unmöglich, danach noch sauber zu landen. Mein Kopf knutschte den Boden, etwas zu stürmisch, seiner auch. Das Resultat: zwei Platzwunden, aus denen sofort Blut quoll – er eine, ich eine. Das Blut erwähne ich nur, weil noch ein dritter Dominostein kippte, eine Art Kettenreaktion. Ein junges Mädel, das auf der Funbox saß, hatte den missglückten Doppelstunt mit angesehen. Anscheinend konnte es kein Blut sehen, erschrak und verlor das Gleichgewicht, woraufhin auch ihr Schädel Bekanntschaft mit dem Betonboden der Landebahn schloss: Platzwunde Nummer drei.

Das Fallen zu üben, unfreiwillig oder nicht, war für einen Skater prinzipiell nie verkehrt, auch dabei lernte man etwas. Und die Schmerzen machten mir nichts aus. Ich legte es nicht darauf an, das es wehtat, natürlich nicht, aber es hielt mich auch nie davon ab, gleich wieder aufzustehen, kurz zu checken, ob alle Knochen heil waren, und weiterzumachen. Schon gar nicht, wenn ich mich gerade in einen Sprung oder einen Trick verliebt hatte, den ich unbedingt draufhaben wollte.

Wenn ich mir das heute vorstelle: Wie konzentriert ich dabei sein konnte! Wahnsinn, der absolute Laserfokus – genau auf den Punkt und extrem intensiv. Stundenlang, Tag für Tag. Obwohl ich nicht den blassesten Schimmer hatte, dass es so etwas wie eine Laser- beziehungsweise Hyperfokussierung überhaupt gibt. In der Schule, ich erwähnte es, bekam ich das nicht ansatzweise auf die Reihe. Eigentlich bei keiner anderen Beschäftigung, nur beim Sport. Und auf den Rollen offenbar noch einmal besonders gut. Das kann Zufall gewesen sein – oder auch nicht. Lassen wir es mal als Frage stehen. Die Antwort darauf, wenn auch nur indirekt, sollte ich viele Jahre später erhalten, im Zuge einer Therapie. Ich komme darauf zurück, versprochen.

In dem Skatepark kreuzten manchmal zwei oder drei andere Leute mit Inlinern oder Skateboards auf, selten mehr, fast nie. Meistens Jungs, gelegentlich auch Mädchen. Aber oft war ich ganz allein – was mich nicht im Geringsten störte. Ich machte das nicht, um irgendjemandem zu imponieren oder vor anderen den Larry raushängen zu lassen. Kein Gedanke daran, nicht im Ansatz. Ich machte das einzig und allein für mich und war mir selbst genug dabei, wie man so schön sagt. Hin und wieder fuhr ich auch in anderen Parks, aus Neugier und um Abwechslung zu haben, trat aber niemals bei irgendwelchen Wettkämpfen an. Darum ging es mir nicht. Der einsame Skater auf weiter Flur. Nur er, selbstvergessen und doch hoch konzentriert. Eigentlich ein schönes Bild. Stellt man sich dazu noch die Sonne vor, wie sie unterging und den Himmel färbte, vorher fand ich nie ein Ende – beinahe romantisch.

Doch stopp, ich muss die Zeit noch mal ein Stück zurückdrehen. So viel Platz das Skaten in meiner Kindheit auch einnahm, die erste Begegnung mit Sport, einer richtigen Sportart, fand lange vor dem Tag statt, als ich das erste Mal auf die Rollen stieg – und entpuppte sich glatt als Reinfall. Erwähnenswert ist es trotzdem, weil ich später genau bei dieser

Sportart landen sollte, die ich im ersten Versuch überhaupt nicht mochte. Es geht ums Skifahren.

Ich war drei oder vier, auf jeden Fall im Kindergartenalter, als ich in den Winterferien zu einem Skikurs geschickt wurde, ins Skiparadies Sudelfeld bei Bayrischzell, ungefähr achtzig Kilometer südlich von München. Von wegen Paradies, bereits die Anreise mit dem Bus kam mir eher wie ein Ritt durch die Hölle vor. Die Berge, die Kurven, mir war die ganze Zeit übel, ich muss kreidebleich wie ein Häufchen Elend in meinem Sitz gehangen haben. Aber es kam noch schlimmer: Irgendwann konnte ich das schnell verputzte Frühstück nicht mehr bei mir behalten. Oder es war das Abendessen vom Tag zuvor. Halb verdaut. Ein ordentlicher Schwall. Die Blamage kann man sich vorstellen, der Bus war rappelvoll. Vielleicht waren damit die Weichen gestellt – wenn etwas schon so anfing. Im Schnee, auf dem Kinderhang, lief es dann zwar besser, doch ich hatte einfach keine Freude an der Rutscherei auf den Brettern.

Ganz anders lief es, etwa im gleichen Alter, in der Schwimmhalle. Eines Tages hieß es, der Junge muss schwimmen lernen. Also ab ins Phönixbad, das in Ottobrunn, wo auch mein Kindergarten war, der mit der Schaukel, kaum zehn Minuten Autofahrt entfernt. Der Plan war, dass ich erst mal nur einen Kurs fürs Seepferdchen mache. Ein paar Wochen und das Thema wäre abgehakt gewesen. Doch dann meinte der Schwimmlehrer, ich würde mich ganz gut anstellen, ob ich nicht regelmäßig trainieren wolle. Und so landete ich im dortigen Schwimmverein. Brust, Rücken, Freistil, selbst Schmetterling bekam ich nach einer Weile hin. Wobei man „Weile" ehrlicherweise im Zeitraffer sehen muss. Genau kann ich es nicht mehr rekapitulieren, aber im ersten Jahr war Schmetterling ziemlich sicher noch nicht dran, viel zu kompliziert. Zuerst mussten die anderen Disziplinen sitzen. Später startete ich dann auch bei Wettkämpfen. Einmal schaffte es mein Team in unserer Altersklasse sogar zum Deutschen Vizemeister in der Staffel. Da müsste ich etwa zehn gewesen sein.

Anders als Inlineskaten, das wetterbedingt nur vom Frühjahr bis zum Herbst angesagt war, betrieb ich Schwimmen als Ganzjahressport, eben in der Halle. Aber das genügte mir natürlich nicht. Und so fand ich speziell für die Wintermonate eine zweite Betätigung, bei der ich mich regelmäßig auspowern konnte, im Unterschied zum Schwimmen an der frischen Luft – nämlich Eishockey. Wie ich darauf kam? Ganz einfach. Ich stolperte förmlich darüber. Direkt gegenüber vom Phönixbad ist das Eisstadion des ERSC Ottobrunn, open air, nicht zu übersehen. Eishockey klang interessant. Wer skaten kann, kriegt es auch mit Schlittschuhen auf die Reihe, das ist kein Geheimnis. Die Grundbewegungen sind identisch, es werden dieselben Muskelpartien beansprucht, und das mit dem Gleichgewichthalten läuft ebenfalls genauso. Bremsen lässt es sich mit Schlittschuhen sogar leichter, jedenfalls für jemanden, der vom Skaten kommt. So gesehen war es fast schon logisch, dass ich über den Winter auf die Kufen wechselte. Abgesehen davon machte es einen Heidenspaß. Und: Es war ein Teamsport, mal eine ganz neue Erfahrung.

So lief es dann drei oder vier Jahre. Meinetwegen hätte es ruhig so weitergehen können. Dummerweise fing ich mir irgendwann, es muss im Winter gewesen sein, eine ziemlich fiese Ohrenentzündung ein. Danach noch eine und noch eine. Vielleicht war es auch jedes Mal dieselbe, die vorher nur nicht richtig ausgeheilt war. Das Ende vom Lied: Ich musste mit dem Schwimmen aufhören. Auch Eishockey sollte ich bleiben lassen, erst mal. Daraus wurde zunächst über den Winter und dann für immer.

Doch wie geht der Spruch? Schließt sich eine Tür, öffnet sich eine andere. In dem Fall half meine Mutter, die nächste Tür aufzustoßen. Sie fand, dass ich es mit Taekwondo versuchen sollte. Die koreanische Kampfkunst sei gut für Körper, Geist und Seele. Anscheinend hatte ihr die Mutter von Markus, meinem Schulfreund, davon vorgeschwärmt. Ihr Sohn trainierte das schon länger. Also warum nicht? Auf zum Taekwondo, eine neue Welt entdecken! Dafür war ich immer zu haben. Dominik kam auch gleich mit.

Der Zugang zu dieser neuen Welt befand sich in einem kleinen Dorf mit dem etwas eigenartig anmutenden Namen Zorneding. Eine Halle, die aussah, wie ich mir eine Lagerhalle vorstellte, schlicht und zweckmäßig, nur nicht so hoch. Und mit Fenstern. Innen an den Wänden Spiegel, der Boden mit roten Matten ausgelegt, kaum dicker als ein flauschiger Teppich, nur nicht so weich. In einer Ecke hing ein schwarzer Boxsack.

Zugegeben, am Anfang war es gewöhnungsbedürftig – was für ein krasser Unterschied! Im Vergleich dazu wirkten Inlineskater wie Straßenköter. Keine festen Regeln, jeder vollführte seine Tricks, wie er es für richtig hielt. Ich meine, sie waren schon definiert, ob man vorwärts oder rückwärts anfuhr, die Körperhaltung, beim Sprung und überhaupt, die Zahl der Drehungen, alles Mögliche. Trotzdem sahen sie in der Umsetzung bei jedem etwas anders aus. Man drückte ihnen sozusagen seinen persönlichen Stempel auf. Genau dieses Freestylen war es, was mich daran gecatcht hatte.

Dabei lassen sich durchaus Parallelen finden, die man auf den ersten Blick nicht unbedingt vermuten würde. Zum Beispiel die Konzentration, überhaupt und noch einmal besonders punktgenau auf einen bestimmten Moment gerichtet – ohne die kommt man hier wie da nicht weit. Außerdem sind es beides ganzheitliche Sportarten, in dem Sinne, dass man nicht einseitig trainiert, sondern alle fünf der klassischen motorischen Hauptbelastungsformen gepusht werden, also Ausdauer, Kraft, Schnelligkeit, Beweglichkeit und Koordination. Und nicht zuletzt können sie verdammt anstrengend sein – für den Körper, aber genauso für den Kopf, da Taekwondo nach meinem Empfinden sogar noch mehr.

Ich musste mich erst reinfuchsen, schien aber Talent zu haben. Vor allem entdeckte ich dabei meine Leidenschaft für diesen Sport. Anders als Dominik, er strich nach etwa einem Jahr die Segel. Ich dagegen feierte bald jede einzelne Trainingsstunde, wollte mehr, wollte länger bleiben. Nachdem ich einige Zeit dabei war und gute Fortschritte verzeichnete, was dem Trainer nicht entging, durfte ich von der Kinderstunde zu den Großen ins Erwachsenentraining wechseln. Die nächste Steigerung war dann, dass ich jedes Mal gleich zwei Stunden hintereinander absolvierte, während die anderen nach einer Schluss machten. Und einmal nahmen sie mich sogar ins Trainingslager für die Erwachsenen nach Finnland mit. Bis dahin hatte ich bereits die ersten Wettkämpfe bestritten und auch einige gewonnen, natürlich in meiner Altersklasse.

Genau genommen waren es eher Wettbewerbe, denn gekämpft wurde dabei nicht wirklich, auch wenn sich eine der Disziplinen Freikampf nannte, koreanisch: Tae-ryon. Dabei wandte man bestimmte Kampftechniken mit festgelegten Bewegungsabläufen an, brachte Arme und Beine aber nicht bei seinem Kontrahenten ins Ziel, sondern stoppte kurz vorher ab oder verfehlte es um Haaresbreite – absichtlich, das verlangen die Regeln. Ein bisschen wie Schattenboxen, nur das einem jemand gegenüberstand, der dann auch mal dran war, sodass man auf dessen Angriff mit bestimmten, ebenfalls antrainierten Abwehrbewegungen zu reagieren hatte – wiederum ohne Körperkontakt. Da die einzelnen Bewegungen nicht gerade in Zeitlupe vollführt wurden, verlangte das eine enorme Körperbeherrschung, ganz gleich ob man angriff oder verteidigte. Wem das zu abstrakt ist: Man stelle sich einen Fußballer vor, der einen Elfmeter ausführen soll. Er läuft an, beschleunigt, erreicht die Höhe des Balls, nimmt Schwung mit dem Schussbein, zieht ab – und stoppt plötzlich seinen Fuß, zwei Zentimeter bevor der den Ball berühren würde. So ungefähr kann man sich das vorstellen.

Zu einer anderen Disziplin bei solchen Wettbewerben gehörte das Vorführen stilisierter Bewegungen in einer exakt festgelegten Reihenfolge. Beim traditionellen Taekwondo gibt es zwanzig solcher Bewegungsabläufe beziehungsweise Übungsformen, die unter dem Oberbegriff Hyeong zusammengefasst sind. Jede hat einen eigenen Namen und setzt sich aus verschiedenen Einzelbewegungen zusammen, die fließend ineinander übergehen. Das fängt bei neunzehn Bewegungen an und steigert sich bis auf über siebzig, je nach Schwierigkeitsgrad.

Die Variante, mit der ich antrat, nennt sich Do-san, sie umfasst 24 Einzelbewegungen. Do-san war das Pseudonym eines koreanischen Unabhängigkeitsaktivisten, der vor hundert Jahren oder so lebte. Aber das wird jetzt zu kompliziert. Ich wollte nur zeigen, dass Taekwondo mehr ist als ein Sport. Neben dem Körperlichen geht es darum, eine bestimmte Geisteshaltung zu entwickeln, mit Grundsätzen, die einen auch in anderen Lebensbereichen weiterbringen können, in allen eigentlich. Solche Tugenden oder auch Eigenschaften wie Höflichkeit, Integrität, Selbstdisziplin und Durchhaltevermögen. Als Kind dürfte ich die ganze Dimension noch nicht durchschaut haben. Ich stelle mir das eher so vor, dass damals durch unsere Trainer der Samen ausgebracht wurde, aus dem mit der Zeit dann etwas erwuchs – bildlich gesprochen. Stichwort: Charakterbildung. Jedenfalls glaube ich, dass ich bis heute davon profitiere.

Was mich zu einer dritten Disziplin bringt, dem berühmten Bruchtest – Kyok-Pa, wie es auf Koreanisch heißt. Da schnitt ich immer besonders gut ab. Viele verbinden Taekwondo vor allem mit diesem Bruchtest. Dabei wird er gar nicht trainiert, sondern nur bei Prüfungen und Wettbewerben praktiziert. Es ist auch ein Irrtum, dass es bei dem Test ums Zerstören eines Gegenstands geht. Vielmehr wird damit überprüft, ob man die Technik der Kampfkunst beherrscht, Tritte und Schläge korrekt, zielgenau und mit der notwendigen Schnelligkeit ausführt, denn nur dann sind sie wirksam. Gleichzeitig dient er als Gradmesser dafür, wie gut man seine psychischen Fähigkeiten entwickelt hat.

Allerdings verstehe ich, dass die Leute zuerst an den Bruchtest denken – so spektakulär, wie er für Zuschauer aussieht, als wäre Zauberei im Spiel. Wer sich damit nicht intensiver auseinandersetzt, kann sich schwer vorstellen, dass so etwas ohne Trickserei funktioniert: mit der bloßen Handkante, dem Ellenbogen oder dem nackten Fuß ein Brett oder gar einen Ziegelstein in zwei Stücke zu zerteilen. Ganz zu schweigen von einem Stapel Bretter oder mehreren Dachpfannen übereinander, auch das ist machbar, sogar mit den Fingerspitzen, ohne Schummelei oder irgendwelche Täuschungsmanöver. Ich rate jedoch jedem, der kein Taekwondo betreibt, dringend davon ab, sich daran zu versuchen. Die armen Knochen, das kann nur böse ausgehen, selbst wenn man Muskelpakete wie Rocky Balboa vorzuweisen hat. Kraft ist dabei nämlich längst nicht alles, nicht einmal das Entscheidende. Es gibt einen Spruch, der das, was außer Kraft – sowie Schnelligkeit und Koordination – dafür erforderlich ist, ziemlich treffend auf den Punkt bringt: „Ein Brett bricht nur, wenn man es im Geist schon zerbrochen hat." Der Kopf, das Hirn, muss auch mitspielen. Und damit ist nicht nur die Konzentrationsfähigkeit gemeint. Man braucht ebenso Vertrauen, in sich und in seine Fähigkeiten, eine gute Portion Mut und den unbedingten Willen. Erst wenn all das im richtigen Moment – im Bruchteil einer Sekunde, nicht vorher, nicht nachher – konzentriert auf die Stelle wirkt, die geknackt werden soll, gelingt es.

Nicht zu vergessen die richtige Atmung, Zwerchfellatmung, tief aus dem Bauch heraus, auch die ist für den Erfolg elementar. Und der Kampfschrei. Manche betrachten den als reines Showelement, um es dramatischer wirken zu lassen und mehr Aufmerksamkeit zu erregen, doch damit liegen sie falsch. Führt man den Kampfschrei richtig aus, indem man die Luft für den Ton mit Kraft aus dem Bauchraum presst, erhöht das die Anspannung des Körpers, der Muskulatur, und ebenso die Konzentration. Er sorgt sozusagen für einen Extrakick. Alle Energie, die in einem steckt, wird für den Augenblick, kaum länger als ein Wimpernschlag, gebündelt, sodass sie noch stärker wirkt. Abgesehen davon hat er einen psychologischen Effekt. Lautes Schreien, so richtig mit Inbrunst, steigert das Selbstbewusstsein – was einen zusätzlich pusht.

Wie gesagt, man kann eine Menge fürs Leben mitnehmen. Zum Beispiel lernt man auch, dass Zögern und Zweifeln zwei denkbar schlechte Zutaten sind, die bei einem Bruchtest wie Gift wirken. Schleicht sich nur der kleinste Zweifel in den Kopf, wird man das Brett nicht durchbrechen. Das lässt sich auf viele Situationen und Aufgaben übertragen, die schwierig sind oder auf andere Weise eine Herausforderung darstellen. Wenn ich später beim Skifahren am Start stand, musste ich mich genau davon frei machen, um meine beste Leistung abrufen zu können. No doubt, no hesitation! Wäre ich mit dem Gedanken losgedüst, es eh nicht zu packen, oder aus irgendeinem Grund, womöglich aus Angst, mit angezogener Handbremse, hätte ich gleich oben stehen bleiben können. Und auch heute, im Geschäftsleben, ist das nicht anders. Man muss seinen Job beherrschen, die einzelnen Disziplinen, die ihn ausmachen, klar im Kopf sein, klare Entscheidungen treffen und dann genauso klar seine Ziele verfolgen, weder halbherzig noch zögerlich, sondern konzentriert, fokussiert und mit voller Kraft voraus. Also, wie es geht, weiß ich schon lange. Das heißt nicht, dass ich es immer so hingekriegt hätte, ganz und gar nicht.

Skifahren – okay, Sprünge – juchhe!

„Der Münchner" probiert alles aus

Meine Eltern waren nie die großen Sportskanonen, aber ihnen war immer wichtig, sich in der Freizeit zu bewegen. Und das möglichst in der Natur, an der frischen Luft. Im Sommer wandern, im Winter Ski fahren, das war ihrs. Nun hat München zwar einige grüne und auch idyllische Flecken zu bieten, mehr als manch andere Stadt, die echte Natur – ohne Straßenlärm, Abgase und Trubel – findet man aber eher im Umland, in den Bergen. So könnte die Idee entstanden sein, sich ein Bauernhaus auf dem Land zu suchen, sozusagen als dauerhaftes Ausflugs- und Urlaubsdomizil, das man jederzeit ansteuern konnte, wenn einem danach war und die Zeit es erlaubte. Um genau zu sein, war es nur ein halbes Bauernhaus. In der anderen Hälfte blieb der Bauer wohnen, dem der Hof gehörte. Aber auch so verfügte unser Bereich über genügend Zimmer, um drei Familien unterzubringen. Das war nämlich der zweite Teil der Idee: Mutter und Vater pachteten die Haushälfte nicht allein, sondern zusammen mit den Eltern meines Schulfreundes Markus, der eine Schwester hat, und einer dritten Familie, zu der vier Kinder gehörten. Wenn wir alle gleichzeitig dort einfielen, tummelten sich neben den Erwachsenen also acht Kinder. Dann war richtig Leben in der Bude.

Der Bauernhof lag an einem Berghang im Zillertal, also in Österreich, Vaters Heimat, rund 140 Kilometer südlich von München, etwas oberhalb einer kleinen Ortschaft. Außer dem Wohnhaus gab es auf dem Gehöft eine große Scheune, kombiniert mit einem Stall, praktisch eine Stallscheune. Auf der einen Seite wurden jeden Sommer bis unters Dach Heu- und Strohballen gestapelt, als Vorrat an Einstreu und Futter. Was für ein Abenteuerspielplatz! Da konnte man wunderbar Höhlen drin bauen und sich verstecken. Aber auch saugefährlich. Dass ich das damals nicht gesehen habe. Wäre so eine Höhle über mir zusammengebrochen, mich hätte keiner gefunden.

Die andere Seite der Stallscheune, den Stall, teilten sich Esel, Schweine und Kühe, auch Hühner stromerten dort herum. Wobei die Kühe nur während der kühleren Monate im Stall einquartiert waren. Den Sommer verbrachten sie auf einer Alm. Am spannendsten fand ich die Esel, ich glaube, es waren drei – weil ich dachte, die sind wie Pferde, auf denen kannst du reiten. Das versuchte ich natürlich auch, aber erst nachdem ich mich ein wenig mit ihnen angefreundet hatte. Dieses Anfreunden bestand darin, sie an einem Strick über den Hof oder eine Wiese zu führen und ihnen irgendetwas ins Ohr zu flüstern, damit sie sich an meine Stimme gewöhnten. Vielleicht hätte ich geduldiger sein müssen. Oder strenger. Keine Ahnung, was ich falsch machte, aber mich zu schleppen schien sie nicht gerade in Hochstimmung zu versetzen. Jedes Mal wenn ich mich auf einen von ihnen draufschwang, meinte der bocken zu müssen. Und falls er sich doch entschied loszuwackeln, in aller Gemütsruhe, fand er es offenbar lustig, den Ballast auf seinem Rücken nach ein paar Metern abzuwerfen. Nur gut, dass ich vom Inlineskaten geübt darin war, mich unfallfrei abzurollen. Kratzer oder blaue Flecken zählten nicht.

Wir fuhren nun fast jedes Wochenende ins Zillertal, verbrachten unsere Sommerurlaube dort, auch andere, mal mit einer der befreundeten Familien, mal mit beiden, mal allein. Was vorher der Club Med in Tunesien gewesen war, war jetzt der Bauernhof in Tirol – nur dass Vater öfter mitkam. Bevor wir es uns dort gemütlich machen konnten, ließen die Erwachsenen eine Heizung einbauen, und eine Küche kam auch rein. Ich liebte es, dort zu sein, im Sommer wie im Winter. Obwohl es immer eine ganz schöne Hin- und Herkutscherei war. Jede Strecke zwei Stunden still sitzen, mehr oder weniger. Dazwischen dafür aber die pure Freiheit. Der unruhige Geist konnte sich von früh bis spät austoben.

Kamen wir im Sommer dorthin, machte ich mich, kaum dass wir ausgeladen hatten, direkt auf den Weg zu unseren Nachbarn. Ein Stück den Berg hinauf gab es noch einen Bauernhof, von uns aus nicht zu sehen, da wohnte die Familie Pinschler. Ein kurvenreicher Schotterweg wand sich bis zu ihrem Grundstück, aber den benutzte ich so gut wie nie. Ich flitzte lieber über eine Wiese nach oben, zwischen Obstbäumen mit Äpfeln, Birnen und Pflaumen entlang, während Schmetterlinge um mich herumschwirrten und das fröhliche Zwitschern von Vögeln zu hören war. Ob die wirklich fröhlich waren, weiß ich natürlich nicht. In meinen Ohren klang es so. Die Strecke über die Wiese war kürzer, aber auch steiler. So steil, dass man nicht mal mit einem Traktor fahren konnte. Wenn die Bauern dort Heu machten, mähten sie das Gras per Hand, mit einer Sense. Nach zehn Minuten oder so kam ich bei den Pinschlers an, war ganz außer Puste. Ich lief auf den Hof und rief: „Bin wieder daaaaa ...!"

Die meiste Zeit verbrachte ich an der Seite von Barbara und Markus, den Kindern der Familie, die acht oder zehn Jahre älter waren als ich, also schon erwachsen. Aber das störte mich nicht, im Gegenteil, ich fühlte mich wohl bei ihnen und gut aufgehoben. Es war, als wäre ich dort oben auf dem Berg in eine andere Welt getreten. Die Welt, aus der ich kam, war dann verschwunden. Als hätte es zwischen beiden ein Tor gegeben, hinter dem sie sich entfernte, sobald ich durchmarschiert war. Ich dachte nie: Vielleicht solltest du mal wieder runtergehen. Oder dass da jemand auf mich warten könnte. Mutter und Vater wussten natürlich, wo ich steckte. Manchmal kam Dominik mit oder eins der anderen Kinder. Sie blieben eine Stunde, vielleicht zwei, spätestens dann wollten sie wieder zurück. Doch nicht einmal da kam mir der Gedanke. Ich war vollkommen im Hier und Jetzt vertieft, das Tor blieb verschlossen.

Barbara und Markus brachten mir bei, was auf einem Bauernhof alles gemacht werden musste. Ich lernte, wie man Kühe mit der Hand melkt, wie ein Huhn geschlachtet wird und wie man einen Traktor fährt, das aber erst etwas später, mit zwölf oder dreizehn. Sie nahmen mich mit in den Stall, wenn ein Kalb geboren wurde. Und ich war auch dabei, wenn der Schlachter kam und eins ihrer Schweine ins Himmelreich beförderte, um Fleisch und Wurst daraus zu machen. Auf dem Hof wuselte immer jemand herum, es gab nie nichts zu tun. Zur Erntezeit wurde es noch lebhafter als sonst. Die gesamte Verwandtschaft schien sich einzufinden, sogar von Teneriffa reisten Leute an, um zu helfen. Und ich immer mittendrin, zwischen all den Großen. Ich fühlte mich selbst schon ziemlich groß, wo ich doch richtig arbeitete, wie das die Erwachsenen taten. Neuerdings trank ich sogar Kaffee – weil alle auf dem Hof Kaffee tranken. Nachmittags gab es immer eine Brotzeit. Dazu bekam jeder einen Pott Kaffee, mit Milch oder ohne. Ich nahm so viel Milch wie noch in die Tasse passte – und dazu reichlich Würfelzucker, acht Stücke, damit der Kaffee nicht so bitter schmeckte, dass ich mich schütteln musste. Das wäre nicht erwachsen gewesen. Dafür war es umso erwachsener, dass ich dablieb, bis oben alle aufhörten zu arbeiten. Erst dann sagte ich „Servus!" und flitzte die steile Wiese wieder hinunter.

Im Winter war Skifahren angesagt – und das änderte alles. Mutter und Vater zogen gleich in der Früh los, Dominik und mich im Schlepptau. Am Anfang war ich skeptisch, die ungute Erinnerung an den Skikurs als kleiner Bub in Sudelfeld. Doch dann merkte ich schnell, was für einen Spaß ich daran hatte, die Pisten hinunterzudüsen. Ganz anders als damals. Und wie immer, wenn mich etwas begeisterte, konnte ich nicht genug davon kriegen. Ich vergaß die Zeit, genauso wie ich vergaß, dass meine Eltern und Dominik dabei waren. Ich fuhr ihnen davon, zog meine eigenen Linien, wahrscheinlich langweilten mich die vorgegebenen, mit Ausnahme der auf den schwarzen Pisten, davon gab es nur leider nicht viele. Sagen wir, mein Stil war etwas unkonventionell. Es ging kreuz und quer, ich ließ keine Bodenunebenheit aus. Hubbel, die andere versuchten geschickt zu umkurven, steuerte ich gezielt an, um kleine Sprünge zu wagen. Wobei, richtige Sprünge waren das nicht, erst mal nur Hopser, zaghaft noch, ein paar Zentimeter weit. Ich plante vorher nie, wie ich eine Strecke fahren wollte. Das ergab sich spontan unterwegs, vor allem gelenkt durch die Suche nach Geländestücken, auf denen sich etwas als Schanze anbot. Und mit dem im Hinterkopf, was ich zu Hause beim Inlineskaten machte. Ich dachte, manches davon müsste doch auch mit Skiern hinzukriegen sein. So wurden aus den ersten Hopsern kleine Sprünge. Und dann dauerte es nicht lange, bis ich versuchte, mich in der Luft auch mal um die eigenen Achse zu drehen, erst nur halb herum, dann ganz. Gelang es mir, einen Sprung zu stehen, beflügelte mich das, gleich wieder einen zu wagen. Landete ich im Schnee, dann wollte ich es erst recht wissen und probierte es beim nächsten Hügel direkt noch einmal. Es spielte also gar keine Rolle, ob sich der Erfolg sofort einstellte – aufhören wollte ich so oder so nicht.

Irgendwann wurde es meinen Eltern zu anstrengend. Sie waren lieber etwas gemütlicher auf den Skipisten unterwegs. Nach ihrer Vorstellung bestand ein entspanntes Zillertal-Winterwochenende auch nicht darin, jede Minute, die es hell war, durch den Schnee zu cruisen, wie ich es gern machte, sobald ich einmal die Ski angeschnallt hatte, am besten ohne Pause. Eines Tages hieß es: Der Junge gehört in einen Skiclub, da ist er besser aufgehoben. Lange suchen mussten wir nicht, unten im Ort gab es einen. Also, nicht direkt im Ort, sondern auf der anderen Seite des Ziller, der durchs Tal fließt, praktisch im Nachbardorf, wo auch die Bergbahn hoch ins Skigebiet abfährt. Dort bin ich dann immer hin, als

Wochenendtrainierer. In dem Alter, ich muss elf oder zwölf gewesen sein, konzentrierte sich das Training hauptsächlich auf die technischen Disziplinen, Slalom und Riesenslalom.

Für eine große Skikarriere, um eines schönen Tages die Sterne vom Himmel zu holen, war ich spät dran. Die Einheimischen begannen viel früher, mit drei oder vier Jahren, auch noch mit fünf, aber kaum darüber. Die meisten von ihnen standen seitdem im Winter fast jeden Tag auf Ski. Und die Besten nicht nur im Winter. Das hätte mich entmutigen oder gerade meinen Ehrgeiz anstacheln können. Doch beides war nicht der Fall. Ganz einfach, weil ich so nicht dachte. Ich wollte Ski fahren, unbedingt wollte ich das – weil es mir Spaß machte. Und ich wollte auch besser werden, schneller und wendiger, technisch geschickter, aber nicht um irgendjemanden zu übertrumpfen, sondern einzig und allein für mich. Weil es mir ein gutes Gefühl gab. Meine Motivation beim Skaten und die jetzt beim Skifahren, das war wie eine Blaupause.

Neu hinzu kam, dass ich, nachdem ich einige Zeit in dem Skiclub trainiert hatte, Rennen fahren wollte. Weil die anderen das auch machten. Und weil es dazugehörte. Man trainierte, um Rennen zu fahren. Aber auch da war meine Intention nicht, andere zu bezwingen. Obwohl man, wenn man bei einem Rennen an den Start geht, natürlich am liebsten als Erster über die Ziellinie rauscht. Das war auch bei mir so. Ich weiß nicht, ob man das versteht. Der Antrieb, gut zu sein, idealerweise die Nummer 1, richtete sich nicht gegen jemanden. Anders als beispielsweise beim Boxen, wo man seinen Kontrahenten schlagen muss, das sogar im wahrsten Sinne des Wortes, um als Sieger aus dem Ring zu steigen.

Auf Rennen war ich aber auch deshalb erpicht, weil man nur zu Rennen geschickt wurde, wenn man gut war. Und um gut zu werden, musste man viel trainieren. Das war der Hauptgrund: dass ich häufiger Ski fahren wollte. Wenn es nach mir gegangen wäre, jeden Tag. Doch damit war meine Motivationskette noch nicht zu Ende. Denn häufiger auf die Piste wollte ich nicht nur wegen des Skifahrens, sondern weil ich auf diese Weise öfter die Gelegenheit bekommen hätte, den einen oder anderen Sprung zu wagen. Schwer zu sagen, ob ich zu der Zeit so strukturiert dachte. Wahrscheinlich eher nicht. Fakt ist, dass die Sprünge das i-Tüpfelchen für mich waren, das Sahnehäubchen auf dem Kuchen. Ski fahren – okay, Sprünge – juchhe!

Die Realität sah allerdings so aus, dass an Rennen kaum zu denken war. Dafür genügten meine Wochenendtrainings einfach nicht. Wohl aber, um ein gewisses Potenzial aufscheinen zu lassen. Auch wenn ich im Vergleich zu den anderen so selten auf eine Piste kam, machte ich anscheinend recht beachtliche Fortschritte. An Engagement meinerseits mangelte es auf jeden Fall nicht. Auch wenn der Winter vorbei war, und selbst im Sommer. Dann gab es ja immer noch den Hintertuxer Gletscher. Dort, in über 3000 Meter Höhe, kann man das ganze Jahr Ski fahren. Auch Profis trainieren da oben, aus aller Welt kommen sie, ob Skifahrer, Snowboarder oder Freeskier. Vom Skiclub waren es keine fünfzig Kilometer bis zur Talstation. Ob ich auch dorthin wollte? Was für eine Frage! Na klar wollte ich.

Irgendwie bekam es Vater hin, dass mich jemand aus dem Skiclub mitnahm. Dieser Jemand war meistens Christoph Eberharter, damals einer der Trainer, heute leitet er eine Skischule in Kaltenbach. Christoph hatte kein Auto, sondern ein

Geschoss. Die bayerische Marke mit den drei Buchstaben. Wenn er Gas gab, und das machte er, sobald es der Verkehr zuließ, drückte es mich tief in den weichen Ledersitz, der beigefarben war, was ich cool fand. Sein Fahrstil passte eigentlich nicht zu seiner ruhigen Art. Oder vielleicht gerade. Er war ein stiller Bär, vor dem man Respekt hatte. Ich mochte ihn. Christophs Bruder Stephan ist eine Berühmtheit in Österreich, war er damals schon, in Stumm, seinem Heimatort, ganz in der Nähe, sowieso, dort haben sie ihn längst zum Ehrenbürger ernannt, ihm sogar ein Denkmal gesetzt auf dem Dorfplatz. Stephan war Skirennläufer, neben Hermann Maier, und natürlich Marcel Hirscher, einer der erfolgreichsten in seiner Heimat und überhaupt, vier Medaillen bei Olympischen Spielen, darunter eine goldene im Riesenslalom, drei Weltmeistertitel, knapp dreißig Weltcupsiege und so weiter. Sein phänomenaler Abfahrtssieg beim Hahnenkammrennen 2004 auf der Streif in Kitzbühel gilt bis heute als legendär – die perfekte Fahrt.

So dankbar ich Christoph war, auch den anderen Trainern im Skiclub, am Ende steckte ich in einer Sackgasse fest. Die Entfernung zwischen München, die Pflichten in der Schule, Taekwondo machte ich auch noch – so konnte es mit meinen Skifahrambitionen unmöglich vorwärtsgehen, nicht in solchen Schritten, dass ich mich absehbar als Kandidat für Rennen aufgedrängt hätte. Ungeachtet dessen war meinem Vater die ständige Kutscherei mit dem Auto nicht ewig zuzumuten. Zumal er damals mit Dämonen zu kämpfen hatte, die manche Rückfahrt zu einem riskanten Unternehmen machten. Gott sei Dank ist nie etwas passiert.

Ich hatte genau zwei Optionen: Aufhören mit dem ambitionierten Skifahren oder eine andere Lösung austüfteln. Option eins kam nicht infrage, nicht wenn ich es entscheiden durfte. Also musste eine Alternative her, die mir das Skifahren weiterhin ermöglichte, vor allem häufigeres Training – und dann hoffentlich bald die Teilnahme an Rennen. Mutter machte sich schlau, Vater auch und ich hörte mich ebenfalls um. Irgendwie kamen wir darauf, dass ein Sportinternat die Lösung sein könnte. Dann wäre ich zwar von zu Hause weg, aber das hätte ich in Kauf genommen. Der Gedanke bereitete mir jedenfalls keine schlaflosen Nächte. Die Sportoberschule Mals schien uns eine geeignete Einrichtung zu sein, um Träume Wirklichkeit werden zu lassen. Mals liegt in Südtirol, im Vinschger Oberland am Fuße der Ötztaler Alpen, die einige imposante Dreitausender zu bieten haben, beste Schneebedingungen also, unabhängig von den Jahreszeiten.

An der Schule bildeten sie die gängigen Wintersportarten aus, ganz oben stand Ski alpin. Das klang alles wie für mich geschaffen, es gab nur einen Haken: Um dort aufgenommen zu werden, musste man einen Test absolvieren, der aus mehreren Disziplinen bestand. Getestet wurde einmal das Skitechnische, wie geschickt und wie schnell man Slalom und Riesenslalom fuhr. Außerdem hatte man eine freie Fahrt im Gelände zu bewältigen und dabei möglichst eine gute Figur abzugeben. Zum anderen ging es um die sportmotorischen Fähigkeiten der Bewerber. Rumpfbeugen, Speedy Jump, Kurzsprint, Hürden-Bumerang-Lauf, Standweitsprung ... lauter nette Übungen, die die Pumpe auf Hochtouren brachten. Alles wurde nach einem Punktesystem bewertet. Um es abzukürzen:

Ich habs verkackt. Nicht beim zweiten Teil, da schnitt ich von allen am besten ab. Mein skitechnisches Vermögen war es, das den strengen Juroren nicht genügte. Es gab zu viele andere, die es einfach besser draufhatten.

Wir entschieden uns für einen Mittelweg, das ist manchmal ja das Vernünftigste: Ich blieb der Waldorfschule in Daglfing erhalten und auch meinen Eltern als Heimschläfer. Dafür übernahm Vater doch wieder das Chauffieren. Die Strecke führte in dieselbe Richtung wie vorher zum Zillertal, mit dem Unterschied, dass sie nur noch halb so lang war. Knapp sechzig Kilometer, dann hatten wir das Ziel erreicht: Lenggries bei Bad Tölz – besser gesagt, den örtlichen Skiclub. Unter Wintersportlern eine bekannte Medaillenschmiede. Hilde Gerg und Martina Ertl, um nur zwei zu nennen, reiften dort zu Champions. Beide fuhren bei Olympischen Spielen und Weltmeisterschaften aufs Podest, mehrmals sogar.

Ich fing mit zwei Trainingseinheiten in der Woche an, manchmal waren es auch drei. Und am Wochenende ging es oft wieder hin. Vater holte mich direkt vor der Schule ab und dann brausten wir los. Ich mutete ihm ganz schön was zu. Dass er das so lange mitmachte – Chapeau! Aber mir selbst mutete ich auch eine Menge zu, nur um Ski fahren zu können. Soll keiner denken, dass sie in Lenggries auf einen wie mich gewartet hatten. „*Der* Münchner", so nannten mich die anderen. Die meisten in der Trainingsgruppe waren Einheimische, kamen aus der Gegend. Das „Der" betonten sie mit einer Abfälligkeit, als meinten sie in Wirklichkeit: der Ahnungslose oder der Trottel. Sie redeten über mich, mit mir aber sprachen sie kein Wort. Als hätte jemand, kaum dass ich auf der Bildfläche erschienen war, einen Wettbewerb ausgerufen. Wer dem Neuen die Hand reicht, muss ein Jahr lang die Ski von allen wachsen. Oder irgendwas in der Art. Sie machten sich nicht einmal die Mühe, ihre Abneigung vor mir zu verbergen. Kinder können da knallhart sein, völlig empathielos. Wahrscheinlich tat der Gruppenzwang sein Übriges. Eine der schlimmsten Demütigungen war, dass nie jemand mit mir zusammen Lift fuhr an der Piste. Die Sessellifte hatten immer zwei Sitze nebeneinander. Wenn einer besonders gemein sein wollte, stellte er sich erst so hin, als würde er mit mir hochfahren, sodass ich schon dachte, ein Glück, der Bann ist gebrochen. Aber dann stieg er doch nicht ein, sondern ging im letzten Moment weg und grinste sich eins.

Ich hab nie verstanden, warum sie mich so behandelten, mir nicht mal eine Chance gaben. Es machte mich traurig. Und es tat weh, jedes Mal wieder weggestoßen zu werden. Aber ich tat ihnen nicht den Gefallen, mir das anmerken zu lassen. Ich verkroch mich auch nicht irgendwohin und heulte. Stattdessen konzentrierte ich mich umso intensiver aufs Skifahren. Wenn ich mich noch mehr anstrenge und besser fahre, vielleicht würde das etwas ändern. Dann könnten sie sehen, dass es der Spätstarter aus der Stadt doch bringt. Etwa so waren meine Gedanken. Und dann – kleiner Zeitsprung – schaffte ich es tatsächlich, für ein Rennen nominiert zu werden. Und kurz darauf für das nächste. Und für das übernächste auch ... Also musste ich gegenüber den anderen aufgeholt haben.

Wenn ich mich richtig erinnere, war mein erstes Rennen ein Carvingrennen. Solche werden heute kaum noch gefahren. Statt der beim Slalom oder Riesenslalom üblichen Stangen wurden sogenannte Bojen – rote, gelbe und blaue – auf dem Hang im Schnee verankert, die es anzusteuern galt. Es kam auch nicht darauf an, die Strecke in der kürzesten Zeit zu absolvieren, sondern innerhalb eines vorgegebenen Zeitlimits möglichst viele Punkte zu sammeln. Punkte erhielt man für das Erreichen beziehungsweise Umfahren der Bojen. Je weiter außen eine davon platziert war, also je größer der zu fahrende Bogen, desto mehr Punkte gab es. Denn das war besonders schwer, weil man die Kurven schärfer nehmen musste. Noch ein Unterschied bestand darin, dass man die Aufgabe wie ein Snowboarder ohne Skistöcke zu bewältigen hatte. Und oft gehörte als Einlage eine kleine Schanze zum Parcours, was ich natürlich genial fand.

Irgendwann waren es dann richtige Slaloms und Riesenslaloms und auch mal ein Super-G. Die Wettbewerbe nannten sich Schülercup und Sparkassencup, oder es waren regionale Meisterschaften – was der Rennkalender über die Wintermonate für den Skinachwuchs halt so hergab. Wie eine Skiweltcupsaison, nur im Miniformat und ohne den ganzen Rummel, der da üblich ist. Als Zuschauer kamen bestenfalls die Eltern, wobei meine sich eher selten blicken ließen, auch später. Ein bisschen herumgereist sind wir auch. Mal ging es nach Garmisch-Partenkirchen, mal in die Nähe vom Schliersee, an den Tegernsee, nach Oberaudorf oder nur den Katzensprung bis nach Bad Tölz. Dort gibt es überall Hausberge, auf deren Hängen die Läufe stattfanden.

Ich müsste lügen, würde ich behaupten, mich an einzelne Rennen erinnern zu können. Wenn ich tief im Gedächtnis krame, blitzt höchstens das eine oder andere Bild auf, das aus dieser Zeit stammen dürfte. Momentaufnahmen, manche nur unscharf oder verblasst, fast wie angehaltene Szenen eines Traums. Zum Beispiel wie ich auf einem Podest stehe, nicht in der Mitte, nicht ganz oben, aber als Zweiter oder Dritter, das gelang mir ein paarmal. An solchen Tagen war ich meist besser als sonst jemand aus dem Skiclub. Meine Sympathiewerte steigerte das allerdings nicht. Insgesamt schlug sich *der* Münchner wohl ganz ordentlich – gut, aber nicht überragend. Da gab es andere, die Podestplätze geradezu abonniert zu haben schienen.

Vielleicht fehlte mir das letzte Quäntchen Begeisterung, die totale Hingabe. Oder die Zeit, die ich als Skifahrspätstarter verloren hatte, ließ sich bei allem Einsatz eben doch nicht aufholen. Schließlich war es mein Trainer, der den wahren Grund entdeckte. Ich höre noch, wie er sagte: „Junge, wenn du dich nicht konzentrierst, wird das nie was." Dieser Spruch war immer dann fällig, wenn ich meinte, mir beim Training eine andere Strecke suchen zu müssen, zusätzlich zu der, die alle zu fahren hatten. Man muss sich das so vorstellen: Auf unserem Hang war ein Slalomkurs gesteckt. Einer nach dem anderen sauste in Schlangenfahrt zwischen den Toren nach unten. Dann ging es wieder zurück an den Start, wo jeder warten musste, bis er das nächste Mal an die Reihe kam. Das dauerte nicht Stunden, aber lange genug, um sich zwischenzeitlich schnell eine kleine Extratour gönnen zu können. Den anderen schien das nicht in den Sinn zu kommen. Bei mir war es eher so, dass ich gar nicht anders konnte. Nicht nur weil ich Drang nach Bewegung verspürte. Es zog mich geradezu magisch an. Zu reizvoll die Vorstellung, den wilden Teil des Hangs hinunterzurauschen, den Bereich rechts oder links der Piste, der nicht präpariert war. Da standen Bäume? Umso besser. Die mussten dann eben umkurvt werden, selbst wenn es ein kleiner Wald war. Und der Boden war uneben wie nur sonst was? Na, wunderbar. Wo kriegte man besser ein Gefühl für die Ski als auf einem solchen Untergrund. Ideal, um sich Balance und Körperbeherrschung anzutrainieren. Es gab schlicht keinen Grund, warum ich es nicht hätte tun sollen – aus meiner Sicht. Völlig unmöglich, mich zurückzuhalten, war es dann, wenn es vorher geschneit hatte. Die erste Spur durch den frischen, unberührten Schnee zu ziehen – was für ein Zauber!

Unserem Trainer entfaltete sich das Magische daran offenbar nicht. Ihm kam auch kein lobendes Wort über die Lippen, obwohl ich auf diese Weise oftmals das doppelte Pensum an Läufen absolvierte. Immerhin schien ihm nicht zu entgehen, dass ich einen Mordsspaß daran hatte, durch den jungfräulichen Schnee zu pflügen. Und auch, dass ich in dem schwierigen Gelände gut zurechtkam. So muss er es gesehen und bewertet haben, andernfalls hätte er meinem Vater kaum vorgeschlagen, die Disziplin zu wechseln: „Ihr Junge ist bei uns falsch aufgehoben, er muss zu den Freestylern."

Mit Freestyle meinte er Buckelpiste, die klassische Variante, wie sie auch bei Olympischen Winterspielen auf dem Programm steht: steiler Hang, ein Buckel neben dem anderen, kleinere und größere, außer an den Stellen, wo der Kurs über einen Kicker führt, zwei pro Strecke sind laut Reglement vorgeschrieben. Mit Fußball hat das übrigens rein gar nichts zu tun, Kicker sind aus Schnee geformte Schanzen. Man nennt die so, weil man beim Absprung in die Luft gekickt wird – beziehungsweise sich selbst in die Luft kickt. Keine Ahnung, wer sich das ausgedacht hat, klingt auf jeden Fall cooler als Schanze. Und Englisch ist sowieso die Sportsprache.

Buckelpistenfahrer – oder -fahrerinnen – werden nicht unter den Ski-Alpinen einsortiert, sondern als Freestyler oder Freestyle-Skifahrer, aber das sagt in der Szene kaum jemand. Dann schon eher Freeskier, wobei das wiederum eine Art Oberbegriff ist für „freies Skifahren", im Gegensatz zum alpinen mit seinen ganzen Reglements. Die Sportart heißt Freestyle-Skiing, auch da hat das Englische gesiegt. Und weil ich hier gerade den Schlaumeier gebe: Freestyle-Skiing wird oft mit Freeriding zusammengeschmissen, dabei sind das zwei Paar Schuhe. Zum Freestyle-Skiing zählen außer der Buckelpiste noch vier andere Disziplinen – Aerials, Half Pipe, Big Air und Slopestyle. Wobei die drei Letztgenannten die neueren Freestyle-Disziplinen sind. Anders als die beiden klassischen davor kommen sie ursprünglich vom Snowboarden und werden auf präpariertem Schnee betrieben, in Snowparks. Freeriding dagegen ist Skifahren im freien Gelände, in der Wildnis kann man sagen, abseits präparierter Pisten, meist weit ab, nicht nur drei Meter daneben. Deswegen wird es auch Backcountry-Skiing genannt. Oder, in der Extremvariante, wenn die Berge besonders hoch und steil sind, Big-Mountain-Skiing. Wenn man es genau nimmt, waren die allerersten Skifahrer, ganz früher, bevor es definierte und kontrollierte Pisten gab, auch die ersten Freerider. Mit der Zeit hat sich das zu einer Extremsportart entwickelt. Der ideale Kick für furchtlose Adrenalinjunkies. Nicht nur, dass es in unberührtes Gelände und auf atemberaubend steile Hänge geht, die Abfahrten werden auch mit Sprüngen und allen möglichen in der Luft vollführten Tricks aufgepeppt, Saltos und Schrauben und was man noch so anstellen kann. Als Absprungrampen dienen die Gegebenheiten der Natur, die sich auf der Strecke anbieten, in der Regel Felsvorsprünge oder hart gewordene Schneeverwehungen an Geländekanten. Nicht ungefährlich. Und nichts für Anfänger. Die Tücken des Geländes, des Wetters und des Schnees, da reicht es längst nicht, das Skifahren super zu beherrschen. Allein die Lawinengefahr, mich hätte es zweimal fast erwischt. Aber ich will nicht vorgreifen, noch war ich nicht mal Buckelpistenfahrer.

Es kam das erste Training. Wir waren ungefähr ein Dutzend Leute, Jungs und Mädels gemischt. Alle trugen weite lässige Klamotten und coole Helme und Brillen, angesagte Marken, Oakley, Orage und so. Außer einer natürlich – *der* Münchner. In meiner engen roten Jacke kam ich mir vor wie der letzte Dorftrottel. Mein Glück war, dass an dem Tag Sprungtraining auf dem Programm stand. Wäre es auf die Buckelpiste gegangen, hätte ich mich wahrscheinlich noch mehr blamiert, aber springen konnte ich ein bisschen – was ich mir halt in Eigenregie beigebracht hatte. Die Vorkenntnisse vom Skaten halfen sicher auch. Wie sich herausstellte, ich war selbst erstaunt, reichte dieses Bisschen, um besser zu sein als viele meiner neuen Teamgefährten, die das schon ein Weilchen trainierten. Einige von ihnen gehörten immerhin zur Jugendnationalmannschaft. Aber das Beste daran war, dass sie mich von da an akzeptierten.

Nach diesem Schnuppertraining sagte ich: Okay, das mache ich jetzt! – und switchte damit zur Buckelpiste. Das änderte erst mal nicht viel. Vater kutschierte mich weiter hin und her, ich trainierte fleißig. Auch im Sommer, dann auf dem Gletscher, wie gewohnt, manchmal nur an anderen Orten. Am Kitzsteinhorn zum Beispiel gab es gute Buckelpisten. Bei Kaprun ist das, in den Hohen Tauern, Salzburger Land. Dort veranstalteten Fuzzy Garhammer und Tatjana Mittermayer, zwei absolute Freestyle-Legenden, im Frühjahr und im Herbst Buckelpistencamps. Diese Strecken konnten wir nutzen.

Und dann fuhr ich auch bald Wettbewerbe, Schülercups und so, wie vorher bei den Ski-Alpinen. Mein Vater erzählte kürzlich, ich sei richtig gut gewesen, hätte oft gewonnen. „Du bist allen davongefahren." In all den Jahren, die seitdem vergangen waren, hatten wir nie darüber gesprochen, nicht so. Komischerweise kann ich mich schwer an irgendwelche großartigen Momente erinnern. Wie beim alpinen Skifahren. Da ist kaum etwas gespeichert. Kein überschwängliches Gefühl, kein herausragender Glücksmoment. Ich meine, es wird schon so gewesen sein, aber anscheinend empfand ich die Erfolge nie so intensiv, dass sie sich ins Gedächtnis eingebrannt hätten. Eigentlich schade, was auch immer der Grund dafür war. Ich weiß gar nicht, ob ich den so genau wissen möchte. Wahrscheinlich würde man nur wieder bei dieser Kurzzeit-/Langzeitgedächtnis-Geschichte landen, mit ADHS als Ursache. Aber gut, damit muss ich auch klarkommen. Es erklärt ja manches. Trotzdem ist es seltsam, sich im Rückblick, mit dem Wissen, wie ein anderer zu sehen. Als wäre es nicht mehr die eigene Geschichte. Dabei kenne ich mich jetzt besser als jemals zuvor. Ein bisschen schräg ist das schon.

Aus den Ergebnissen der Wettbewerbe, die wir über den Winter bestritten, ergab sich ein Ranking. Wie bei den Profis im Weltcup bekam man Punkte für gute Platzierungen und noch mehr Punkte für Podestplätze, die allermeisten freilich für einen Sieg. Nach diesem Ranking wurde entschieden, wer bei internationalen Wettbewerben und Meisterschaften für Deutschland antrat. Anders gesagt: Stand man weit vorn, war man Kandidat für die Jugendnationalmannschaft. Und ich stand bald weit vorn. Soweit ich weiß, nannte sich das D/C-Kader in unserer Altersklasse. Auserwählt und gefördert vom Deutschen Skiverband. Das bedeutete mehr Training, mehr Wettbewerbe, mehr Reisen, aber eben auch, dass so ziemlich alles, was es sonst gab in meinem Leben, nicht wirklich dazu passte. Der Wohnort passte nicht. Vater konnte unmöglich noch mehr hin und her fahren. Bei ihm war das Limit längst erreicht. Taekwondo passte nicht. Gut, das musste ich einfach nur aufgeben, auch wenn ich es bedauerte. Vor allem passte die Schule nicht. Deren Konzept sah nicht vor, einen Schüler alle naselang freizustellen, nur damit der sich irgendwo im Schnee tummeln konnte.

Die gleiche Tippel-Tappel-Tour, die wir schon einmal absolviert hatten. Wo gab es eine Schule, die mir den Sport ermöglichte? Und wo ein Ersatzzuhause? Oder beides in einem. Die Lösung sah schließlich so aus, dass ich meine Eltern und Dominik verließ, um zu einer Gastfamilie nach Bad Tölz zu ziehen. Dadurch konnte ich weiter in Lenggries trainieren, auch häufiger und damit intensiver. Eine nette Familie, wirklich, herzensgute Menschen. Der Vater war Chefarzt in der Stadtklinik, Chirurg. Wahrscheinlich machte ich es meinen

Ersatzeltern nicht gerade einfach. Mit dem Kopf war ich mehr auf dem Skihang als sonst wo, auch wenn kein Training anstand. Das nennt man wohl Leidenschaft. Oder Besessenheit. In meinem Fall war es einfach nur das Übliche, wie ein Zwang. Sobald Schnee auf den Bergen vermeldet wurde, musste ich hin. Und wenn ich dann einmal Ski unter den Füßen hatte, auch das ein bekanntes Muster, vergaß ich, dass anderswo meine Anwesenheit verlangt wurde, in der Schule zum Beispiel.

Durch den Umzug ging ich zum ersten Mal auf eine normale Schule, wenn man das so sagen kann, denn ganz normal war die auch nicht. Zwar nannte sie sich Staatliche Realschule, aber mit dem Zusatz „Stützpunktschule Sport". Im Grunde war es eine Sportschule, die Realschüler förderte, die bestimmte Sportarten betrieben. Das heißt, der Stundenplan wurde den Trainingsplänen angepasst, es gab vormittags und nachmittags Unterricht. Auf jeden Fall bedeutete es für mich eine ganz schöne Umstellung, und das in der zehnten Klasse. Oder vollzog ich den Wechsel bereits in der neunten? Kann sein, ist sogar wahrscheinlicher. Wie ich schon andeutete, mein Fokus lag woanders, in dieser Phase noch mehr. Was das rein Schulische betraf, die Fächer, die Noten, da schwamm ich einfach mit. Wobei Realschule, also ein Abschluss mit Mittlerer Reife, nicht das war, was meine Eltern sich für ihren Sohn erträumten. Selbst war ich bisher auch darauf gepolt gewesen, die Schulzeit mit dem Abitur zu beenden. So entstand der Plan, es später nachzuholen.

Buckelpiste war schön und gut, aber irgendwie reichte mir das nicht. Ich wollte mehr springen und ich wollte mehr Tricks probieren. Das machte ich auch, nebenbei, zusammen mit ein paar anderen Jungs aus der Trainingsgruppe, die ähnlich drauf waren wie ich. Oder eben allein, wie es sich ergab. Jetzt könnte man philosophieren, was es war, das einen immer wieder dazu trieb, seine Grenzen auszutesten und zu verschieben, indem man sich neue Sachen beibrachte. Ob dieser Sport süchtig macht, von wegen Adrenalinkick und so. Aber dachte ich als Vierzehn-, Fünfzehnjähriger darüber nach? Bestimmt nicht. Und wenn mir jemand diese Frage gestellt hätte, wäre meine Antwort denkbar einfach ausgefallen: Weil es Spaß macht.

In der Erinnerung sehe ich mich in dieser Zeit ständig in Bewegung. Wie in einem Film, der zu schnell abgespielt wird, sodass die einzelnen Sequenzen fürs menschliche Auge unscharf werden. Schule, Training hier und Training dort, im Winter, im Sommer, dann auf einem der Gletscher, am Kitzsteinhorn wieder oder woanders. Wo wir hinkamen, gab es meistens auch Snowparks. Im Skiparadies Sudelfeld, mit dem ich längst meinen Frieden geschlossen hatte, war einer, auf dem Hintertuxer Gletscher und in Oberstdorf auch. Falls es mal keinen gab, bauten wir uns selbst Parcours auf, zum Sliden genügte notfalls eine gewöhnliche Bierbank. So wurde das mit den anderen Freestyle-Disziplinen immer intensiver, ob Slopestyle, Half Pipe oder Big Air – Hauptsache, ich konnte springen oder mich auf Rails versuchen, idealerweise beides kombinieren. Nur Aerials turnte mich nicht an. Dafür war ich vielleicht durchs Skaten versaut. Aerials ist im Vergleich zu Big Air die optisch steifere Variante, was das Springen betrifft. Die Figuren in der Luft werden mit gestrecktem Körper ausgeführt, ähnlich wie beim Turnen oder beim Turmspringen. Das meine ich keineswegs abfällig, es war nur einfach nicht mein Ding. Ich verspürte nie den Drang, es zu versuchen.

Meine Aktivitäten auf diesem Nebenschauplatz, die privaten Trainingseinheiten abseits der Buckelpiste, führten schließlich dazu, dass eine bekannte französische Skifirma auf mich aufmerksam wurde. Gut möglich, dass ich ein wenig nachhalf, um mich sichtbar zu machen. Ich glaube, ich hatte denen einen Videoclip von mir geschickt, mit den besten Sprüngen, die ich draufhatte. Jedenfalls kam ich so zu meinem ersten Sponsorenvertrag. Geld floss da noch keins, aber sie stellten mir Ski und Klamotten zur Verfügung, übernahmen auch Reisekosten. Außerdem wurde ich in das Freestyle-Team aufgenommen, das unter dem Namen der Marke bei verschiedenen Events startete. Eine internationale Truppe, da waren Freeskier und Snowboarder aus verschiedenen Ländern dabei. Der Teamchef fuhr selbst auch. Ich dürfte der Jüngste gewesen sein. Das spielte alles noch zu der Zeit, als ich brav in Bad Tölz zur Schule ging – so gut es sich einrichten ließ.

Der Deal mit der Skimarke verhalf mir zu meinem ersten Auftritt bei einem Freestyle-Contest, bei dem nicht die Buckelpistenathleten aufliefen. In Oberstdorf war das, am Nebelhorn, Allgäuer Alpen, da steht man auf über 2000 Meter Höhe. Stairway to Heaven hieß die Veranstaltung, die vom flügelverleihenden Brausehersteller aus Österreich erdacht und auf die Beine gestellt wurde. Ein Big-Air-Event, aber eins der speziellen Art, denn gesprungen wurde auf einem Step-up-Kicker. Normalerweise sind Kicker beim Big Air so konstruiert und im Gelände platziert, dass man hoch, vor allem aber weit fliegt und auf einem abschüssigen Hang landet, der tiefer liegt als der

Absprungpunkt, etwa so wie beim Skispringen. Bei der Step-up-Version geht die Flugkurve, wie das Wort schon sagt, nur nach oben. Man springt auf einen gegenüberliegenden Hang, der deutlich höher ist als der Kicker. Das verringert die Verletzungsgefahr – vorausgesetzt, man schafft es, den höchsten Punkt zu erreichen, die Landefläche. Gelingt das nicht, fliegt man wie gegen eine Wand in den Hang, was dann nicht so lustig ist. Aber der Neuling schaffte es. Überhaupt schlug er sich gut – Platz vier. Das war sogar richtig gut, wenn man bedachte, dass der Veranstalter nicht irgendwelche Starter, sondern die Stars der Szene eingeladen hatte. Die meisten waren deutlich älter als ich, und viel erfahrener sowieso.

Zwei Seelen wohnten, ach, in meiner Brust. Auf der einen Seite die Buckelpiste, auf der anderen Slopestyle, Half Pipe und Big Air.

Buckelpiste ist seit 1992 eine olympische Disziplin. Nicht dass ich mich schon bei Olympia gesehen hätte. Aber irgendwo im Hinterkopf tauchte immer mal der Gedanke auf, dass es ein Ziel sein könnte, eines Tages vielleicht ... wer weiß, wäre doch krass. Olympische Spiele sind nun einmal das Größte für einen Sportler. Dieser Anziehungskraft, mag sie am Anfang noch so abstrakt erscheinen, kann man sich schwer entziehen. Immerhin hatte ich es in kurzer Zeit zum Nationalmannschaftskader gebracht. Und beim Skiverband traute man mir offenbar noch mehr zu. Sie organisierten sogar ein Stipendium, mit dem ich ein Jahr in die USA gehen und im Skiteam einer renommierten Sportakademie am Lake Tahoe in Kalifornien mittrainieren konnte. Es war bereits alles geregelt, der Termin stand, im kommenden Herbst sollte es losgehen.

Dagegen hatten es Big Air, Slopestyle und Half Pipe zu der Zeit noch nicht auf die olympische Bühne geschafft. Dafür waren es die cooleren Disziplinen, ein bisschen anarchistisch, gegen die üblichen Normen, freieres Denken, keine betonierten Regeln, nichts Endgültiges, man konnte sich immer Neues ausdenken – no limits. Trainiert wurde nicht mit dem Wettkampfgedanken, wer wird Erster, wer ist der Beste. Wir hatten nicht mal Trainer, deine Kumpels waren die Trainer. Es ging um Spaß und um Lifestyle, auch um Kreativität und darum, Grenzen auszuloten. Und um coole Bilder, coole Clips. Man filmte sich gegenseitig, gab einander Tipps und freute sich, auch für die anderen, wenn spektakuläre Aufnahmen herauskamen. Wie sollte das zu einem organisatorischen Monstrum wie Olympia passen? Verbunden mit Sportförderrichtlinien, Vereins- und Verbandsstrukturen, Teilnahmenormen, Dopingkontrollen – kurz: mit Vereinnahmung und Fremdbestimmung, sportlich wie kommerziell. Ein Korsett, geschnürt von alternden Sportfunktionären, die noch den letzten Pups bestimmen wollen. Genau das Gegenteil vom Ursprungsgedanken, vom eigentlichen Charakter dieser Sportart, von Freiheit und Abenteuer – nicht sexy, nein, so gar nicht.

Ein Spagat, auch im Kopf. Gut, dass beides ging, ich mich weder entscheiden noch mit solchen Gedanken beschäftigen musste. Lake Tahoe rückte näher. Inzwischen waren Schulferien, die großen. Mit dem Team der Skimarke startete ich zu einem Summercamp nach Les Deux Alpes in den französischen Hochalpen. Der Snowpark in dem Skigebiet ist riesig, zwanzig Fußballfelder würden da locker hinpassen, und mit allem ausgestattet, was das Freeskier-Herz höher schlagen lässt: Kicker in unterschiedlichen Größen, Slopestyle-Kurse, verschiedene Rails und Boxen und andere Hindernisse (Obstacles), dazu Quarterpipe, Halfpipe, Superpipe ... ein wahres Paradies!

Wir rückten mit großer Mannschaft an, alle Fahrer waren dabei, auch die aus Amerika. Eine lässige Reisegesellschaft, die Älteren kifften fleißig und machten Party, wenn sie nicht im Park zugange waren. Mich interessierte das nicht, ich wollte nur Ski fahren. Was mich jedoch interessierte, waren die Sprünge, Tricks und Kniffe, die die anderen draufhatten, vor allem natürlich die Heroes der Szene, die ich aus den Skifilmen kannte. Wie zu meiner Skaterzeit die Actionsportsendungen im Fernsehen, zog ich mir jetzt solche Filme rein, um neue Sachen zu lernen. The same procedure: anschauen, speichern, nachmachen. Einige von den Jungs waren mit in unserem Team oder mit ihrer eigenen Truppe dort. Candide Thovex zum Beispiel, ein Franzose, der wie ich von der Buckelpiste kam, mit vierzehn Profi geworden war und bereits zweimal bei den Winter-X-Games gewonnen hatte, Big Air und Half Pipe, das erste Mal mit siebzehn. Oder die beiden Schweden Henrik Windstedt und Jon Olsson, die als Freestyler, aber auch als alpine Skifahrer unterwegs waren. Jon sammelte insgesamt neun oder zehn Medaillen allein bei den X-Games, und Henrik, auch ein Buckelpistenerfahrener, gewann später die Freeride World Tour, die als Weltmeisterschaft ausgetragen wird. Und mit diesen Kalibern, die sechs, sieben oder noch mehr Jahre älter waren, fuhr ich jetzt im selben Park. Wenn das nicht cool war! Holy shit, es war sogar verdammt cool. Nur ließ man sich das besser nicht anmerken, sonst wäre man selbst überhaupt nicht cool rübergekommen.

An den ersten Tagen herrschte durchgehend bescheidenes Wetter. Die Sonne verschluckt von düsteren Wolken, die wie dichter Nebel über das Gelände waberten, dass man kaum weiter als zwei, drei Meter sehen konnte. 99,9 Prozent Luftfeuchtigkeit. Deswegen fuhren wir nur Rails, mehr war nicht drin, wollte man nicht Gefahr laufen, sich das Genick zu brechen. Rauf aufs Geländer und dann machte jeder seine Grinds und Slides, vorwärts, rückwärts, seitwärts und was noch ging ... und Abgang, auch da die unterschiedlichsten Varianten, die persönliche Note. Und gleich wieder drauf. Zwischendurch ein Blick auf die anderen, was die vollführten, um manches davon danach gleich selbst auszuprobieren. Es funktionierte wie einst beim Skaten, auch ohne Zeitlupe. Das fotografische Gedächtnis, es musste eben nur wichtig genug sein – wichtig für mich.

Dann schwang das Wetter um. Die Wolken rissen auf. Ein Hauch von Sommer. Hochgebirgssommer, Temperaturen unter dem Gefrierpunkt, aber blauer Himmel. Nun wurden die Kicker freigegeben, die großen Schanzen, die vorher gesperrt waren, um allzu Übermütige gar nicht erst in Versuchung zu führen. Die Guten von uns, die Erfahrenen, wechselten direkt dorthin. Ich war noch auf Rails programmiert, machte zunächst da weiter. Bis ich irgendwann dachte, ich sollte vielleicht auch mal meinen Fußabdruck auf einem der Kicker hinterlassen, besser gesagt: meinen Skiabdruck.

Als ich dazukam, waren die anderen schon fünf Runden oder so gesprungen. Ich schaute mir ein paar der Jungs an, was sie zu bieten hatten, dann kombinierte ich: Okay, du bist kleiner, leichter, also brauchst du mehr Anlauf, um genug Speed draufzubekommen. Springen wollte ich einen Switch Cork 540. Switch steht dafür, dass man rückwärts auf den Kicker fährt und somit auch rückwärts abspringt. Cork beschreibt die Art der Drehung, aus der Längsachse des Körpers heraus. Und mit 540 sind eigentlich 540 Grad gemeint, wie viele Drehungen man macht. 180 Grad ergeben eine halbe Drehung, 360 eine komplette, einmal ganz rum. Mit 540 wollte ich also eineinhalb Drehungen fabrizieren, sodass ich in Vorwärtsrichtung landen würde. Das war die Idee. Den Sprung hatte ich auf anderen Kickern schon einige Male hinbekommen. Jetzt sollte er natürlich besonders gut gelingen. Aber solche Gedanken verdrängte man am besten gleich wieder, sonst ging die Konzentration flöten. Nur der Schnee, die Ski und ich. Und der Kicker.

Ich startete also. Fuhr den Abhang hinunter, der gerade auf den Kicker zuführte, fünfzig, sechzig Meter etwa. Den Kicker erreichte ich wie geplant rückwärts. Meinen Kopf hielt ich so gedreht, dass ich sah, wo es langging. Ich näherte mich dem Absprungpunkt – das alles natürlich viel schneller, als ich die Worte hier tippen kann – und schon war ich in der Luft. Eine halbe Drehung, eine ganze ... und noch eine halbe. Das klappte. Ich hatte eine gute Höhe. Vielleicht war ich etwas zu schnell unterwegs ... definitiv war ich das. Der Schnee kam näher, vielmehr: Ich kam dem Schnee näher. Sekunden. Bruchteile von Sekunden. Dann der Bodenkontakt. Ich versuchte, auf den Ski zu bleiben. Doch der Schub schien zu stark zu sein. Oder was auch immer der Grund war, auf einmal hatte ich nichts mehr unter Kontrolle. Überschlug ich mich? Schätzungsweise schon, wahrscheinlich mehrmals. Es ging viel zu schnell, um irgendetwas klar registrieren zu können. Am Ende war es nur noch eine Rutschpartie, das bekam ich aber nicht mit. Kurz war Sendepause im Kopf. Als sich das Gehirn wieder einschaltete, lag ich reglos im Schnee und glaubte, mich nicht rühren zu können. Das ging dann aber doch. Dafür musste ich nur die Schmerzen ignorieren. Und das Gefühl, dass mit meinem Rücken etwas nicht stimmte und anscheinend mein linkes Bein kaputt war. Die Hose wurde am Knie verdammt schnell verdammt eng.

Unser Teamkapitän brachte mich zu einem Arzt. Es war um die Mittagszeit. Der Doktor schien mit meinem Englisch wenig anfangen zu können. Aus seinem Mund kamen nur französische Worte, von denen wiederum ich kaum eins verstand. Dass es mir nicht besonders gut ging, bekam er entweder nicht mit – obwohl ich schwören könnte, dass man mir das ansah –, oder es war ihm egal. Ich sollte mich ausziehen und auf eine Metallbahre legen, die so kalt war wie ich mir den Tod vorstellte. Ich schlotterte am ganzen Leib, was die Schmerzen nicht gerade erträglicher machte. Plötzlich war von dem Arzt nichts mehr zu sehen. Stille, ich schien allein im Raum zu sein. Nach einer Weile ein Geräusch nebenan. Als würde jemand mit Besteck hantieren. Die Tür stand einen Spaltbreit offen ... und ein Stück dahinter entdeckte ich ihn dann, den Herrn Doktor. Er saß an einem Tisch, kaute genüsslich und ließ sich in aller Seelenruhe sein Mittagessen schmecken, neben dem Teller ein Glas Rotwein.

Fehlte nur, dass er hinterher ein Verdauungsschläfchen eingelegt hätte. Doch er entschied sich tatsächlich, mir noch ein wenig von seiner kostbaren Zeit zu widmen. Das Knie wurde geröntgt, ohne dass es einen Befund ergab, der zu den Schmerzen und der Schwellung gepasst hätte. Dann schnallte mir der Doc eine Schiene ums Bein und sagte ein, zwei Sätze, von denen ich die Wendungen „une pause" und „ne pas skier" aufschnappte, oder so ähnlich, womit ich mir zusammenreimen konnte, was er meinte. Als ich aus der Praxis humpelte, ging ich davon aus, am nächsten Tag, spätestens am übernächsten wieder mit den Ski losziehen zu können. In diesem Glauben rief ich auch meine Mutter an und verkündete erleichtert, sie müsse sich keine Sorgen machen, es gehe schon besser.

Von wegen. In der Nacht kriegte ich kein Auge zu. Der Rücken schmerzte bei jeder Bewegung. Das Knie schmerzte, auch ohne dass ich mich rührte. Mein ganzer Körper war ein einziger Schmerz. Und als ich mich zum Pinkeln aufs Klo schleppte, färbte sich das Wasser im Becken rot – blutrot.

Am Morgen wieder ein Anruf bei Mutter. Sie zögerte keine Sekunde, schwang sich ins Auto und fuhr los, um ihren Sohn nach Hause zu holen. 800 Kilometer in neun oder zehn Stunden, nur kurze Tankstopps. Und dann sofort retour. Ich glaube, sie hatte echt Angst um mich. Für den Rückweg setzte sich Paul ans Lenkrad, ein Fotograf, gebürtiger Münchner, der zu unserem Team gehörte, früher selbst Skifahrer gewesen war und Big-Mountain-Wettbewerbe bestritten hatte, das Extremste vom Extremen. Mutter saß erschöpft neben ihm.

In München steuerten wir sofort das Notfallzentrum Neuperlach an. Mein Knie war geschwollen, als hätte jemand versucht, es aufzupumpen wie einen Ball. Aber viel bedrohlicher waren die Blutungen im Bauchraum, die nun diagnostiziert wurden. Bei meiner unsanften Landung hatte es drei Rippen erwischt. Und eines der inneren Organe, die Milz oder so, war eingerissen. Deswegen auch das Blut im Urin.

Das Knie musste ein paar Tage warten. Darum kümmerte sich dann einer der Vertragsärzte des Skiverbands, ein ausgemachter Knieexperte. Der Röntgenbefund des französischen Mittagessengenießers hatte nicht ansatzweise offenbart, was in meinem Knie wirklich passiert war. Immerhin gab es eine gute Nachricht: Das hintere Kreuzband hatte so gut wie nichts abbekommen. Dafür waren die anderen drei Bänder gerissen, das vordere Kreuzband, das Außen- und das Innenband. Der obere Bereich des Schienbeins war eingedrückt und das Knorpelgewebe im Kniegelenk geschädigt. Nachdem die Wahrheit auf dem Tisch lag und der Arzt mir erklärt hatte, wie die Behandlung ablaufen sollte, inklusive Operation, sah er mich an und sagte: „Stell dich auf eine längere Geschichte ein. Mit dem Skifahren, das wird so bald nichts wieder."

Bye-bye, Lake Tahoe. Bye-bye, Stipendium.

What's up guys?

Stürze, Helden und Sponsoren

Das war der Sommer, in dem ich das Leben entdeckte. Das Leben neben dem Sport, für das ich bisher nie einen Blick gehabt hatte. Mein Mikrokosmos öffnete sich. Ich nahm andere Dinge wahr, interessierte mich für andere Menschen. Auch für Mädchen, logisch, ich war sechzehn. Ab und zu ging es abends in eine Bar, aber ohne über die Stränge zu schlagen, eher war es ein zaghaftes Herantasten, im Vergleich zu später geradezu brav. Wie viel Zeit ich auf einmal hatte! Sich mit Leuten treffen und einfach mal nichts tun, außer abzuhängen und zu quatschen – das war ein völlig neues Erlebnis für mich. Sonst hatte sich immer alles ums Skifahren gedreht. Selbst wenn ich nicht auf den Brettern stand, war der Kopf ständig damit beschäftigt. Als wäre ich mit Scheuklappen durch die Tage marschiert. Jetzt wollte ich am liebsten an nichts denken, was damit zu tun hatte, zu deprimierend war die Vorstellung. Aber das funktionierte natürlich nicht. Die Schiene am Knie erinnerte mich jeden Tag daran, jede Stunde, ganz zu schweigen von den Schmerzen. Die waren nicht mehr so krass wie am Anfang, aber auch nicht völlig verschwunden. Ibuprofen musste helfen. Half auch, solange ich rechtzeitig nachlegte.

Die Operation war inzwischen überstanden. Ich ging regelmäßig zur Physiotherapie, was hilfreich war, aber nicht optimal.

Mit dem Wissen von heute hätte es eine richtige Reha geben müssen, in einer Klinik, mit ausgeklügeltem Trainingskonzept und allem Drum und Dran. Doch wahrscheinlich glaubten die Ärzte, dass ich mit dem Knie, so wie das ausgesehen hatte, sowieso nicht weitermachen könnte. Dazu sollte ich erwähnen, dass sie nicht ohne Grund skeptisch waren. Ich hatte bereits mit dreizehn oder vierzehn meine erste OP am linken Knie gehabt – wegen eines Knorpelschadens, versursacht durchs Skaten und durch Teakwondo. Schon der Arzt damals sagte, ich solle das Skifahren besser lassen, der Knorpelschaden sei für mein Alter sehr massiv. Andernfalls bräuchte ich mit vierzig ein neues Kniegelenk.

Bei allem Frust, der meine Stimmung manches Mal ganz schön niederdrückte – es war Sommer. Und ich war zurück in München. Das hellte die Tage etwas auf. Als ich mich wieder einigermaßen fortbewegen konnte, fing ich an, in einem Skaterladen zu jobben, am Rosenheimer Platz. Um ein bisschen Kohle zu verdienen, aber noch mehr, um mich mit coolen Leuten zu umgeben. Und unterbewusst wohl auch, um das Gefühl zu haben, irgendwo dazuzugehören.

Diese Zeit lässt sich schwer beschreiben. Geduld würde ich nicht unbedingt zu meinen Stärken zählen. Nun brauchte ich aber Geduld. Obwohl ich gar nicht so richtig wusste wofür, zumindest an den schlechten Tagen. Vielleicht würde ich den Sport tatsächlich aufgeben müssen. Der letzte Arzt hatte auch gesagt, ich solle mir besser etwas anderes suchen. Immerhin war es bereits die zweite Verletzung, die mich ausbremste – den Knorpelschaden nicht mitgerechnet. Davor hatte ich mir zwei Bänder im Sprunggelenk gerissen, auch auf der linken Seite.

Das passierte im Zillertal. Die Geschichte kann man eigentlich niemandem erzählen. Das reinste Selbstmordkommando, nicht zur Nachahmung empfohlen, auf keinen Fall. Ich hatte mir an einer ruhigen Stelle, an der ich allein war, eine kleine Schanze gebaut, um einen Vorwärtssalto zu lernen. Mein Lehrmeister war mal wieder ein Video. Angeschaut und im Kopf gespeichert. Sonst hatte ich niemanden, der mir hätte vorführen und beibringen können, wie man so einen Salto hinbekam, worauf man achten musste, um seinen Schädel nicht in den Schnee zu rammen und sich womöglich das Genick zu brechen. Diese Angst hatte ich allerdings nie, schon früher beim Skaten nicht. Und wie da ging es auch hier ohne persönliche Anleitung – ein paar Anläufe, dann hatte ich grob den Bogen raus, landete natürlich trotzdem erst mal im Schnee, bis ich auch das hinbekam. Ein geiles Gefühl, Adrenalin pur, und was da noch an Hormonen ausgeschüttet wurde, das pushte einen ordentlich. Alles wäre super gewesen, wenn nicht ... aber das ist ja immer so. Einmal blöd gelandet.

Sollte ich also einen Schlussstrich ziehen, mich neu orientieren? Ehrlich gesagt, ließ ich so einen Gedanken gar nicht erst zu. Sport war das, was mein Leben ausmachte. Einzig darauf war ich fixiert. Dass ich jetzt – gezwungenermaßen – auch mal woanders hinschielte und am Kelch der Sünde nippte, wie es so schön heißt, Mädchen traf, Mädchen küsste, das eine oder andere Bierchen trank und Zigaretten probierte, änderte nichts daran, nicht in meinem Kopf. Ich sah mich als Sportler, als Skifahrer, und nichts anderes.

So mäanderte ich etwas verloren durch die Tage. Das Knie wurde allmählich besser, ließ sich aber Zeit. Je weniger ich ihm zumutete, umso dankbarer zeigte es sich, indem es mich mit Kneifen und Ziehen und sonst welchen Unpässlichkeiten verschonte. Als die Ferien zu Ende waren, blieb ich bei meinen Eltern wohnen. Das Arrangement mit der Gastfamilie erübrigte sich, solange ich nicht nach Lenggries zum Training musste. Die Schule besuchte ich aber weiter, um wenigstens den Realschulabschluss einzusacken. Was meinen Schlaf an den Wochentagen drastisch verkürzte. Jeden Morgen ging es in aller Herrgottsfrühe erst zum Bahnhof und von dort im Zug nach Bad Tölz – und nach dem Unterricht die gleiche Strecke wieder zurück.

Dann kam der Winter. In der Zwischenzeit hatte ich wieder zu trainieren begonnen. Erst mal nur Kraft und Ausdauer, um einigermaßen fit zu werden, noch nichts im Schnee. Das hätte ich auch so getan, mein Körper verlangte danach. Mit Ausnahme des Knies, aber hätte ich deswegen nun jede Entscheidung von dieser Diva von einem Knie abhängig machen sollen? Kam nicht infrage. Im Januar, es kann auch schon Februar gewesen sein, stand ich wieder auf Ski. Buckelpiste hatte ich abgeschrieben. Die kurzen Schwünge, die Kraft, die man dafür aufwenden musste, das hätte die Bänder zu stark strapaziert. So vernünftig immerhin war ich. Was mir nicht einmal besonders schwerfiel. Wäre Buckelpiste meine große Leidenschaft gewesen – das war sie aber nicht.

Ich hatte etwas anderes ins Auge gefasst: einen Rail-Contest, der zum Ende der Saison im Snowpark am Nebelhorn in Oberstdorf stattfinden sollte. Dort wollte ich meine Wiederauferstehung zelebrieren, selbstverständlich in aller Bescheidenheit. Einfach mitmachen und den anderen und mir selbst beweisen, dass es möglich ist. So ein Ziel zu haben, konnte nie schaden. Also trainierte ich darauf hin, anfangs verhalten, mit der Zeit intensiver. Das Knie machte seine Mätzchen, aber die waren zu ertragen. Damit will ich nur sagen, dass ich die Sache durchaus überlegt anging und nicht wie ein ungestümer Jüngling blind drauflostrainierte.

Im April war es dann so weit. Nach der langen Zeit etwas unsicher, aber dennoch frohen Mutes, fuhr ich nach Oberstdorf. Vor dem Wettbewerb konnte sich jeder Starter zwei Stunden auf den verschiedenen Rails einfahren, die später vor den Punktrichtern zu sliden sein würden. Ich fing also an. Ein schönes Gefühl, wieder dabei zu sein, beinahe familiär. Der verlorene Sohn. High five mit den alten Buddys. What's up guys? Dann ab in den Tunnel, gedanklich, sich fokussieren, konzentrieren, das Drumherum ausblenden. Ähnlich wie beim Contest selbst, nur dass man da noch eine Schippe drauflegte, ganz automatisch, weil der Adrenalinspiegel nach oben schoss, was die Konzentration zusätzlich erhöhte.

Ich war ungefähr eine Stunde dabei, als ich zu einem Rainbow-Rail kam. Rainbows sind geschwungene Geländer, eben wie Regenbögen. Als würde man über einen Hügel sliden, erst ein Stück aufwärts, nach dem höchsten Punkt dann abwärts, sodass eine horizontale Kurve beschrieben wird. Um auf das Rail draufzukommen, nutzte man einen kleinen Kicker als Startrampe. An sich kein Zauberkunststück, es sollte einem nur kein Fehler unterlaufen. Und man musste mit dem richtigen Tempo ankommen, nicht zu schnell, nicht zu langsam.

Dummerweise war ich aber genau das: zu langsam. Und da ein Unglück anscheinend wirklich selten allein kommt, legte ich nicht nur einen völlig missratenen Stunt hin, mit finaler Landung auf dem Boden im Schnee, sondern blieb unterwegs auch irgendwie mit einem Ski hängen. Und, welcher Ski war es? Der linke natürlich. Somit erwischte es auch das linke Bein – das linke Knie, die Diva.

Ich wusste sofort, dass etwas kaputt war. Wer noch nie das zweifelhafte Vergnügen hatte: Man konnte spüren, wie die Knochen im Kniegelenk aus ihrer normalen Position herausgehoben wurden, auseinandergezerrt. Für einen kurzen Moment nur, wenige Sekunden, dann kehrten sie blitzschnell an ihren angestammten Platz zurück. Trotzdem blieb das Gefühl, dass es nicht mehr so passte wie vorher. Von den Schmerzen will ich gar nicht erst anfangen.

Wieder war ein Kreuzband hinüber. Ich hätte heulen können. Und wieder musste ich operiert werden. Das übernahm der Doc, der sich im Inneren meines Knies bereits bestens auskannte. Diesmal fiel seine Prognose so deutlich aus, wie ich es gar nicht hören wollte: „Das mit dem Kreuzband bekommen wir hin, aber Ski fahren kannst du nicht mehr."

Beinahe kam ich mir vor wie in dem Film *Und täglich grüßt das Murmeltier* mit Bill Murray, der immer wieder denselben Tag erlebt. In meinem Fall war es nicht derselbe Tag, aber derselbe Ablauf, dass ich dachte: Kennst du doch alles schon. Erst die Operation, dann die Physio, bald kam auch wieder der Sommer, die Ferien begannen, damit war die Realschule Vergangenheit, und ich jobbte wie im Jahr zuvor in dem Skaterladen. Ansonsten hing ich mit Leuten ab, die ich vom Skifahren kannte, aus den Snowparks. An den angesagten Spots kreuzten oft die gleichen Crews auf, ein bisschen wie ein

Wanderzirkus. Eine eigene kleine Welt. Mit manchen blieb man in Kontakt, einige gehören bis heute zu meinen besten Freunden. Die meisten waren ein paar Jahre älter, hatten schon ihren Führerschein, konnten Auto fahren. Ich war immer der Kleine. Das könnte Zufall gewesen sein. Ich glaube aber eher, dass ich mich – bewusst oder unbewusst – seit jeher an denen orientierte, die mehr Erfahrung besaßen, mehr draufhatten. Und das waren eben die Älteren. Von ihnen konnte ich lernen, konnte mir etwas abschauen, ob beim Inlineskaten, beim Eishockey, auch beim Taekwondo. Und genauso jetzt.

In dem Sommer lernte ich aber auch neue Leute kennen. Zur Abwechslung mal kein Murmeltiereffekt. Wie das so ist: Man zieht mit zwei, drei Kumpels los, an die Isar oder so, hockt ein paar Stunden am Wasser, und auf einmal ist ein ganzer Haufen daraus geworden. Der kennt den und der den und so weiter. Der Eisbach war ebenfalls ein beliebtes Ziel. Die berühmte Eisbachwelle am Englischen Garten. Die wollte ich unbedingt surfen. Das Knie machte wieder ganz gut mit. Doch bevor ich mich dort als Neuling ins Wasser wagte, fing ich erst mal an der Floßlände an, draußen in Thalkirchen, am Ländkanal, nicht weit vom Tierpark Hellabrunn. Die Welle ist, anders als die im Eisbach, auch für Anfänger machbar. Angeblich – das habe ich irgendwo gelesen – war sie die erste Flusswelle überhaupt, die jemals gesurft wurde, irgendwann Anfang der Siebzigerjahre, als Surfen noch Wellenreiten genannt wurde. Die Gegend drum herum ist ganz schön, Bäume und Wiesen, man ist auch gleich am Ufer der Isar. Auf der Wiese neben der Floßlände ließ es sich wunderbar chillen. Dort verbrachten wir manchen Nachmittag. Und manchen lauen Abend. Es waren unbeschwerte, sorglose Stunden. Die noch sorgloser wurden, wenn ein Joint in der Runde kreiste. Und jeder dazu sein Bier trank, Cola-Whisky war auch willkommen.

Wann genau mir in den Sinn kam, Medizin studieren zu wollen, ist schwer zu sagen. Mit dem Grübeln, was ich nun mit meinem Leben anstellen wollte, dürfte ich aber in dieser Zeit begonnen haben. Das sollte man sich nicht so vorstellen, dass ich mich in eine ruhige Ecke setzte und mir den perfekten Masterplan zurechtbastelte, was wäre als Erstes zu tun, was als Nächstes und was danach. Strukturiertes Denken dieser Art war mir fremd. Und das Punkt-für-Punkt-Abarbeiten erst recht. Eher neigte ich dazu, alles aufzuschieben, was nicht unbedingt sofort erledigt werden musste – von heute auf morgen auf übermorgen und so weiter. Und unbedingt zu erledigen war im Prinzip nur das, was mich brennend interessierte. So etwas wie Zukunft interessierte mich weder brennend noch sonst wie – viel zu abstrakt, nicht greifbar. Heute war heute und morgen wird morgen sein. Noch eine Sache, die ein Hinweis auf ADHS gewesen wäre. Nicht allein, aber im Zusammenhang mit den anderen Punkten. Heute weiß ich das, damals fiel es anscheinend niemandem auf.

Trotzdem war mir natürlich klar, dass nach der Schule der nächste Schritt getan werden sollte. Machten alle. Nur, in welche Richtung? Mit Skifahren Geld zu verdienen, das fiel wohl eher unter die Rubrik Träumereien. Jetzt noch mehr. Was also konnte die Alternative sein? Erst hatte ich gar keine Vorstellung, aber dann wurde ich förmlich drauf gestoßen, unfreiwillig, durch meine letzte Bruchlandung: Chirurg.

Kniechirurg. Der Doc und sein Team, was die vollbrachten – Hut ab! Höchster Respekt vor dieser Berufsgruppe. Also Medizin studieren, dem Doc nacheifern. Der erste konkrete Zukunftsgedanke. Wobei, so konkret war er gar nicht. Mehr eine Fantasie, das könnte doch etwas sein. Hörte sich auf jeden Fall gut an, auch für meine Eltern. Wird vielleicht doch noch was aus unserem Jungen. Musste ich vorher nur irgendwie das Abitur machen. Dass es mein größter Wunsch gewesen sein könnte, weiter die Schulbank zu drücken, wage ich zu bezweifeln. Doch der Wunsch, eines Tages das Abi zu haben, der war schon vorhanden – bei mir, bei meinen Eltern sowieso, bei ihnen wahrscheinlich noch mehr.

Wenn man sich das Leben als Skipiste vorstellte, oder besser als Snowpark, dann war ich mit diesen Überlegungen zwar von der ursprünglichen Spur abgebogen, steuerte quasi einen anderen Kicker an, ich hatte aber noch immer Schnee unter den Füßen. Anders ausgedrückt: Ich konnte nicht loslassen. Noch über den Sommer, mit Humpelknie, zog ich mir Skivideos rein, in denen ein Sprung nach dem anderen präsentiert wurde, 45 Minuten lang. Und das nicht nur einmal, an manchen Tagen liefen die Videos fast in Dauerschleife, bis jede einzelne Sequenz in meinem Kopf war. Nun hätte das auch eine Form von Abschiednehmen sein können. Sich noch einmal berieseln lassen, der coolen Zeiten gedenken. Doch während ich das tat, stellte ich mir gleichzeitig vor, wie ich mich, meinen Körper, bewegen müsste, um selbst so einen Sprung hinzubekommen. Nein, loslassen konnte man das wirklich nicht nennen.

Und kaum war der nächste Winter da, machte ich das, was ich in den Wintern zuvor auch gemacht hatte: Ich zog mit meinen Ski los. Als wäre mit den ersten Schneeflocken so etwas wie ein Automatismus angesprungen, der sich nicht abschalten ließ. Vielleicht spielte das Knie ja doch mit. Ärzte sind kluge Menschen, aber alles konnten sie auch nicht wissen. Zumindest musste ich es ausprobieren. Ein paar Rails, ein paar Kicker, nicht gleich die größten – dagegen sollte selbst eine zickige Diva nichts einzuwenden haben. Um sie von vornherein milde zu stimmen, hatte ich mir extra eine Knieorthese zugelegt, so eine Schiene aus Carbon, die man ums Bein schnallen konnte, damit sie das Kniegelenk zusätzlich stabilisierte. Und Ibuprofen gab es schließlich auch noch, um Madame ein bisschen die Sinne zu rauben, bevor sie allzu sehr ins Jammern verfiel.

Ich beschloss einfach, dass die Diva und ich wieder Freunde waren. Rauf auf die Rails, es funktionierte fast wie von selbst. Die Bewegungsabläufe, als hätte ich sie für die Ewigkeit einstudiert. Eingebrannte Muster, nicht mehr auszulöschen. Und das Knie hielt. Es hielt auch, als ich mir den ersten Kicker vornahm. Am Anfang ein einfacher Sprung, die sichere Nummer. Aber nicht mit gebremstem Elan oder etwa in Schonhaltung, das wäre keine gute Idee gewesen. Kicker geht nur ganz oder gar nicht. Auch der Kopf musste frei sein. Kein Gedanke ans Knie, sonst hätte es nicht funktioniert. Aber das, ich erwähnte es, konnte ich schon immer gut: Laserfokus. Hyperfokussierung. So eine Krankheit musste doch auch zu etwas nutze sein. Obwohl ich davon ja noch nicht wusste, diese Fähigkeit sozusagen als gottgegeben hinnahm.

Zwar hielt das Knie, die Bänder hielten, aber es reagierte auf jede Anstrengung beleidigt, indem es kräftig anschwoll.

Und die Schmerzen meldeten sich ebenso verlässlich, spätestens wenn die Konzentration nachließ, das Adrenalin im Blut auf Normalpegel abebbte. Doch beides konnte mich nicht stoppen. Ibu war längst Routine, kein Winter ohne, musste halt mal wieder die Dosis erhöht werden. Und den Schwellungen versuchte ich mit Voltarenverbänden und Quarkwickeln beizukommen. Der Quark wirkte am besten, wenn ich ihn über Nacht aufs Knie packte, umhüllt mit Frischhaltefolie, damit es im Bett keine Sauerei gab.

Es war nun kein organisiertes Skifahren mehr. Eher ein Hobby, dem ich allerdings mehr Zeit widmete als allem anderen. Ich hatte mir vorgenommen, nur noch zum Spaß zu fahren. Und nur noch im Park, also in Snowparks. Meistens nahm mich einer von den Älteren im Auto mit. Häufig war es Korbi, ein guter Freund bis heute, den ich vom Blomberg kannte, dem Hausberg von Bad Tölz. Dort waren wir uns das erste Mal begegnet, noch zu der Zeit, als ich bei der Gastfamilie wohnte und manches Mal lieber die Piste ansteuerte als einen Unterrichtsraum. Solche Extratouren brachten mir zwei Verweise vom Schulleiter ein, doch das waren sie wert, umso mehr, wenn dabei ein Freund fürs Leben heraussprang.

Wie ich den Vorsatz „nur zum Spaß" für mich definierte, konnte man daran sehen, dass ich noch im selben Winter, im Februar glaube ich, bei einem Wettbewerb an den Start ging. Aber das musste kein Widerspruch sein. Aus meiner Sicht war es keiner. Sich mit anderen zu messen, gehörte zum Spaß dazu. Vorausgesetzt, man ging mit einer gewissen Lockerheit heran und nicht mit dem Gefühl, alle Last der Welt auf seinen Schultern zu tragen. Dann spielte es auch keine Rolle, dass es wie in dem Fall nicht irgendein beliebiger Wettbewerb war, sondern einer, bei dem die deutschen Meisterschaften ausgetragen wurden – in der Disziplin Big Air, also auf einem großen Kicker, wo man aus einer Höhe von etwa vier Metern absprang.

Gut, die deutschen Meisterschaften waren nicht die X-Games, aber auch nicht völlig unbedeutend. Da kamen Top-Athleten hin, auch aus anderen Ländern. Außerdem wichtige Sponsoren, die bekanntesten Skifirmen und Ausrüster, auf der Suche nach neuen Talenten, um sie als Werbeträger mit Produkten ihrer Marke auszustatten und auf die Piste zu schicken. Nachdem das Snowboarden als Trendsport aufgekommen war und dem Skifahren auf der Coolheitsskala für etliche Jahre den Rang ablief, auch dem Freeskiing, wie es damals, in den Achtzigern und Neunzigern, betrieben wurde, schien sich die Entwicklung wieder zu drehen. Besonders Freeskiing mit Halfpipe, Slopestyle und Big Air wurde bei den Jüngeren immer beliebter, die Szene wuchs kontinuierlich, sodass die Skigebiete eins nach dem anderen Snowparks eröffneten, um den Trend nicht zu verpassen, die jungen Leute anzuziehen … aber ich schweife ab.

Die deutschen Meisterschaften im Big Air. Um dort starten zu können, musste man nicht unbedingt einem Skiclub oder Verein angehören. Schwören würde ich es nicht, aber in meiner Erinnerung war nicht einmal der Deutsche Skiverband involviert. Ehrlicherweise interessierte mich nicht die Bohne, wer dort den Hut aufhatte, Hauptsache, sie ließen mich mitmachen. Es begann mit der Quali, jeder hatte einen Versuch, danach urteilten die Punktrichter. Bewertet wurden das Gesamtbild, der Sprung – Schwierigkeitsgrad und Ausführung, also Technik und Haltung – und die Landung. Zwar waren bestimmte Kriterien definiert, nach denen entschieden werden sollte, trotzdem fiel eine Bewertung immer auch subjektiv aus – wie es der jeweilige Punktrichter halt wahrgenommen hatte. Dabei brachte ein komplizierterer Sprung nicht automatisch mehr Punkte, er musste auch gut ausgeführt werden. Sonst konnte ein perfekt dargebotener Sprung, der technisch weniger anspruchsvoll war, schon mal besser abschneiden.

Dafür, dass mich die Ärzte als Skifahrer abgeschrieben hatten und ich die letzten beiden Jahre mehr an Verletzungen laborierte, als zu trainieren, nahm ich die erste Hürde mit Bravour – glatter Durchmarsch ins Finale! Jetzt durfte jeder, der sich für den Showdown qualifiziert hatte, dreimal ran, der beste Sprung zählte. Ich entschied mich für einen Switch 1080: Rückwärts rauf auf den Kicker, Absprung, drei Drehungen und Landung, auch die logischerweise im Switch-Modus, also rückwärts. Vorher natürlich der Befehl an den Kopf, die Schmerzen auszublenden. Den Restschmerz, Ibu hatte schon eine gewisse Vorarbeit geleistet, um die Zickereien der Diva im Zaum zu halten. Ab dem Moment, als ich am Start losfuhr, war ich gefühlt beschwerdefrei.

Mein bester Sprung, so entschieden die Punktrichter, war am Ende zugleich der beste von allen Finalisten – Platz 1, die Meisterkrone, ich war selbst überrascht. Quasi vom Krankenstand aufs Podest. Die wundersame Auferstehung. Es dauerte eine Weile, bis das wirklich bei mir ankam. An dem Tag selbst war ich einfach nur happy. Keine tiefschürfenden Gedanken, etwa darüber, wie ich so schnell wieder so gut sein konnte. Die machte ich mir auch nicht am nächsten Tag oder an den folgenden. Aus einem einfachen Grund: Ich wusste die Antwort bereits. Die Skivideos mit den Sprüngen, meine Sommerbeschäftigung – das war des Rätsels Lösung. Darauf gekommen bin ich, nachdem ich Anfang des Winters, nach der Zwangspause, wieder mit dem Skifahren begonnen hatte. Erstaunlicherweise bekam ich fast auf Anhieb einige Sprünge und Tricks hin, die ich so noch nie gemacht hatte, aber aus den Videos kannte. Während sich andere, die nicht verletzt pausieren mussten, im Schnee an neue Tricks herantasteten, dabei Schritt für Schritt vorgingen, bis sie den kompletten Bewegungsablauf beherrschten, schien es bei mir rein über das Visualisieren zu funktionieren. Wenn ich einen Sprung im Kopf ausführen konnte, dann gelang er mir auch auf dem Kicker, sodass ich nur noch den Feinschliff machen musste.

Mentales Training nennt sich das. Man braucht sich eine Bewegung – beziehungsweise bestimmte Bewegungsabläufe – nur vorzustellen, dann werden die gleichen Hirnareale aktiviert, als würde man sie tatsächlich ausführen. Dasselbe passiert, wenn man jemandem dabei zuschaut, wie er diese Bewegungen macht. Gleichzeitig fördert die bloße Vorstellung die Fähigkeit, sie in der Praxis umzusetzen. Diesen Effekt verdanken wir speziellen Nervenzellen, sogenannten Spiegelneuronen, die automatisch aktiv werden, sobald unser Gehirn mit äußeren Reizen konfrontiert wird, zum Beispiel durch solche Videos. Diese Nervenzellen spiegeln das Empfangene, wodurch das Gehirn „denkt", man sei gerade selbst aktiv. Auf diese Weise lernt man die Bewegungsabläufe allein durchs Zuschauen. Je öfter man sie sich ansieht, umso besser kriegt man sie hin.

Aber nicht dass jetzt der Eindruck entsteht, ich hätte diese Videodauerschleifennummer im Sommer veranstaltet, um meine Spiegelneuronen auf Trab zu bringen. Zu dem Zeitpunkt hatte ich keine Ahnung, dass es die überhaupt gibt und wie das Ganze im Gehirn zusammenhängt. Falls das in der Schule ein Thema gewesen sein sollte, muss ich die Stunde verpasst haben. Das Motiv, mir die Videos anzuschauen, noch mal und noch mal, war ganz simpel der Spaß, den es mir machte. Und mein Interesse natürlich, das versteht sich von selbst, daran hatte sich trotz der unschönen Umstände nichts geändert. Gemischt mit einem Schuss Wehmut, da ich durch die Verletzung meinen Heroes nicht mehr würde nacheifern können. Aber irgendwie auch mit der Hoffnung, so vage sie gewesen sein mochte, dass vielleicht doch noch nicht alle Messen gesungen waren. Aus dieser nicht ganz unemotionalen Gemengelage heraus tat ich schließlich das, was ich sonst auch gemacht hatte, wenn ich mir solche Aufnahmen ansah, das passierte ganz automatisch, seit meiner Skaterzeit war ich darauf konditioniert: Ich stellte mir vor, wie ich die Tricks und Sprünge machen würde, die vor mir über den Bildschirm flimmerten. Und mit jeder Wiederholung konnte ich sie mir besser vorstellen, bis dahin, dass ich mich vor meinem inneren Auge selbst sah, wie ich durch die Luft wirbelte, Saltos und Drehungen und was noch alles fabrizierte. Das waren keine Tagträume, ich war auch nicht der Held meiner eigenen Fantasie in einem schicken Supermankostüm. Was ich dann sah, könnte man eher mit einem Demonstrationsvideo vergleichen, ganz sachlich. Oder mit einer Übungsanleitung im Bewegtbildformat.

Ich machte instinktiv also genau das, was andere als mentales Training gelehrt bekommen. Allerdings funktioniert so ein Training nur, wenn man ein wirklich gutes Vorstellungsvermögen besitzt. Oder es sich antrainiert, das geht natürlich auch. Wichtig ist, dass das Kopfkino mit so vielen Bildern und Sinneseindrücken wie möglich gefüttert wird. Um bei den Sprüngen und Tricks zu bleiben: Idealerweise speichert man jedes kleine Detail der einzelnen Bewegungen – wie hält er den Arm in dem Moment, wie die Beine, den Kopf, die Ski und so weiter. Womit wir wieder beim fotografischen Gedächtnis wären, das ist dafür äußerst hilfreich. Und noch effektiver wird es, stellt man sich aus der eigenen Erfahrung zusätzlich vor, wie sich das Gleiten der Ski auf dem Schnee anfühlt, das Abheben vom Kicker, die Flugphase, die Landung. Wie es ist, den Fahrtwind im Gesicht zu spüren, was für ein Geräusch die Ski auf dem Schnee machen und ob es vielleicht nach etwas Markantem riecht, nach Tannennadeln beispielsweise. Eben alles, was unsere Sinne wahrnehmen können, als würde man den Sprung gerade in einem Snowpark über den Kicker bringen … und Punkt, Lehrstunde beendet.

Weiter gehts mit den Nachwirkungen meines erfolgreichen Big-Air-Auftritts, die noch erfreulicher waren als der Titel selbst. Es kamen Menschen auf mich zu, die offenbar ein gewisses Potenzial in dem Freeskier Bene Mayr sahen und sich als Sponsoren anboten, besser gesagt die Firmen, die sie vertraten. Zuerst wieder ein Skihersteller, aber ein anderer, eine österreichische Marke. Die stattete mich mit Ski, Stöcken und Skischuhen aus und legte noch etwas Geld obendrauf. Keine gigantische Summe, eher ein bescheidenes Zeichen der Wertschätzung. Trotzdem: In dieser Phase ein willkommenes Angebot, zumal es – wie bei der Firma vorher – mit der Aufnahme ins Skiteam der Marke gekoppelt war. Damit hatte ich wieder so etwas wie eine Heimat – und den besten Grund, den Rat der Ärzte in den Wind zu schlagen. Irgendwie würde sich die Diva schon bei Laune halten lassen. Am besten, nicht darüber nachdenken, einfach weitermachen.

Später im Jahr, nachdem ich einige andere Contests bestritten hatte, nicht ganz unerfolgreich, flatterte mir ein Sponsorenvertrag auf den Tisch, den ich sogar blind unterschrieben hätte. Von einer US-amerikanischen Brillen- und Sportbekleidungsmarke, einer der coolsten nach meinem Geschmack. Die Skibrillen galten als das Nonplusultra in der Szene, qualitativ top und megastylish. Auch die Klamotten, fein mit einer speziellen Totenkopfgrafik veredelt, machten echt was her. Was aber noch mehr zählte: Die Firma, die aus Kalifornien gesteuert wurde, sponsorte die absoluten Superstars unserer Sportart, allen voran so jemanden wie Tanner Hall, die Freestyle-Ikone schlechthin, ein Rockstar. Tanner, dessen Karriere übrigens auch auf der Buckelpiste begann, räumte seinerzeit bei den X-Games die Goldmedaillen nur so ab, genauso bei den US Freeskiing Open.

Mit Blick darauf, dass ich wenige Monate zuvor noch davon auszugehen hatte, in dem ganzen Zirkus nie wieder eine Rolle zu spielen, nicht einmal die kleinste, war die Offerte ein echter Ritterschlag. Zusätzlich versilbert mit einem Honorar im fünfstelligen Bereich. Tanner, der Skiboss, wie er genannt wurde, hätte sich über die Summe höchstwahrscheinlich schlappgelacht, er dürfte als Testimonial Millionen kassiert haben, aber ich konnte davon fast ein Jahr leben. Der amerikanische und der deutsche Markt, selbst der europäische, waren eh nicht zu vergleichen. Freeskiing hatte in den Staaten, auch in Kanada, seit jeher ein ganz anderes Standing und somit viel mehr öffentliche Aufmerksamkeit. Dagegen waren wir hier die reinsten Nischensportler. Daran sieht man aber auch, worum es wirklich ging, zumindest was mich betraf, für andere kann ich nicht sprechen. Ich machte den Sport, weil ich ihn cool fand. Irgendwann dann schon auch, um erfolgreich zu sein, die besten Tricks draufzuhaben und die besten Lines zu fahren, aber nicht, um in den Medien herumgereicht zu werden oder im Blitzlichtgewitter über irgendwelche roten Teppiche zu latschen. Das schloss nicht aus, dass man sich über Anerkennung freute, so tickt der Mensch nun mal. Auch wenn es nur ein wohlmeinendes Schulterklopfen war oder eine winzig kleine Lobeshymne, ein Spruch, ein Satz – was mich noch mal zu Tanner bringt, der für mich als Jungspund ein Riesenvorbild war, einer meiner Heroes aus den Skifilmen, von denen ich mir Tricks abzugucken versuchte.

Gar nicht so viel später, zwei, drei Jahre vielleicht, begegnete ich ihm das erste Mal persönlich, bei einem Contest in Frankreich, in Vars. Allerdings war er dort nur als Punktrichter engagiert, nachdem er sich einige Monate zuvor in einem Snowpark bei einem krassen Sturz aus zwölf Meter Höhe beide Schienbeinköpfe gebrochen und die Kreuzbänder gerissen hatte … Moment, jetzt fällts mir ein, 2010 muss das gewesen sein, ziemlich am Anfang des Jahres. Die zweite Auflage des Red Bull Linecatcher, bei dem klassisches Big-Mountain-Freeriding mit Slopestyle-Elementen verbunden wurde. Ein steiler Berghang, unberührter Schnee, Tiefschnee, gespickt mit mehreren Kickern. Man musste versuchen, eine geschmeidige Line zu fahren, dabei die Hindernisse integrieren und zwischendurch möglichst spektakuläre Sprünge abliefern.

Wie gesagt, dort saß Tanner in der Jury. Sein bester Kumpel, C. R. Johnson, wie er US-Amerikaner und auch einer der Stars aus den Filmen, fuhr den Wettbewerb mit. Neben solchen Athleten wie Candide Thovex und dem Kanadier JP Auclair, einem der Pioniere des modernen Freeskiing – alles große Namen. Die Besten der Welt. Im Vergleich zu ihnen war ich fast noch ein unbeschriebenes Blatt, schlug mich in diesem Kreis der Auserwählten aber recht wacker: Candide gewann, C. R. wurde Dritter, ich Fünfter, immerhin vor JP.

Es fühlt sich seltsam an, die Namen hinzuschreiben. Gedanken sind flüchtig, die kann man verdrängen, stehen erst einmal Worte da, geht das nicht mehr so leicht. Es schwemmt Erinnerungen hoch, ob man will oder nicht. Eine davon ist, wie ich fünf oder sechs Wochen nach dem Linecatcher erfuhr, dass C. R. bei einer Trainingstour auf seinem Hausberg im Squaw Valley in Kalifornien verunglückt war, mit 26 Jahren. Er soll, so berichtete damals ein Augenzeuge, der den Unfall von einem Lift aus gesehen hatte, bei einem Sprung mit dem Ski an einem Felsen hängen geblieben und kopfüber in die Tiefe gestürzt sein. Auch JP Auclair lebt nicht mehr. Ihm wurde 2014 bei Filmaufnahmen auf dem Monte San Lorenzo an der Grenze zwischen Argentinien und Chile eine Lawine zum Verhängnis, die auch seinen Begleiter, Andreas Fransson, einen Extremskifahrer aus Schweden, mit in den Tod riss.

Aber warum ich darauf kam, es ging um Tanner, um unsere erste Begegnung – und um Anerkennung: Für mich war es natürlich eine große Sache, bei diesem Event mitzufahren. Da zieht man sich als junger Kerl mit weit aufgerissenen Augen diese Skifilme rein, träumt davon, auch mal so gut zu werden – und auf einmal steht man mit seinen Heroes gemeinsam am Start, das war schon der Wahnsinn. Und gleichzeitig die beste Motivation, die es geben konnte. Nach dem Motto: Hey, ich hab von euch gelernt, schaut her, ich bringe das auch. Was man natürlich niemals hinausposaunen würde – wie uncool wäre das denn? –, sondern nur für sich im Stillen denkt. Sozusagen der Schub extra, um sich selbst anzufeuern. Und dann, am Berg, schärft man seine Sinne noch ein bisschen mehr und versucht, den stärksten Run abzuliefern, zu dem man fähig ist, und am besten noch einen draufzusetzen. Das schien mir jedenfalls ganz gut gelungen zu sein. Denn irgendwann stand Tanner, der als Judge genau hingeschaut haben sollte, vor mir und meinte: „You are the future of our sport."

In dem Moment wusste ich, den fünften Platz werde ich eines Tages wahrscheinlich vergessen, vielleicht auch den Ort, wo das Ganze stattfand, niemals aber diesen Satz von ihm.

Die Freestyler-WG

Von Innsbruck um die Welt

Wie rasant sich plötzlich alles änderte! Seitdem ich der Buckelpiste Adieu gesagt hatte, war ich nicht mehr mit dem allergrößten Ehrgeiz unterwegs gewesen, sicher auch wegen der wenig optimistischen Prognosen der Ärzte. Ich machte weiter mein Ding, was das Knie halt erlaubte, aber ich hatte nicht wirklich ein Ziel. Mit den ersten kleinen Erfolgen, deutsche Meisterschaft und so, vor allem mit dem Interesse der Sponsoren im Rücken, trieb meine Begeisterung für den Sport neue Blüten. Ich sagte mir: Offensichtlich kannst du da etwas ganz gut. Wenn schon andere auf dich setzen. Jetzt schau doch mal, wie weit du es bringen kannst.

In der Zeit entstand auch der Plan, meinen Eltern nicht länger auf den Wecker zu fallen. Ich war inzwischen achtzehn. Ihnen wäre lieber gewesen, ich hätte mich mit ganzer Kraft auf das Projekt Abitur gestürzt, um danach zu studieren. Oder wenigstens einen Beruf zu erlernen, etwas mit Perspektive. Dass ich mich anders entschied, für das Ungewisse, ohne Netz und doppelten Boden, meinen Abenteuerspielplatz sozusagen nicht verlassen wollte, machte sie nicht gerade glücklich. Ich will es mal so ausdrücken: Diese Phase unseres Familienlebens war nicht die harmonischste. Jede Menge Konfliktpotenzial. Zu viele Themen wie Tretminen, die man besser umging.

Aber das war nicht der eigentliche Grund, mir eine neue Bleibe zu suchen, eher ein zusätzliches Argument, die Sache nicht auf die lange Bank zu schieben. Ausgeheckt hatte ich die Idee zusammen mit drei anderen Freeskiern, die ich schon eine Weile kannte. So groß war die Szene hierzulande nicht. Früher oder später lief man jedem mal über den Weg, der ungefähr auf dem gleichen Level unterwegs war, beim Training in den Parks oder bei einem der Wettbewerbe. Alle drei waren skiverrückt wie ich, jeder auf seine Art.

Nehmen wir als Ersten Paddy – Paddy Graham. Er ist Engländer, stammt aus Sheffield und war der Rock 'n' Roller unter uns. Ein quirliger Typ, mit dem man immer eine gute Zeit hatte, keiner Party abgeneigt, solange die richtige Musik lief und die Getränke nicht ausgingen. Paddy lernte das Skifahren auf Plastikmatten. Im Norden von Sheffield gab es damals ein künstlich angelegtes Skigebiet samt Freestyle-Park mit Halfpipe, Kicker und Rails, das später durch mehrere Brände zerstört wurde. Angeblich war es das größte Trockenskiresort in Europa. Weder Schnee noch Kunstschnee, nur Pisten aus Plastik. Und die auch nicht auf richtigen Bergen, sondern auf einem hügeligen Gelände, das vorher mit Planierraupen in die gewünschte Form gebracht wurde. Ich kann mir nicht vorstellen, dass ich mich dafür begeistert hätte, mit Ski auf Plastik herumzurutschen. Aber Paddy meinte, als er dort als Kind ein paar Leute gesehen habe, die durch die Luft flogen und Tricks machten, wollte er das auch unbedingt. Nach drei Tagen Einstiegskurs sei er süchtig danach gewesen. Gerade die für Wintersportler etwas seltsamen Bedingungen hätten ihn angespornt, immer besser zu werden – um eines Tages auf richtigen Bergen und auf richtigem Schnee fahren zu können. Und genau das trat ein. Mit dreizehn ergatterte er seinen ersten Sponsorenvertrag. Drei Jahre später verließ er die Schule, um Profi zu werden. Als wir uns kennenlernten, war er die Nummer 1 unter den Freeskiern seines Landes, trat bei internationalen Wettbewerben an, von denen er einige gewann. Er hatte sich einen Namen gemacht – und er hatte gute Sponsoren, was das Wichtigste war, um von seinem Können zu leben.

Der Zweite war Tobias Reindl, auch er ein begnadeter Freeskier, damals einer der besten in Deutschland. Tobi kommt aus Krün bei Garmisch. Das Skifahren brachte ihm sein Vater bei, der Klassiker, wenn man in dieser Gegend aufwächst. Wie ich begann er in einem Skiclub als Ski-Alpiner, Slalom und Riesenslalom, war so gut, dass er es in den Nachwuchskader des Deutschen Skiverbands schaffte, wo er im selben Team wie Felix Neureuther trainierte. Doch irgendwann reizten ihn die „ungebügelten" Pisten mit kleinen Schanzen, auf denen er Sprünge vollführen konnte, mehr. Auch in einer Halfpipe zu fahren und Tricks auszuprobieren reizte ihn mehr. Und überhaupt die Freiheit, nicht in irgendwelche Trainingspläne eingebunden zu sein, sondern selbst zu bestimmen, wann und wo er trainierte – und was. Tobi war unser Professor, the brain, super intelligent, was sein äußeres Erscheinungsbild nicht unbedingt vermuten ließ. Er wirkte immer etwas zerstreut, band selten, so gut wie nie, die Schnürsenkel und verlor gefühlt zweimal die Woche seinen Geldbeutel, der allerdings auf wundersame Weise genauso oft wieder zu ihm zurückfand.

Und schließlich Thomas Hlawitschka, er komplettierte unsere kleine Freeskier-Gang. Tobi und Thomas, der ebenfalls aus einem Dorf in der Nähe von Garmisch stammt, kannten sich aus der Schule, sie machten zusammen das Abitur. Wir waren alle Sportler, aber Thomas setzte noch einen drauf. Er schien ständig zu trainieren, oder er beschäftigte sich damit, wie er noch besser trainieren könnte. Es gab kaum eine Sportart, die ihn nicht interessierte. Er probierte auch viele aus. Die Winter gehörten dem Skifahren, hauptsächlich dem Slopestyle, im Sommer spielte er mit ebensolcher Begeisterung Beachvolleyball oder er schrubbte unzählige Kilometer mit seinem Rennrad. Dass jemand wie er Sportwissenschaft studieren würde, schien das Logischste auf der Welt zu sein. Nicht ganz so logisch verlief dann später sein Start ins Berufsleben. Er legte die steilste Trainerkarriere aller Zeiten hin – praktisch von null auf Nationalcoach, inklusive Ticket zu den Olympischen Spielen in Sotschi. Aber das ist eine andere Story.

Also Abschied von Zuhause. Und Umzug nach Innsbruck. Warum wir ausgerechnet Innsbruck wählten? Ganz einfach, weil dort die Berge zum Greifen nah sind. Am nächsten ist die Inntalkette, die wegen ihrer Lage nördlich der Stadt eigentlich nur Nordkette genannt wird und zum Karwendelgebirge gehört. Man kann direkt aus der City per Seilbahn – genau genommen sind es mehrere Bahnen, man muss unterwegs umsteigen – bis auf über 2000 Meter hochgondeln, und das innerhalb einer guten halben Stunde. Aber auch in die andere Richtung, nach Süden – Südwesten und Südosten eingeschlossen –, erreicht man schnell mehr als ein Dutzend Skigebiete, ob mit dem Auto oder mit dem Zug. Selbst nach Italien und in die Schweiz sind es keine riesigen Entfernungen.

Innsbruck passte aber auch deshalb perfekt, weil es dort eine Uni gibt und ein Abendgymnasium. Tobi fing an, BWL zu studieren, Thomas widmete sich wie gesagt der Sportwissenschaft, während ich versuchte, das Abitur nachzuholen. Damit hatte ich in der Zwischenzeit sogar schon begonnen, allerdings in Salzburg – von München aus. Okay, das könnte jetzt etwas verwirrend sein, lässt sich aber schnell erklären: Am Abendgymnasium in Salzburg konnte man die Matura, wie das Abitur in Österreich heißt, das in Bayern anerkannt wurde, per Fernstudium machen. Man paukte den Stoff zu Hause, musste sich ab und an in der Schule blicken lassen und legte dann in den einzelnen Fächern Prüfungen ab, eine nach der anderen, wie man es mit dem Lernen schaffte. Dass ich in Salzburg angefangen hatte, lag daran, dass die Idee, sich mit den anderen in einer WG zusammenzuschmeißen, zu dem Zeitpunkt noch nicht existierte.

Wir fanden unser kleines Paradies ein Stück oberhalb des Flughafens, am Berg, Luftlinie ungefähr 500 Meter von der Start- und Landebahn entfernt. Eine Doppelhaushälfte mit großer Terrasse, Garage und Garten. Jeder bekam ein Zimmer, die Wohnküche mit eingebauter Sitzecke und rundem Tisch wurde der Aufenthaltsbereich für alle. In meiner Erinnerung war sie ziemlich düster. Braune Fliesen auf dem Boden und an einer der Wände. Die Möbel schienen aus den Achtzigerjahren überlebt zu haben. Nichts Schickes oder so, höchstens robust. Störte uns aber kein bisschen, Hauptsache, wir hatten unser eigenes Reich. Den Rest kann man sich ausmalen: vier junge Burschen unter einem Dach. Vier lebenslustige junge Burschen, so manch sündiger Verlockung nicht abgeneigt. Nein, kleiner Scherz, die Ausschweifungen hielten sich in Grenzen. Wobei wir im Sommer die Terrasse, von der man einen herrlichen Blick über die Stadt hatte, und den Garten natürlich für die eine oder andere Party nutzten. Es kam auch sonst recht häufig Besuch, nicht selten weiblicher, einfach weil jeder von uns mit einem Mädel zusammen war.

Auch in anderer Hinsicht nahm mein Leben Fahrt auf – sogar im wahrsten Sinne des Wortes. Ich war nicht mehr auf ältere Jungs angewiesen, um von A nach B zu kommen. Mein Skisponsor hatte mich, kaum dass ich achtzehn geworden war, mit einem Auto beglückt, einem SUV, den ich ziemlich cool fand. Versteht sich von selbst, dass ich den Führerschein nicht schnell genug machen konnte. Überhaupt zeigten sich die Sponsoren großzügiger – und es wurden peu à peu mehr, nachdem ich einen Wettbewerb nach dem anderen bestritt und dabei gute Ergebnisse einfuhr, Podiumsplätze und auch Siege. Das schaffte ich nicht jedes Mal, doch immerhin so häufig, dass mein Name nun ab und zu in einer Zeitung auftauchte – und offenbar in den Köpfen vieler Leute hängen blieb, die sich für unseren Sport interessierten. Mir war das gar nicht so wichtig. Ich meine, klar freute man sich, wenn die Zeitung etwas Gutes über einen schrieb. Oder wenn Zuschauer bei einem Event mit meinem Namen etwas anzufangen wussten, mir vielleicht sogar die Daumen drückten, mitfieberten, mich anfeuerten. Aber angenommen, all das hätte es nicht gegeben, dann wäre ich nicht anders in einen Wettbewerb gegangen. Ich hätte genauso mein Bestes gegeben und mit der gleichen Hingabe versucht, den Kicker zu rocken, die Halfpipe oder den Slopestyle-Parcours – um am Ende auf dem Podium zu stehen. Und ich hätte den gleichen Spaß dabei gehabt. Auch die gleichen Schmerzen, aber die lasse ich hier mal weg. Die muss man sich immer dazudenken, genauso wie das Ibuprofen und die Quarkwickel, sobald es um einen Wettbewerb geht. Oder um ein Training. Also eigentlich den ganzen Winter. Und im Sommer dann, wenn wir irgendwo auf einem Gletscher an unseren Sprüngen und Tricks feilten.

Um den Gedanken von eben fortzusetzen: Bei aller Freiheit und Unabhängigkeit, die man als Freeskier gern für sich reklamierte, war das Ganze natürlich auch ein Business, in dem es sehr wohl Abhängigkeiten gab. Es sei denn, man betrieb den Sport rein als Hobby, ohne Ambitionen, bei irgendwelchen Wettbewerben zu starten. Oder nur bei solchen, die für Hobbyfahrer veranstaltet wurden. Wer mehr erreichen wollte, brauchte entweder ein dickes Konto, ein ultradickes, oder Sponsoren. Skiausrüstung, Kleidung, Helm und Brille waren die eine Sache, obwohl schon das beträchtliche Summen verschlingen konnte, erst recht wenn man verschiedene Disziplinen fuhr und für jede anderes Material brauchte. Außerdem Ersatz, falls mal etwas kaputtging, was nicht selten vorkam. Und alles jede Saison wieder neu. Dann kamen aber immer noch die Reisekosten hinzu, Flüge, Hotelzimmer und so weiter, um bei Wettbewerben starten zu können, auch im Ausland, oder an Camps teilzunehmen, für die es besonders im Sommer – dazu komme ich noch – schon mal ans andere Ende der Welt ging. Mit kleinem Portemonnaie wäre man da nicht weit gekommen.

Die Sponsoren wollten verständlicherweise die Besten. Ein Geben und Nehmen. Oder wie man auf Neudeutsch sagt: eine Win-win-Situation. Der Athlet bekam gutes Material, mit dem er die nächsten Erfolge erringen konnte. Umgekehrt wertete er mit seiner Leistung die Marke in der öffentlichen Wahrnehmung auf. Wenn der – oder die, bei den Mädels lief es genauso – Ski dieser Marke fährt, dann muss die ja gut sein. Das Gleiche beim Helm, bei der Brille, den Skistöcken und allem anderen. Obendrauf kam, dass sich ein Sponsor mit den Besten die stärkste Präsenz sicherte, bei den Wettbewerben, vor allem aber in den Medien. Wer es aufs Podium schaffte, fand hier wie dort logischerweise die größte Beachtung. Dementsprechend auch die Marke oder die Marken, die der Sportler repräsentierte. Man hat sofort die Skispringer oder die Alpinen vor Augen, wie sie direkt nach der Landung beziehungsweise im Ziel ihre Bretter abschnallen, um sie schnell einer Fernsehkamera hinzuhalten, den Schriftzug oder das Logo der Marke für jeden gut sichtbar. Bei uns Freeskiern war es eine andere Dimension, unsere Wettbewerbe hatten längst nicht die mediale Aufmerksamkeit wie beispielsweise eine Vierschanzentournee, zumindest nicht in Deutschland oder in Europa, das Prinzip aber war dasselbe. Inzwischen läuft vieles auch über Social Media, YouTube, Instagram, TikTok und Co., zu der Zeit war das noch kaum ein Thema. Ich glaube, mit Facebook fing es gerade an, YouTube gab es wohl auch schon, die anderen kamen erst später.

Die üblichen Mechanismen des Profisports griffen also auch bei uns. Nur damit man das mit der viel gepriesenen Freiheit nicht falsch interpretiert. Um mich ganz dem Sport widmen und davon leben zu können, war ich auf Sponsoren angewiesen. Also musste ich gut sein, richtig gut, sonst wäre das Abenteuer schnell beendet gewesen. Oder man fand einen anderen Weg, Sponsoren happy zu machen, das heißt, ihre Produkte ins Rampenlicht zu rücken. Nämlich durch Filme, die das Spektakuläre unserer Sportart und zugleich den Zauber der Natur einfingen, den Schnee und die Berge und alles zusammen bei schönstem Wetter. Solche Filme, wie ich sie mir anschaute, um neue Tricks zu lernen. In Amerika gab es dafür schon damals einen recht großen Markt. Bei uns war dieses Genre der Filmkunst eher unterrepräsentiert. Man kannte *Feuer und Eis*, den Film von Willy Bogner mit reichlich Action im Schnee, der als Spielfilm verpackt war, vielleicht noch dessen Fortsetzung, *Feuer, Eis & Dynamit*, Roger Moore spielte darin mit, sonst aber kaum einen anderen.

Dabei gehörte das Filmen seit jeher zum Freeskiing, genauso wie es zum Snowboarden gehörte. Grob konnte man die Szene in zwei Gruppen aufteilen: einmal die Athleten, die zu Wettbewerben antraten, und dann die, die sich aufs Filmen konzentrierten. Unter Letzteren wiederum gab es welche, die in Snowparks filmten, ihr Können auf Kickern, Hindernisparcours und in Halfpipes präsentierten, Superpipes mit eingeschlossen, das sind besonders große Halfpipes, bei denen die Wände knapp sieben Meter in die Höhe ragen. Und andere, die offenbar mehr Gefallen daran fanden, im freien Gelände zu fahren, krass steile Berge und unberührter Schnee – die

Freerider. Und noch mal andere, die es in urbane Gefilde zog, die Streetfilmer, angelockt von Treppengeländern, Mauern, Balustraden oder sonst welchen Hindernissen, die sich eindrucksvoll sliden ließen. Statt atemberaubender Natur diente ihnen die Architektur der Stadt als Kulisse.

Diese Kategorisierung darf man sich allerdings nicht so starr vorstellen, wie sie sich liest. Manche von uns machten das eine und das andere oder sie deckten sogar alle Bereiche ab. Ich war selbst so ein Kandidat, nicht gleich, aber mit der Zeit. Meine ersten Drehs, die Aufnahmen für die Arbeit in der achten Klasse damals in der Schule nicht mitgerechnet, absolvierte ich in dem Jahr, als sich unsere Vierercombo in Innsbruck einnistete. Irgendwie kamen wir mit den Söhnen von Fuzzy Garhammer in Kontakt, Max und Moritz, die eine eigene Filmfirma besitzen. Ihr Vater, ich erwähnte ihn schon mal, gilt als einer der Pioniere des Trickskilaufs, wie es früher genannt wurde. Weil ihm die normalen Schwünge als Ski-Alpiner zu langweilig wurden, baute er aus Bananenkisten eine kleine Sprungschanze und brachte sich die ersten Tricks bei. Später gewann er einen der ersten Freestyle-Contests überhaupt, das war in Vail, Colorado. Durch seine Erfolge wurde er bald für Filmaufnahmen gebucht. Irgendwann wechselte er hinter die Kamera, drehte eigene Skifilme und war damit in Deutschland wieder einer der Ersten.

So weit die kleine Geschichtsstunde. Wir drehten nun also mit seinen Söhnen, erst im Snowpark, dann im Gelände und auch in der Stadt. Am Ende, im Film, sah es immer so leicht aus. Sollte es ja auch. Was man nicht sah, war der Aufwand, der dafür betrieben wurde. Für mich ist Filmen eine der

Königsdisziplinen unseres Sports, vielleicht sogar *die* Königsdisziplin. Vor allem wenn man im freien Gelände shootet. Es fängt damit an, dass man sich einen geeigneten Spot suchen muss, wo man das umsetzen kann, was einem vorschwebt. Hat man den gefunden, schaut man, was der Wetterbericht sagt. An welchem Tag macht es überhaupt Sinn? Dann wartet man auf einen Tag, für den die Vorhersage blauen Himmel verspricht, wenigstens ab und zu, und zieht los. Vielleicht hat man vorher einen Kicker gebaut, das kann einen halben Tag in Anspruch nehmen oder einen ganzen, kommt darauf an, wie groß er sein soll und welche Gegebenheiten man vor Ort vorfindet. In der Regel sind es keine Plätze, wo man eine Pistenraupe oder andere Technik einsetzen könnte, also ist fröhliches Schaufeln angesagt, do it yourself. Irgendwann ist dann alles bereit. Nur dass gerade Wolken aufgezogen sind. Also warten ..., aber nicht etwa in einer warmen Hütte oder so, sondern draußen in freier Natur. Immer wieder geht der Blick zum Himmel. Wie schnell schiebt der Wind die Wolken beiseite? Wann kommt das Blau zum Vorschein? Dann ist endlich der Moment da. Alle haben ihre Position bezogen, Sportler und Filmcrew sind bereit. Ein paar Probedurchgänge wären nicht schlecht, um die beste Line zu finden, sich mit dem Kicker vertraut zu machen und zu sehen, wo man idealerweise landet. Im präparierten Park wäre das kein Thema, da kann man das machen – probieren, nachjustieren und alles noch mal von vorn. Im Gelände hat man ein oder zwei Versuche, dann muss die Szene im Kasten sein. Man will schließlich Tiefschnee zeigen und keine platt gefahrene Piste. Ein Onetake wäre das Optimale, alles in einem Rutsch, ohne zweiten Anlauf und ohne dass hinterher geschnitten werden muss. Das ist aber auch die große Kunst, die eher selten gelingt, am Anfang noch weniger. Für einen Oscar hätten all unsere Bemühungen nicht gereicht, trotzdem war es als Einstieg nicht schlecht. Eine gute Erfahrung, die Appetit auf mehr machte.

Um es zeitlich etwas zu verorten: Wir sind im Jahr 2008, das für mich mit den Austrian Freeski Open in Mayrhofen begonnen hatte, die waren im Februar, ganz in der Nähe des Bauernhofquartiers unserer Familie im Zillertal. Danach ging es zu den European Open nach Laax in die Schweiz. Und zum Ende des Winters, Anfang April, trat ich beim Finale der Chill & Destroy Tour in der Weißsee Gletscherwelt in Österreich an, das zugleich die internationale deutsche Meisterschaft im Slopestyle war, für Snowboarder und Freeskier. Dort holte ich mir den Titel, wobei die Konkurrenz mit sechs Startern recht übersichtlich ausfiel. Noch erwähnen sollte ich, dass ich inzwischen einen Manager hatte, Michael Kaltenecker, der einige der besten Wintersportler betreute, darunter die Biathlon-Ikone Uschi Disl, die bei Olympischen Spielen und Weltmeisterschaften fast dreißig Medaillen gewann.

Für den kurzen Zeitraum eine Menge Veränderungen. Und es ging weiter. Im Sommer reiste ich mit dem Team meines Skisponsors das erste Mal nach Neuseeland – auf die Südinsel, nach Wanaka, einem kleinen, aber charmanten Kaff am Südufer des gleichnamigen Sees, das während des großen Goldrauschs in der Region vor über 150 Jahren entstanden sein soll. Im europäischen Hochsommer ist dort Winter, mit feinsten Schneebedingungen in den Bergen, die zwanzig, dreißig Kilometer weiter südlich liegen, Cardrona heißt das Skigebiet, wie die kleine Siedlung dort, einst auch von Goldsuchern gegründet. Wir trainierten und gingen bei einigen Wettbewerben an den Start. Vielleicht war es in dem Jahr auch nur einer. Im August fanden dort immer die New Zealand Freeski Open statt, Slopestyle und Halfpipe, zu denen die besten Fahrer aus der ganzen Welt eintrudelten. Die südlichste Skiregion des Planeten, ein einziger Traum, ich meine, wer lässt sich das entgehen? Drauf geschissen, dass der Flug dreißig Stunden dauerte, dafür landete man im Paradies. An diesem Ort, mit diesen Jungs – ich weiß noch, dass ich es kaum fassen konnte. Mehr Motivation ging nicht. Dabei sein und dabei bleiben, besser werden. Abgesehen davon lockten nicht die schlechtesten Preisgelder, angesiedelt im fünfstelligen Dollarbereich, und da nicht etwa an der untersten Grenze. Einen hübschen Teil davon sackte Tanner Hall ein, der souverän die Konkurrenz in der Halfpipe dominierte. Auf welchem Rang ich landete – ich trat beim Slopestyle an –, weiß ich nicht mehr, irgendwo im Mittelfeld. Schlecht fuhr ich nicht und ich verdiente auch ein bisschen Kohle, aber fast noch wichtiger war, die Luft an der Weltspitze zu schnuppern. In dieser erlesenen Gesellschaft musste man als Neuling erst mal cool bleiben und seinen Run sauber runterbringen.

Die Reise nach Neuseeland war nun ein fester Termin in meinem Kalender. Bereits im Jahr darauf wurden in derselben Skiregion die Winter Games New Zealand aus der Taufe gehoben und als größtes Schneesportevent auf der Südhalbkugel vermarktet. Das fand dann alle zwei Jahre statt. Ich nahm zwei- oder dreimal daran teil. Bei meinem letzten Auftritt, 2013 war das, schaffte ich es ins Slopestyle-Finale, stürzte dummerweise im ersten Run und verletzte mich dabei, sodass ich zum zweiten nicht mehr antreten konnte – zero points. Das war doppelt bitter, da der Wettbewerb gleichzeitig als Weltcupauftakt zählte, bei dem man wichtige Punkte für die Olympiaqualifikation hätte sammeln können, für Sotschi 2014. Doch jetzt bin ich wieder etwas vorausgeeilt. Im Jahr meiner ersten Neuseelandreise wusste noch niemand, dass unsere Disziplinen, Slopestyle und Halfpipe, olympisch werden würden, außer vielleicht wichtige Schlipsträger beim IOC, dem Internationalen Olympischen Komitee. Offiziell wurde es erst 2011 verkündet.

Andererseits verlief ein Jahr jetzt ähnlich dem nächsten, dass es im Rückblick schwerfällt, sie auseinanderzuhalten. Wieder zurück in Europa, ging es auf einen Gletscher, um sich weiter auf die neue Saison vorzubereiten. Das Ziel war meist der Hintertuxer Gletscher oder Saas-Fee in den Schweizer Alpen. Direkt danach startete die Big-Air-Serie, eine Reihe von Cityevents, für die gewaltige Kicker in europäischen Großstädten aufgebaut und mit Kunstschnee präpariert wurden. London war jedes Mal dabei, davon wird noch die Rede sein, das weiße Pulver, dort zog ich meine ersten Lines. Auch in Zürich und Stockholm gab es solche Events. Später kamen Städte wie Barcelona, Wien, Budapest und Berlin hinzu. Ein irrer Aufwand und ökologisch sicher nicht das Sinnvollste, für die Veranstalter schien es sich jedoch zu lohnen. Es war immer eine riesengroße Party, mit bekannten Liveacts als Showprogramm, Fressmeile und allem Drum und Dran. Mal kamen 10 000 Leute, mal 30 000, je nachdem wie viel Platz zur Verfügung stand. Ein bunter Zirkus, und wir waren die Zirkuspferde, Snowboarder und Freeskier, darunter die besten Big-Air-Athleten der Welt. Manche der Superstars traten auch auf wie Superstars. Einer fuhr im Lamborghini vor, ein anderer kam im Porsche mit Skibox auf dem Dach angerauscht. Beim ersten Mal war ich ganz schön beeindruckt, so viel Rummel erlebte man bei keinem anderen Event. Nach den Wettbewerben wurde natürlich gefeiert. Da tauchten dann sogar Groupies auf, dass man sich fast wie ein Rockstar fühlte. Und wie Rockstars kifften und tranken manche, der eine oder andere auch schon vor dem Start. Um sich ein bisschen locker zu machen, jedenfalls vermutete ich das. Die Höhe der Kicker konnte einem durchaus Respekt einflößen.

Zum Jahresende zog der Tross nach Breckenridge, Colorado, in die Rocky Mountains, anderthalb Autostunden von Denver entfernt. Vom dortigen Snowpark heißt es, er sei der beste der Welt. Der Trip war immer wie ein Klassentreffen, da kamen alle hin: die US-Amerikaner, die Kanadier, die Neuseeländer, die Europäer. Meist reisten wir vor Weihnachten an und blieben bis in den Februar hinein. Während dieser Zeit fanden auch Wettbewerbe statt, an denen wir teilnahmen, die restliche Zeit wurde trainiert – oder gechillt. Direkt in Breckenridge machte die Dew Tour Station, die in den Staaten sehr bekannt ist und von NBC gefeaturt wurde. Und in Copper Mountain, das für amerikanische Verhältnisse gleich um die Ecke liegt, keine zwanzig Meilen entfernt, fanden die US Freeskiing Open statt, Slopestyle, Superpipe und Big Air, auch darüber wurde groß im Fernsehen berichtet. Ohne TV-Partner hätten die Amis solche Events gar nicht auf die Beine gestellt, die Kohle musste schließlich irgendwoher kommen. Wie das Geschäft nach amerikanischem

Muster funktioniert, kann man noch deutlicher bei den X-Games sehen, die so etwas sind wie die Olympischen Spiele für Extremsportarten, nur unkonventioneller, ohne staatstragende Zeremonien, aber dennoch ein Big Business. Die Games, von denen es Sommer- und Winterausgaben gibt, wurden von ESPN erfunden, einem TV-Sender, der täglich rund um die Uhr Sport bringt, fast auf der ganzen Welt zu sehen ist und sie bis heute veranstaltet. Aber das nur nebenbei.

Solche Contests endeten immer mit irgendwelchen Partys. Die mussten nicht mal groß geplant werden, sie ergaben sich von allein. Alkohol und Dope gehörten wie selbstverständlich dazu. So ziemlich jeder kiffte, zumindest von den Leuten, mit denen ich abhing. Und getrunken wurde auch nicht wenig, sodass man schon mal etwas die Orientierung verlieren konnte. Bei einem meiner ersten Aufenthalte dort verschwand einer aus unserer Gruppe, sozusagen über Nacht. Als er am nächsten Morgen noch immer nicht aufgetaucht war, es kann auch schon gegen Mittag gewesen sein, machten wir uns Sorgen und fingen an herumzutelefonieren. Im Krankenhaus war er nicht, dafür wurden wir bei der örtlichen Polizeiwache fündig. Er saß in einer Zelle – wegen Hausfriedensbruchs. Offenbar hatte er auf dem Rückweg ins Quartier die falsche Tür erwischt. Die Häuser sahen alle verdammt ähnlich aus. In der Annahme, in seinem Zimmer gelandet zu sein, hatte er sich bis auf die Unterhose ausgezogen und auf die Couch gepackt, die dort stand. Das Nächste, woran er sich erinnerte, war ein Polizist, der mit einer Pistole vor seinem Gesicht herumfuchtelte und ihn recht unsanft wach rüttelte. Das konnte er uns allerdings erst erzählen, nachdem wir einen Kautionsvermittler aufgetrieben hatten, der ihn mit 2000 oder 3000 Dollar rausholte, für die wir zusammenlegten.

Im neuen Jahr ging es wieder von vorn los, erst Austrian Open – oder die mal nicht, wenn wir länger in den Rocky Mountains blieben –, dann aber die European Open und so weiter. Neu hinzu kam im März der Red Bull Linecatcher, den ich bereits erwähnte, 2009 war die Premiere auf dem Gletscher von La Plagne in Frankreich. Big Mountain am Tiefschneehang mit Slopestyle-Elementen. Um ein Haar wäre ich auf dem Podium gelandet. Es hätte sogar das oberste Treppchen werden können. Ein leichter Sturz kurz vor dem Ziel wirbelte mich auf Platz vier zurück. Der zweite Lauf, der ursprünglich geplant war, fiel leider aus, das Wetter schlug um. Ein Erfolg war es trotzdem. Die Jury gab mir einen Preis für den besten Trick. Ich hatte einen Misty 720 in meinen Lauf eingebaut, einen schräg über die Schulter gedrehten Vorwärtssalto mit zweifacher Schraube – war mir echt gut gelungen.

Und: Neue Sponsoren wurden auf mich aufmerksam, allen voran der flügelverleihende Brausehersteller, der das Event organisierte. Wie ich schon sagte, ohne Sponsoren konnte man keine großen Sprünge machen. Eine gewisse Unterstützung war die Mindestbedingung, um überhaupt bei dem Zirkus dabei zu sein. Darüber hinaus gab es einige wenige Sponsoren, wenn die einen auserkoren, dann war das, als würde man einen Adelstitel verliehen bekommen. Dazu gehörte der Brausehersteller. Er nahm nur die Besten der Welt in sein Reich auf. Und als erste Grundvoraussetzung musste man der Beste seines Landes sein. Dann lief es in der Regel so, dass man im ersten Schritt einen sogenannten Dosendeal bekam. Das war die

Vorstufe zum Adelstitel, aber noch keine Garantie. Wie eine Bewährungsfrist. Man stand weit oben auf der Liste, musste aber beweisen, dass man eines solchen Titels würdig war. Für diese Zeit erhielt man einen Vertrag, auch Geld. Im Gegenzug hatte man bei jeder passenden Gelegenheit eine von den Dosen des berühmten Energydrinks in die Kamera zu halten: wenn man es aufs Podium schaffte, bei Pressekonferenzen oder Fotoshootings. Als letzte Hürde, da war die Inthronisierung aber schon ausgemachte Sache, musste man sich einem Medizincheck im firmeneigenen Leistungsdiagnostik- und Trainingszentrum in Thalgau bei Salzburg unterziehen. So hieß das seinerzeit, heute nennt es sich Athlete Performance Center. Das Beste und Modernste, was ich auf dem Gebiet jemals gesehen habe. Alles unter einem Dach, von der Diagnostik bis zur Physio, mit Mentaltraining, Biodynamik und allem. Der damalige Chef höchstpersönlich nahm die Untersuchung vor. Um ihn, früher Sportarzt in der DDR, rankten sich wilde Geschichten zu Staatsdoping und Stasiverstrickungen. Später kam noch eine dazu, dabei ging es um den mysteriösen, offenbar gewaltsamen Tod seiner Lebensgefährtin. Soviel ich weiß, wurde der Fall bis heute nicht aufgeklärt. Vor Kurzem hörte ich noch mal davon, in einem Podcast. Sofort entstanden Bilder im Kopf, wie ich damals nach Thalgau fuhr und ihn dort erlebte, wie er aussah, seine Sprache und so. Zu mir war er korrekt. Eben ein Doktor, der viele Fragen stellte und alle möglichen Tests machte, einmal das volle Programm. Mein Knie schaute er sich auch an. War ja alles wieder zusammengewachsen. Dass ich trotzdem mein liebe Not damit hatte, band ich ihm besser nicht auf die Nase. Danach dauerte es nicht mehr lange, bis ich hochoffiziell in den erlauchten Klub der Bullen-Athleten aufgenommen wurde. Der Adelstitel. Es gab mehr Geld und es öffneten sich neue Türen.

Eine andere Tür hatte ich selbst zugeschlagen. Die ständige Reiserei, gerade auch über die Sommermonate, das ließ sich mit der Schule, dem Abendgymnasium, nicht mehr vereinbaren. Dabei waren einige Fächer bereits abgeschlossen. Doch je öfter ich unterwegs war, umso weiter rutschte das Thema in meinem Kopf nach hinten. Bis es kaum mehr präsent war, höchstens zwischendurch mal kurz aufflackerte, wie die Mahnung eines strengen Lehrers – Freundchen, so geht das nicht, du hast noch etwas zu erledigen, reiß dich zusammen! –, die dann sofort das schlechte Gewissen wachrief. Nicht so sehr meinetwegen. Tief drin hatte ich das Kapitel, ohne es mir einzugestehen, wahrscheinlich schon abgehakt. Was mich mehr bedrückte, war der Gedanke, es meinen Eltern beibringen zu müssen. Man kennt das: Erst schiebt man es vor sich her, dann schiebt man es noch weiter vor sich her, verdrängt es zwischendurch, damit es einem nicht mehr auf der Seele liegt. Doch kaum huscht es durch irgendeinen Trigger wieder ins Bewusstsein, fühlt man sich schlechter als vorher – weil man das Problem noch immer nicht gelöst hat. Vermutlich hätte ich es weiter hinausgezögert, um Mutter und Vater nicht zu enttäuschen, ihnen nicht den Traum zu stehlen, ihr Sohn würde eines Tages studieren, um Arzt zu werden. Es wären auch nur noch zwei oder drei Prüfungen abzulegen gewesen. Die wurden dann allerdings zu einem denkbar ungünstigen Zeitpunkt angesetzt.

Zum ersten Mal fanden Winter-X-Games außerhalb der USA statt, nämlich in den französischen Alpen, in Tignes, um genau zu sein, nicht weit von Val d'Isère, zwischen beiden Orten erstreckt sich ein riesiges Skigebiet, eins der schneesichersten in Europa. Anders als bei Olympischen Spielen kann man sich für die X-Games nicht qualifizieren – man wird eingeladen. Und ich wurde eingeladen. Noch so ein Adelstitel. Auch wenn ich mich wiederhole: Die X-Games waren schlicht und ergreifend das Nonplusultra in der Welt, in der ich mich bewegte. Alle meine Heroes waren dort gestartet. Und nun bekam ich die Chance, selbst dabei zu sein. Vielleicht die einzige, was wusste ich denn? Niemand konnte das wissen. Höchste Zeit, eine Entscheidung zu treffen.

Wenn ich ehrlich war, ging es nicht allein um die Prüfungen. Es ging um den Weg, den ich einschlagen wollte. Den ich bereits eingeschlagen hatte. Jetzt zu sagen, ich werde Profisportler, dafür war es ein bisschen spät. Ich meine, womit verdiente ich denn sonst mein Geld? Ich war längst Profi. Aber vielleicht musste ich erst diesen Schritt gehen, um es zu kapieren. Plan B streichen. Alles auf eine Karte setzen. Als würde man ein Tau kappen, mit einem Rettungsring dran, das man hinter sich herzog, obwohl man gar nicht vorhatte, aufs Meer hinauszufahren. Falls man versteht, was ich meine.

Blieb nur noch, die Entscheidung meinen Eltern zu beichten – euer Junge pfeift aufs Abitur. Aber das musste ja nicht sofort geschehen. Warum sie unnötig beunruhigen? So häufig sahen wir uns auch nicht. Und am Telefon – nein, das war nichts, was man am Telefon besprach. Vielleicht beim nächsten Besuch, vorausgesetzt die Stimmung würde passen, sonst eben später. Wieder hatte ich etwas, das ich erst vor mir herschob und dann verdrängte. Und wenn sie von sich aus fragten, wie es mit der Schule voranging, dann war es garantiert ein ungünstiger Moment, aus meiner Sicht, sodass eine kleine Notlüge herhalten musste: Alles bestens, es zieht sich nur etwas hin, weil ich so viel reise oder trainiere oder was mir gerade einfiel. Genau genommen war es nur eine halbe Notlüge, der zweite Teil stimmte ja. Ich kann gar nicht sagen, wie viel Zeit noch ins Land ging, bevor ich endlich den Mut fasste und mit der Wahrheit herausrückte. Da meine Eltern aber kluge Menschen sind, dürften sie es längst geahnt haben.

Legs of Steel

Ambitionierte Filmdrehs, waghalsige Sprünge, böse Stürze

Kein Abi, aber eine Firma. Die Idee lag quasi auf der Hand, wir mussten sie bloß umsetzen. Mit wir meine ich unsere kleine Freeskier-Gang aus der WG in Innsbruck. Nach den Shoots mit den Garhammer-Brüdern hatten wir beschlossen, selbst Filme zu machen. So entstand Legs of Steel, unsere eigene Produktionsfirma. Ein Vier-Mann-Unternehmen, zumindest am Anfang. Für jeden von uns ein neues Abenteuer. Tobi beschrieb es in einem Interview mal ganz schön, indem er meinte, man müsse sich Legs of Steel als Rockband vorstellen: Paddy sei der Gitarrist, der verrückte Typ und Liebling der Fans. Thomas gebe den Bassisten ab, einen zurückhaltenden Charakter, der immer etwas mysteriös bleibe. Mir schrieb er die Rolle des Leadsängers zu. Ich sei das Gesicht der Band, der Posterboy – dazu sage ich jetzt mal nichts. Er selbst sah sich als Drummer, den Mann im Hintergrund, der aber eigentlich der Kopf der Band sei. Das stimmte auf jeden Fall, als BWLer gehörte sich das ja wohl auch so. Wenn einer von Finanzen, Budgets, Steuern und diesem ganzen Kram etwas verstand, dann er. Aber wir mussten alle lernen. Ich hatte jedenfalls noch nie einen Businessplan erstellt oder ein Konzept geschrieben, um damit Sponsoren ins Boot zu holen, die wir natürlich brauchten, um den ganzen Spaß zu finanzieren, den wir uns ausdachten. Und dann mussten noch tausend andere Dinge organisiert werden, die Shootings, die Reisen, zusätzliche Skifahrer, aber auch die Leute, die den technischen Part übernahmen und den künstlerischen, das Filmen und Schneiden, Musik drunterlegen und alles, was dazugehörte. Mit solchen Sachen kam man als Ski-Pro normalerweise nicht in Berührung. Als Produzent schon, nun waren wir beides. Und dazu noch unsere Hauptdarsteller.

In Europa war das Angebot an Skifilmen, die einen vom Hocker rissen, eher mau. Die wirklich guten kamen aus Amerika. Inspirieren ließen wir uns von solchen Klassikern wie *Happy Dayz* und *Propaganda*, die Anfang der Zweitausenderjahre von Poor Boyz Productions, einer Firma aus Kalifornien, auf den Markt gebracht wurden und als revolutionär galten. Jeder von uns hatte sich allein diese beiden Filme hundertmal reingezogen, wahrscheinlich viel häufiger. Wir kannten jeden einzelnen Run und jeden Song – die Rider sowieso, altbekannte Namen, das Who's who unserer Heroes, die uns zeigten, was mit Ski möglich war: JP Auclair, Candide Thovex, C. R. Johnson, Jon Olsson, Phil Larose und Tanner Hall natürlich. Wichtig war aber auch die Musik, so bekam das Ganze erst den richtigen Drive. Ich hatte damals eine Playlist mit den Songs. Die Bands kann ich heute noch aufzählen. Kiss war dabei und Pegboy, Death by Stereo, Face to Face, Pennywise, Mötley Crüe, Rage Against the Machine und Green Day. Eben was ordentlich reinkrachte, Metal, Punk und solche Sachen.

Für unseren ersten Film, dem wir sinnigerweise den Titel *The Pilot* gaben, drehten wir im Snowpark auf dem Kaunertaler

Gletscher und in Oberstdorf am Nebelhorn beim Nine Knights, einem internationalen Big-Air-Contest der besonderen Art, den sich Nico Zacek ausgedacht hatte. Nico kam ursprünglich vom Inlineskaten, wechselte dann zum Freeskiing und war der erste Deutsche, der jemals bei den X-Games antrat. Wie die WG-Jungs hatte ich auch ihn durchs Skifahren kennengelernt. Nine Knights zogen er und sein Team als Veranstalter wie ein mittelalterliches Ritterspektakel auf, mit einem gewaltigen Kicker, der aussah wie eine Burg. 30 000 Kubikmeter Schnee. Eine Woche bastelten sie daran, zusammen mit einer Firma, die sich auf Snow- und andere Actionsportparks spezialisiert hatte und die später den Slopestyle-Parcours sowie den Big Air für die Olympischen Spiele 2018 in Pyeongchang baute. Tobi hatte beim Entwurf mitgeholfen. Ein Schneekunstwerk dieser Dimension entstand zuerst auf dem Papier – oder am Computer. Und dann wurden tausend Berechnungen angestellt. Wie man die nötige Stabilität hinbekommen könnte. Wie steil die Anfahrt sein müsste, wie steil der Kicker. Welche Flugbahn sich daraus für die Athleten ergäbe, abhängig von ihrer Geschwindigkeit, und welches Gefälle der Bereich haben sollte, in dem die Springer landen würden – und, und, und. Das ist echt eine Wissenschaft, Arbeit für schlaue Ingenieure.

Auf jeden Fall machten wir ziemlich spektakuläre Aufnahmen in dieser Kulisse, für ein Erstlingswerk mehr als passabel. An den Tagen vor dem Contest konnte ausgiebig gedreht werden, sogar das Wetter spielte mit. Beim Contest selbst, der war dann am Samstag, gingen wir auch an den Start – die vier Musketiere aus Innsbruck. Einer für alle – na ja, nicht ganz, nach der Quali mussten wir uns trennen, nur zwei schafften es ins Finale, Paddy und ich. Am Ende sprang Platz 3 für mich heraus. Wer Zweiter wurde, erinnere ich nicht. Aber ich weiß noch, wer an dem Tag auf der weißen Ritterburg uns alle in den Schatten stellte: Markus Eder, Italiener aus Südtirol, der als No-Name in die Saison gestartet war und nicht zuletzt durch diesen Sieg zum Shootingstar der Szene aufstieg. Ein Skiverrückter wie wir alle. Auch ihm hatte sich eine neue Welt eröffnet, nachdem er als junger Bursche eine Videokassette mit *Happy Dayz* in die Hände bekommen hatte. In dieser Hinsicht ähnelten sich die Geschichten von vielen von uns.

Mit Markus drehte ich Jahre später ein Video am Stilfser Joch. Das Stilfser Joch liegt in Italien, nahe der Schweizer Grenze, ist der zweithöchste Gebirgspass der Alpen und führt von Bormio in der Lombardei nach Prad in Südtirol – oder umgekehrt. Eine asphaltierte Straße, die sich in Serpentinen bis auf über 2700 Meter hinaufschlängelt, wegen ihrer Höhenlage aber nur von Mai bis November befahrbar ist. Es gibt eindrucksvolle Fotos von der Strecke, eine Haarnadelkurve nach der anderen, fünfzig sind es bestimmt. Wann genau es war, weiß ich nicht mehr, aber als ich das erste Mal so ein Foto sah, fing es in meinem Kopf direkt an zu rattern: Was, wenn man daraus einen Slopestyle-Kurs machen würde? Praktisch Backcounty-Freestyle, Fahren im freien Gelände mit Hindernisparcours, Sprüngen und Tricks. Die Fahrbahn als Hindernis, das zu überwinden sein würde, nicht einmal, sondern so oft es machbar wäre. Am Berg den kürzesten Weg nach unten. Dafür müsste man die Straße jedes Mal, wenn sie den Weg kreuzt, überspringen – Road Gaps nennt sich das. Ein reizvoller Gedanke, der mich nicht mehr losließ. Prinzipiell schien es mir machbar. Blieb noch die Frage, wie viele solcher Road Gaps man bei einer Fahrt, sozusagen in einem Rutsch, bewältigen konnte.

Ungefähr drei Jahre beschäftigte ich mich mit der Idee und den Vorbereitungen, nicht ständig, aber immer wieder. Dann endlich war es so weit. Markus fuhr inzwischen auch für den Brausehersteller mit den zwei Bullen im Logo, so kamen wir für dieses Projekt zusammen.

Ich startete vom Dach des Rifugio Garibaldi, eines kleinen schlichten Hotels, das knapp neunzig Meter über der Passstraße steht, direkt an einem Abhang. Von dort hat man, wenn die Gegend nicht voller Wolken hängt, einen unglaublichen Blick – hinunter auf die Serpentinen des Passes und hinüber zu den umliegenden Gipfeln, der höchste von ihnen kommt auf über 4000 Meter. Wir hatten Glück beziehungsweise gut getimt: mächtige Wolken in der Ferne, über uns aber blauer Himmel. Und Sonnenschein. Markus stieß ein Stück tiefer hinzu, wie wir es abgesprochen und in einigen Probeläufen durchexerziert hatten, ich voran, er hinterher. Zwölf Road Gaps legten wir hin, kleine Sprünge, größere Sprünge, mit Saltos und Grabs und ohne, dazu einen Railslide über eine Pistenraupe: insgesamt 550 Höhenmeter abwärts. Bis auf ein kleines Stück, an dem die Strecke horizontal verlief, direkt neben der Fahrbahn. Dort ließen wir uns von einem Auto ziehen, das wie zufällig auftauchte. Zumindest sollte es so aussehen. In Wirklichkeit war es natürlich inszeniert. Und es war auch nicht irgendein Auto, sondern das einer bestimmten Marke, die in dem Video auftauchen sollte. Darin saßen der Fahrer und eine junge Frau, die die Seitenscheibe heruntergelassen hatte, damit wir ein kurzes Pläuschchen halten konnten – hallo und wie gehts, kaum mehr – und freie Sicht hatten auf eine Dose, die sie in der Hand hielt, als hätte sie gerade daran genippt, genau in der richtigen Position für die Kamera, die die Szene einfing.

Das gehörte immer dazu, war Teil des Spiels. Wer Geld herausrückte, Material zur Verfügung stellte oder sich sonst wie einbrachte, wollte sichtbar sein. Skifilme sind immer auch Werbefilme, da muss man sich nichts vormachen. So funktioniert das System. Für mich war das absolut in Ordnung. Machte ja niemand ein Geheimnis daraus. Oder behauptete, dass es anders wäre. Wenn man sich auf diese Weise ein kleines Abenteuer organisieren konnte, warum nicht? Allein der Dreh am Stilfser Joch, was dafür im Vorfeld alles geklärt und organisiert werden musste. Da war jede Unterstützung willkommen. Das Gebiet steht unter Naturschutz, dort durfte sonst niemand einen Filmdreh veranstalten oder gar mit schwerem Gerät abseits der Straße Schnee hin und her bewegen. Der Schnee war überhaupt das größte Problem: Es gab zu wenig. Man sieht es in dem Video, die Piste war an vielen Stellen schmaler als ein durchschnittlicher Bürgersteig. Man musste genau den Kurs halten, rechts und links blieb kaum Spielraum. Ein kleiner Fehler und man wäre sonst wo gelandet. Und dieser ganze Aufwand für drei Minuten, länger war die Fahrt nicht. Gut, man darf den Ruhm nicht vergessen. Wer machte so etwas schon? Und den Spaß, der war unbezahlbar.

Apropos Aufwand: Einmal reisten wir für Filmaufnahmen nach Kanada. Das könnte für *The Pilot* gewesen sein, ganz sicher bin ich mir nicht, zumal Kanada häufiger auf meiner Reiseliste stand. Speziell Retallack in British Columbia, wo es auch diesmal hinging. Genauer gesagt die Retallack Lodge, die ist praktisch der Ort, mehr gibt es dort nicht. Früher war es ein kleines Bergarbeiternest, hauptsächlich Silber, Blei und Erz, in dem auch manch verzweifelter Goldsucher gestrandet sein soll. Nachdem die letzte Mine in der Gegend dichtgemacht wurde, vor siebzig Jahren oder so, verschwanden fast alle Einwohner. Der nächste Ort, New Denver, liegt zwanzig Kilometer entfernt. Man darf sich von dem Namen aber nicht täuschen lassen: keine Ähnlichkeit, nicht die geringste, mit dem Denver-Clan-Denver. Die kanadische Version ist ein winziges Dorf, in dem rund 500 Leute leben. Bis zu einer richtigen Stadt muss man 300 Kilometer fahren, durch die Berge. Die Lodge liegt inmitten der Selkirk Mountains, einer Wildnis mit Wald und noch mehr Wald und unendlich viel Schnee, meterhohem Schnee.

Ich glaube, so langsam kann man sich vorstellen, dass es ein fantastisches Fleckchen Erde ist. Wie die schönsten Gegenden von Bayern und Tirol auf Steroiden. Und wir waren auf dem Weg dorthin. Voller Vorfreude. Allerdings auch etwas gehandicapt. Tobi hatte sich einen Tag vorm Abflug einen Muskelfaserriss im Oberschenkel zugezogen, biss aber tapfer die Zähne zusammen und kam trotzdem mit. Dabei fällt mir ein, Paddy war bei diesem Trip nicht dabei, dafür Sven, mit dem ich jetzt die Immobilienfirma habe. Sven stand damals bei derselben Skimarke unter Vertrag, schon einige Jahre länger als ich. Dadurch hatten wir uns kennengelernt, vor dem ersten Fotoshooting, bei dem ich als Neuling dabei sein sollte, auf dem Dachsteingletscher in Österreich. Jemand von der Firma hatte es so organisiert, dass Sven mich mitnahm. Danach blieben wir in Kontakt, trafen uns bei Wettbewerben oder bei Filmaufnahmen. Mit der Zeit entwickelte sich eine Freundschaft, für die ich unglaublich dankbar bin. Sven war in den dunkelsten Phasen für mich da, obwohl er Gründe genug gehabt hätte, mir die kalte Schulter zu zeigen. Und mehr als das.

Als wir nach Kanada aufbrachen, war die Welt noch in Ordnung, jedenfalls wenn man von einigen Kleinigkeiten absah. Zum Beispiel, dass Sven eine schmerzhafte Rippenprellung quälte, womit Tobi und er nicht wirklich fit waren für das, was wir auf der anderen Seite des Ozeans vorhatten. Oder dass mir ein kleiner Fauxpas unterlief, der verhinderte, dass ich mit den anderen in den Flieger steigen durfte. Mein Reisepass. Nein, abgelaufen war der nicht, ich hatte ihn zu Hause liegen gelassen. Anderen passiert so etwas einmal im Leben. Bei mir entwickelte sich das leider zu einem Klassiker, der sich in unregelmäßigen Abständen, aber ärgerlich häufig wiederholte. Woran das lag? Mangelnde Konzentration? Vergesslichkeit? Vermutlich kam beides zusammen. *Kommt beides zusammen*, das passiert mir heute noch. Oder es sind einfach zu viele Informationen im Kopf, sodass ich mit dem Sortieren überfordert bin, was in dem Moment gerade wichtig ist. Stichwort ADHS. Die klassischen Symptome, geradezu lehrbuchmäßig ausgeprägt.

Ich stieß zwei Tage später in Retallack zu den anderen. Verpasst hatte ich allerdings nichts, wir hätten mit dem Drehen ohnehin nicht früher beginnen können. Konnten wir auch jetzt nicht. Zwar lag ausreichend Schnee, aber fest gepappter, kein pulveriger Neuschnee, der für Filmaufnahmen und Fotos viel geeigneter ist. Zu der Zeit kamen normalerweise jeden Tag dreißig Zentimeter runter, mindestens. In dem Jahr musste Frau Holle der Gewerkschaft beigetreten sein. Jedenfalls streikte sie. Seit drei Wochen so gut wie kein Schneefall, für die Region beinahe ein Wunder.

Als sich nach einigen Tagen Besserung abzeichnete, bremste uns der Kameramann und Fotograf aus, den wir engagiert hatten. Wie er es anstellte, kann ich nicht sagen, er konnte es selbst kaum erklären, aber irgendwie schaffte er es, dass ihm die Kamera, während er draußen Aufnahmen machte, aus der Hand flutschte und nicht etwa auf den Boden fiel, sondern in ein offenes Ölfass plumpste, das da herumstand. Wieder verstrichen zwei Tage, bis Ersatz herangeschafft war. Erst danach konnte es endlich losgehen.

Whistler war die andere Destination in Kanada, zu der es uns häufiger hinzog. Liegt ebenfalls in British Columbia, auf der anderen Seite, gut 120 Kilometer nördlich von Vancouver. Spätestens seit dort 2010 die Olympischen Winterspiele stattfanden, ist das Skigebiet auch in unseren Breiten ein Begriff. Es zählt zu den größten in Nordamerika, falls es nicht sogar das größte ist. Schneesicher und einfach nur gigantisch. Wenn wir irgendwo in Europa einen geeigneten Spot zum Drehen suchten, im freien Gelände, fuhren wir auf unseren Ski los und fanden bald etwas. Ganz andere Dimensionen in Whistler, dort war man ohne Skidoos aufgeschmissen. Und selbst damit mussten wir erst mal zwei, drei Stunden durch die Wildnis cruisen. Scheinbar unendlich, diese

Weite – einerseits ein Traum, andererseits eine Herausforderung. Mit einem Skidoo durch Tiefschnee, das muss man können. Beim ersten Mal musste ich ständig schaufeln, weil ich mich alle paar Meter festfuhr. Hatten wir endlich einen Spot gefunden, ging die Arbeit weiter: Kicker bauen. Keinen riesigen, aber trotzdem. Und dann sollte schnell gedreht werden, das Licht blieb nicht ewig. Also funktionieren auf Kommando, obwohl man sich gerade erst auf die Ski gestellt hatte.

Whistler ist aber auch dafür bekannt, dass dort viel und fröhlich gefeiert wird. Feuchtfröhlich, versteht sich. Für Junggesellenabschiede zum Beispiel kommen die Leute gern übers Wochenende aus Vancouver in die Berge. Man brauchte abends nur in einen Klub zu gehen, dann hatte man seinen Spaß. Das machten wir natürlich auch. Erst recht wenn das Wetter am nächsten Tag schlecht sein sollte, sodass wir nicht drehen konnten. Einmal muss ich da etwas durcheinandergebracht haben. Oder das Wetter änderte sich unverhofft. Ich war an dem Abend mit einem Mädel unterwegs, das ich in einem der Klubs kennengelernt hatte. Wir verstanden uns prima. Das kann auch an der Pille gelegen haben, die sie mir gegeben hatte. Irgendwelche Amphetamine, sah aus wie Ecstasy. Ich fühlte mich wunderbar, glücklich und zufrieden. Und hellwach. Und unglaublich verliebt. Sie und ich, wir waren füreinander bestimmt, ganz gewiss. Dabei kannten wir uns kaum. Aber das war ein viel zu rationaler Gedanke, der in dem Zustand gar nicht erst aufkam. Ich schwebte durch die Nacht, sie schwebte durch die Nacht, in ihrer Wohnung schwebten wir gemeinsam. Auf einmal klingelte mein Telefon, da war es früh am Morgen gegen vier.

„Wir starten in drei Stunden", verkündete einer von den Jungs. Wie üblich sollte jeder Verpflegung mitnehmen, weil wir den ganzen Tag unterwegs sein würden. Bis es losging, hatte ich einen Liter Wasser aufgetrieben, aber nichts zum Beißen. Wir fuhren trotzdem. Ich tat so, als wäre das kein Problem. War es aber. Nicht sofort, erst als die Wirkung der Pille nachließ, die das Hungergefühl unterdrückt hatte. Umso stärker war der Kohldampf danach.

Das erste Stück unseres Wegs endete bei den Skidoos. Umsatteln. Für jeden ein Exemplar, keines zu viel. Einen Reserveschlitten hatten wir nicht. Was mein Pech war, denn bei dem Skidoo, den ich nehmen sollte, riss das Starterseil, nachdem ich zweimal daran gezogen hatte. Die Skidoos waren als Einsitzer ausgelegt. Um bei einem der anderen Jungs mitzufahren, musste ich mich vor ihn zwängen und dabei so krumm machen, dass es schmerzte, damit er den Lenker greifen konnte. Es war die Hölle. Dabei ging es mir ohnehin schon räudig. Die durchgemachte Nacht rächte sich. Zu viel Spaß gehabt. Nach einer Ewigkeit kamen wir auf dem Gletscher an. Am liebsten hätte ich mich in den Schnee geworfen. Erfrieren ist ein schöner Tod. Hatte ich irgendwo gelesen. Sobald man keinen Schmerz mehr spürt, kurz bevor die Lichter ausgehen, soll einem wohlig warm werden. Aber dann sagte ich mir: Reiß dich zusammen! Hast es dir selbst eingebrockt! Scheiß drauf, dir gehts gut, jetzt wird gefilmt!

Diese Phase war extrem intensiv. Ein Wettbewerb, dann filmen, anschließend wieder ein Wettbewerb – oder auch zwei hintereinander – und danach der nächste Filmdreh. Dazwischen

Hunderte oder Tausende Kilometer überwinden. Ständig auf Achse. Wie ein Nomade. Ich hatte eine Tasche, in der alles drin war, was ich fürs tägliche Leben brauchte. War ich zwischendurch mal zu Hause, also in Innsbruck, schmiss ich meine Klamotten in die Waschmaschine und packte sie hinterher direkt wieder ein, ohne Zwischenstation im Kleiderschrank. Ich lebte nur in dieser Welt – unterwegs sein und Ski fahren. Meinem unruhigen Geist schien das entgegenzukommen. Manche macht das einsam, sie fühlen sich ohne festen Anker verloren, ich liebte es. Von dem, was sonst auf dem Planeten passierte, bekam ich kaum etwas mit. Es sei denn, es beeinträchtigte die Reiserei, wie der Vulkanausbruch auf Island, April 2010, die Aschewolken, die tagelang den Flugverkehr lahmlegten. Ich hatte nicht mal einen Kontozugang. Überweisungen, Rechnungen und solchen Kram, das erledigte alles mein Vater.

Ob Contest oder Film, motiviert war ich immer – und manchmal noch ein bisschen mehr. Ich glaube, es war in dem Frühjahr des Vulkanausbruchs, als eine Anfrage für einen Filmdreh aus den USA hereinflatterte. Gedreht werden sollte in Frankreich, im Skigebiet La Plagne, wo der erste Linecatcher über die Bühne ging. Aber ich wäre auch sonst wohin gereist, um diesen Job zu machen. Und ich hätte jeden Wettbewerb abgesagt, wenn es nötig gewesen wäre. Nicht weil sie mir eine Stange Geld boten – es war das Team von Poor Boyz Productions, das anfragte. Sie suchten noch ein European Talent. Ich meine, wie geil war das bitte? California was calling. Poor Boyz holte die besten Freeskier der Welt vor die Kamera. Ich weiß, ich weiß, davon schwärmte ich schon. All die Tricks, die ich durch deren Filme gelernt hatte – und nun sollte ich selbst meine besten zeigen.

Also ab nach La Plagne, nichts konnte mich aufhalten. Drei Kameraleute, ein Fotograf und vier Athleten, einer davon war ich. Die Namen der anderen habe ich nicht vergessen: Julien Regnier-Lafforgue, Franzose, eine Legende. JP Auclair, Kanadier, von ihm war schon die Rede, er starb später bei einem Lawinenunglück. Und Tim Durtschi, US-Amerikaner, auch ein Großer der Szene, von ihm stammt der Spruch: „Ein Traum ist nicht nur das, was du hast, sondern was du wahr werden lässt." Passte wie die Faust aufs Auge.

Wir filmten im Gelände, Backcountry, mit Kickern, die an den Hang gebaut wurden. Ich war regelrecht beflügelt, und das ohne einen Schluck aus der blau-silbernen Dose. Wobei, vielleicht doch mit, den Deal hatte ich jedenfalls schon. Aber die Wirkung kam woandersher. Reine Kopfsache. Die coolsten Sponsoren, die man in diesem Metier haben konnte, zahlten mir Geld dafür, dass ich das machte, was ich am liebsten tat. Allein das war irre. Und jetzt fuhr ich auch noch mit meinen Heroes Ski – für einen Film der Produktionsfirma, die ich für eine der besten hielt. Das ist deine Chance, sagte ich mir und packte einige Tricks aus, die ich zuvor noch nie gemacht hatte, außer in meiner Vorstellung. Ganz oder gar nicht, volles Risiko. Du kannst nur gewinnen. Und du wirst gewinnen, du wirst der Beste sein. Mit diesen Gedanken ging ich da ran. Affirmation, die positiven Glaubenssätze.

Dazu muss man wissen, dass sich unser Sport in jener Zeit extrem entwickelte. Solche Contests wie der Linecatcher entstanden, die Vermählung des Freeriding mit dem Freestyle, Slopestyle-Elemente am steilen Hang mit Tiefschnee. Backcountry-Freestyle. Außerdem wurden die Tricks anspruchsvoller. Es machte seit jeher einen Teil des Reizes aus, sich Neues auszudenken, die eigenen Grenzen auszuloten oder das von anderen Vorgedachte selbst zu beherrschen. Jetzt ging das Niveau noch einmal steil nach oben. Mehr Doppelsaltos, generell mehr Drehungen, kaum Sprünge mit weniger als drei. Einer davon war der Double Cork 1080, ein doppelter Salto mit drei Drehungen um die Längsachse, auch Schrauben genannt. Den machte ich dort, aus dem Kopf heraus, ohne dass ich ihn vorher jemals geübt hatte. Sonst würde man sich an so einen Sprung Stück für Stück herantasten. Erst ein Salto mit einfacher Schraube, dann doppelter Salto mit zweifacher und so weiter. Dort, beim Dreh im Backcountry, war Üben jedoch keine Option.

Es funktionierte auch ohne Trockenübung und Testlauf, nicht nur bei diesem Trick. Anscheinend war ich wirklich gut darin. So gut, dass ich von den Filmleuten direkt zum nächsten Dreh eingeladen wurde, für den gleichen Film, der später *Revolver* hieß. Diesmal ging es nach St. Anton am Arlberg in den Tiroler Alpen. Wieder vier Freeskier, außer mir drei neue, auch keine unbekannten: US-Superstar Simon Dumont, mehrfacher X-Games-Medaillengewinner. Jossi Wells, ein Neuseeländer, der ebenfalls Stammgast bei den X-Games war, bei denen er in jenem Jahr Silber in der Superpipe gewonnen hatte. Und TJ Schiller aus Kanada, der sich mit dem ersten Double Cork 1620 – zweifacher Salto mit viereinhalb Schrauben – in der Geschichte unserer Sportart verewigte.

Neuer Ort, dieselbe Motivation. Während solcher Dreharbeiten entstand oft eine besondere Atmosphäre. Anders als bei Wettbewerben, wo jeder bei aller Kameradschaft letztlich sein eigenes Ding durchziehen musste, um möglichst besser zu sein als die Konkurrenten, entwickelte sich beim Filmen so etwas wie Gemeinsamkeit – Teamgeist. Man zog an einem Strang, lernte voneinander, hatte das gleiche Ziel: dass Aufnahmen entstanden, die die Leute begeisterten. Und von denen man selbst begeistert war. So pushte man sich gegenseitig zu Höchstleistungen, ohne dass der Spaß darunter litt.

Trotzdem waren Filmdrehs meist anstrengender als Wettbewerbe und nicht weniger gefährlich – unter anderem, weil man immer etwas Besonderes bieten wollte und damit noch mehr ins Risiko ging. Etwa zu der Zeit, als wir mit Legs of Steel loslegten, wurde ich von Rage Films angeheuert, einer anderen US-Firma, die in Oregon saß. Zusammen mit dem Österreicher Fabio Studer, einem exzellenten Freerider. Er kannte die Filmcrew und hatte mich für den Job ins Gespräch gebracht. Zeitlich lag das vor der Poor-Boyz-Produktion. Ich komme nur gerade darauf, weil wir mit Rage auch am Arlberg waren, im Skigebiet Sonnenkopf.

Am Tag vorher hatten wir noch für ein anderes Projekt gedreht, in der Nähe von Flachau, auch Österreich, aber 350 Kilometer entfernt. Es war gut gelaufen, wir hatten alles im Kasten. Abends hockten wir zufrieden zusammen und kifften. Das war nichts Ungewöhnliches, falls ich es noch nicht erwähnt haben sollte, eher die Regel, Teil des Lifestyles, es gehörte einfach dazu. Man wuchs da so rein. Erst waren es die Älteren, die Gras rauchten, dann näherte man sich selbst diesem Alter und saß mittendrin, wenn ein Joint in der Runde kreiste. Neu an dem Abend war, dass ich das erste Mal Bong rauchte. Marihuana. Halleluja, das schallerte voll rein!

Der nächste Tag begann unverschämt früh, noch halb in der Nacht. Wir wollten gegen vier Uhr losdüsen, um mit dem Sonnenaufgang, kurz vor acht, am Arlberg zu sein. So hatten wir es mit den Filmleuten verabredet. Aber mit Losdüsen war nichts, dichtes Schneetreiben zwang uns ein Tempo auf, mit dem wir es bestenfalls bis zum Sonnenuntergang geschafft hätten. Nach ein paar Kilometern kehrten wir um und hauten uns noch einmal aufs Ohr. Zwei Stunden später ein neuer Versuch, gegen Mittag kamen wir an. Das Licht war noch gut, also ging es direkt ins Gelände, wo sie einen Kicker vorbereitet hatten. Ich überlegte kurz, womit ich die Filmcrew beeindrucken könnte. Nicht um den dicken Max zu markieren, sondern um zu zeigen, dass sie mit dem German Guy eine gute Wahl getroffen hatten. Ich entschied mich für einen Misty 720, mit dem ich vor der Jury beim Linecatcher geglänzt hatte. Der schräg über die Schulter gedrehte Salto mit zweifacher Schraube. Der war damals etwas Besonderes, den hatte nicht jeder drauf.

Dann waren alle auf Position. Ich bekam ein Zeichen, sollte starten. Ein Moment höchster Konzentration. Den Sprung noch einmal im Kopf durchgehen, visualisieren. Das dauerte nur zwei, drei Sekunden, schon war ich in der Spur, näherte mich dem Kicker, erreichte ihn und sprang. Eine Drehung in der Luft, dann noch eine. Das geht so schnell, dass man als Zuschauer ein geübtes Auge braucht, um jedes Detail wahrnehmen zu können. Die Flugphase fühlte sich gut an. Es war alles, wie es sein sollte. Doch dann kam die Landung.

Kein Tiefschnee unter mir, platt gedrückter Schnee, auf dem schon einige Ski ihre Spuren hinterlassen hatten. Damit fiel ein Großteil der Dämpfung weg, die der Schnee sonst leistete. Vielleicht fehlte mir auch etwas die Körperspannung, weil ich nicht damit rechnete. Die Ski klatschten auf den Boden, meine Knie versuchten, die Wucht abzufedern, gaben nach, aber das eigentliche Problem war, dass es mir nicht gelang, meinen Kopf von ihnen fernzuhalten. Wie ein Faustschlag. Und was für einer, voll auf die Zwölf.

Bevor ich begriff, was geschehen war, schmeckte ich Blut. Und dann melde sich auch schon ein Schmerz, dessen Intensität sich nicht beschreiben lässt. Ein Schmerz, der einen fast ohnmächtig machte. Ich spuckte Blut in den Schnee, weil der Mund voll damit war. Dabei purzelten drei Zähne heraus. Sofort tastete ich mit der Zunge die Mundhöhle ab. Am Oberkiefer erspürte ich eine Lücke, in die sie locker hineinpasste, nicht nur mit der Spitze. Überhaupt schien das Gebiss in dem Bereich eine einzige Ruine zu sein. Der obere Kieferknochen stand schief wie ein gebrochener Sturzbalken.

„Are you okay?", hörte ich jemanden fragen, wie durch einen Schleier. Es war Gus Kenworthy, ein US-Freeskier, dessen Karriere gerade Fahrt aufnahm. Ihn hatten sie auch für die Filmaufnahmen gebucht. Ehe ich mich irgendwie artikulieren konnte, sprechen ging gerade nicht so gut, sah ich, wie Gus plötzlich anfing zu würgen und sich schnell wegdrehte, um dem Schnee sein halb verdautes Frühstück anzuvertrauen. Ich dürfte also ziemlich übel ausgesehen haben.

So wie ich war, nur ohne Ski und Helm, packte Fabio mich in sein Auto und steuerte das nächste Krankenhaus an, das nicht gerade um die Ecke lag. Waren es fünfzig Kilometer bis dorthin oder doppelt so viele? Ich weiß es nicht. Auch deshalb, weil ich während der Fahrt offenbar immer wieder ohnmächtig wurde oder in einen seltsamen Zwischenzustand verfiel, noch nicht ganz weggetreten, aber auch nicht mehr klar bei Bewusstsein. Fabio verpasste mir eine Watschn nach der anderen, damit sich der Bordcomputer in meinem Schädel nicht komplett ausschaltete.

Am Ziel hetzten wir direkt in die Notaufnahme. Aber dort sahen wir nur in ratlose Gesichter. Es hieß, ein Kieferchirurg müsse den Fall übernehmen. Diese Berufsgruppe war in diesem Krankenhaus jedoch nicht vertreten. Weil Fabio nicht mehr weiterwusste, rief er meinen Vater an, der sich umgehend auf den Weg machte. So landete ich doch noch in den richtigen Händen, bei einem Spezialisten. Der konstatierte: drei Zähne weg, ein vierter locker, der stand schräg nach hinten, konnte aber gerettet werden. Und den oberen Kieferknochen hatte es tatsächlich in zwei Stücke zerlegt. Es folgte eine erste Operation, dann eine zweite und schließlich die dritte, bis alles wieder gerichtet war und drei strahlend weiße Implantate mein neues Lächeln schmückten. Dazwischen lagen jeweils mehrere Monate, in denen ich mit herausnehmbaren Ersatzzähnen unterwegs war.

Gefahren lauerten selbst dort, wo man sie nicht vermutete. Ortswechsel: Wir drehten für Legs of Steel im Snowpark am Kaunertaler Gletscher. Meist handelten wir mit den Skigebieten einen Deal aus. Ihr baut uns einen schönen Kicker, nach unseren Vorstellungen, dafür wird im Film nicht zu übersehen sein, wo die Aufnahmen entstanden. So war es auch diesmal. Der

Kicker stand, wir sprangen im Sonnenuntergang. Das machten wir oft, wegen des Lichts und der besonderen Stimmung. Nachdem alle gesprungen waren, zog uns ein Skidoo wieder hoch, für die nächste Runde. Dieser Teil war die reinste Routine, völlig unspektakulär, tausendmal gemacht. An dem Skidoo wurde ein längeres Seil befestigt, mit beiden Enden, sodass es eine Schlaufe ergab. Damit konnten drei Personen gezogen werden. Sie mussten sich nur an dem Seil festhalten und ab ging die Post. Auch an diesem Abend. Bis bei einer dieser Rücktouren eine Halterung des Seils riss. Riss oder sich aushakte, keine Ahnung. Ich war der Hinterste von uns dreien. Die beiden vor mir ließen augenblicklich das Seil los, als wäre plötzlich Strom drauf. Ich machte das Gleiche, kam zum Stehen, aber nur für einen denkbar kurzen Moment. Denn das Seil hatte noch etwas vor mit mir. Das kann man sich nicht ausdenken. Wie eine wild gewordene Schlange wand sich das lose Ende um mein Bein, um das linke natürlich. Der Kerl auf dem Skidoo schien von alldem nichts zu bemerken. Weder drehte er sich um noch verringerte er die Geschwindigkeit. Ich wurde zu Boden gerissen und, die Beine voran, hinterhergeschleift wie ein Cowboy in einem Western, den sie mit einem Lasso eingefangen hatten. Dass ich versuchte, mich lautstark bemerkbar zu machen, hörte er erst, als wir oben ankamen und er den Motor ausstellte.

Ich spürte sofort, dass das Knie wieder futsch war. Meniskus gerissen, ein Außenband gerissen, wie sich später herausstellte. Die Diva hatte allen Grund zu klagen. Und wie sie klagte! Aber damit war die Tortur noch nicht ausgestanden. Es verging etwas Zeit, bis allen einleuchtete, dass ein Krankenwagen nicht verkehrt wäre, damit ich in eine Klinik kam. Das

Skidoo kurvte inzwischen woanders herum. Es kam eins von weiter oben am Berg. Dort wurde auch gedreht, kein Skifilm, eine britische Liebeskomödie, *Chalet Girl*, mit Ed Westwick, dem Chuck Bass aus *Gossip Girl*. Der neue Skidoopilot sollte mich zu einem Parkplatz fahren, zu dem der Krankenwagen bestellt wurde. Offenbar dachte er, es gehe um Leben und Tod. Kaum hatte ich mich hinter ihn gesetzt, raste er mit einem Affenzahn los. In der Eile muss ihm entgangen sein, dass der Weg über einen Snowpark führte. Auf jeden Fall übersah er den Kicker, der plötzlich wie eine Wand vor uns aufragte. Vollspeed krachten wir dagegen. Der Aufprall katapultierte mich aus dem Sitz, ich flog über meinen Vordermann, auch über den Kicker und landete auf dessen Anfahrtsspur, im Schnee. Ein Stück hinter mir, wo ich eben noch gesessen hatte, schoss eine Flamme in die Höhe. Das Skidoo hatte sich wie ein Geschoss in die Schneewand gebohrt und Feuer gefangen.

Man sagt, Freeskier könnten gut stürzen – weil sie das mittrainieren, zwangsläufig. Bis man als Anfänger einen Trick draufhat, landet man zigmal auf der Nase. Dabei lernt man, mehr oder weniger instinktiv, möglichst eine Körperhaltung einzunehmen, bei der nicht so viel passiert. Das war beim Skaten schon so, und da hatte man einen noch härteren Untergrund. Trotzdem glaube ich, dass ich an dem Tag einen verdammt treuen Schutzengel gehabt haben muss. Bei einer unkoordinierten Flugeinlage wie dieser, noch dazu bei der Geschwindigkeit, hätte man sich das Genick brechen können. Auch der Skidoofahrer, der mit voller Wucht gegen die Kickerwand geschleudert wurde, hatte Glück. Er kam mit einem aufgeschlagenen Kinn und ein paar Prellungen davon.

Wir arbeiteten an unserem zweiten Film, der später den Titel *Nothing Else Matters* bekam – wie der Song von Metallica. Als Highlight hatte sich Tobi etwas ziemlich Verrücktes ausgedacht. Jemand schrieb später von einem „Bienenschwarm". Die Idee war, etwa ein Dutzend Rider kurz hintereinander auf einen Kicker zu schicken, sodass alle für einen Moment gleichzeitig durch die Luft sausten – eben wie ein Bienenschwarm, mit ein bisschen Fantasie gedacht. Dafür ließen wir uns einen Kicker mit drei Startrampen bauen, die größte in der Mitte, rechts und links davon Nummer zwei und drei, unterschiedlich hoch und der mittleren zugewandt, damit sich die Flugbahnen der Rider kreuzten. Tobi hatte Monate daran getüftelt, zig Zeichnungen angefertigt und alles Mögliche berechnet. Andere dachten wahrscheinlich, wir sind irre. Tatsächlich war das Vorhaben nicht ohne Risiko. Was, wenn zwei in der Luft zusammenprallten oder sich bei der Landung ins Gehege kamen? Und das waren nur die ersten Punkte einer ganzen Reihe, die wir wie Risikomanager einen nach dem anderen durchgingen. Zunächst in der Theorie, am Schreibtisch, dann vor Ort beim Dreh, bevor die Kameras eingeschaltet wurden. Schritt für Schritt studierten wir die Abfolge ein wie eine Choreografie, angefangen beim Betreten der Showtreppe, die in dem Fall die Anfahrt zum Kicker war. Jeder bekam eine Rolle zugeteilt und eine Position, wann er zu starten hatte, welchen Teil des Kickers er ansteuern musste und womit er in der Flugphase glänzen sollte, mit welchem Trick. Dann wurde geübt. Der Erste ging in die Spur, nach einem genau festgelegten Abstand von wenigen Sekunden folgte der Zweite und so weiter. Am Ende machten sich insgesamt dreizehn Rider auf, uns vier eingeschlossen, dicht hintereinandergereiht wie ein Skier-Train, um den Bienenschwarm entstehen zu lassen. Vorher war ein Helikopter aufgestiegen, der über uns kreiste, um das Ganze von oben zu filmen. Heute würde man dafür eine Kameradrohne einsetzen. Aber dieser Hubschrauber, den wir für zwei Stunden organisiert hatten, verdeutlichte ganz gut unsere Ambitionen als junge Filmproduktion: nicht kleckern, sondern klotzen.

Wir blieben zehn Tage im Kaunertal, drehten natürlich nicht nur diese eine Sequenz. In der Zeit erfüllte ich mir einen kleinen Traum – mit einer Weltpremiere: the world's first Double Misty 1080. Der Trick, bei dem ich mir die Zähne ausschlug, mal zwei. Also doppelter Salto und eine Schraubendrehung zusätzlich. Den hatte noch nie jemand gemacht, zumindest nicht gestanden. Seit über einem Jahr spukte er mir im Kopf herum. Ich wollte ihn unbedingt über den Kicker bringen, es hatte sich aber nie die Gelegenheit ergeben. Entweder war ich verletzt oder es stand kein geeigneter Kicker zur Verfügung. Oder es fehlte die Zeit. Ich hatte ihn ein paarmal auf dem Trampolin probiert. Ein Trampolin war nicht schlecht, um grob ein Gefühl zu bekommen, den Ablauf in der Luft zu verinnerlichen, aber nicht vergleichbar mit der Situation, wie sie sich auf einem Kicker darstellte.

Nun konnte ich es endlich angehen – und es funktionierte, sogar richtig gut. Etwa 25 Meter wirbelte ich durch die Luft. Eine Kamera fing alles ein. Drei Sekunden Airtime. Womit die Zeit gemeint ist, die zwischen Absprung und Landung lag, die reine Flugphase. Drei Sekunden hören sich verdammt wenig an, aber dafür musste man schon richtig hoch und weit springen. Diese Zeit und die entsprechende Strecke

Startnummer 193:
Mein erstes Rennen, nach einem Skikurs,
da war ich ungefähr vier oder fünf.

Ein Herz und eine Seele: Mit meinem Bruder Dominik (vorn)
und Mama in unserem Garten. Papa fotografierte.

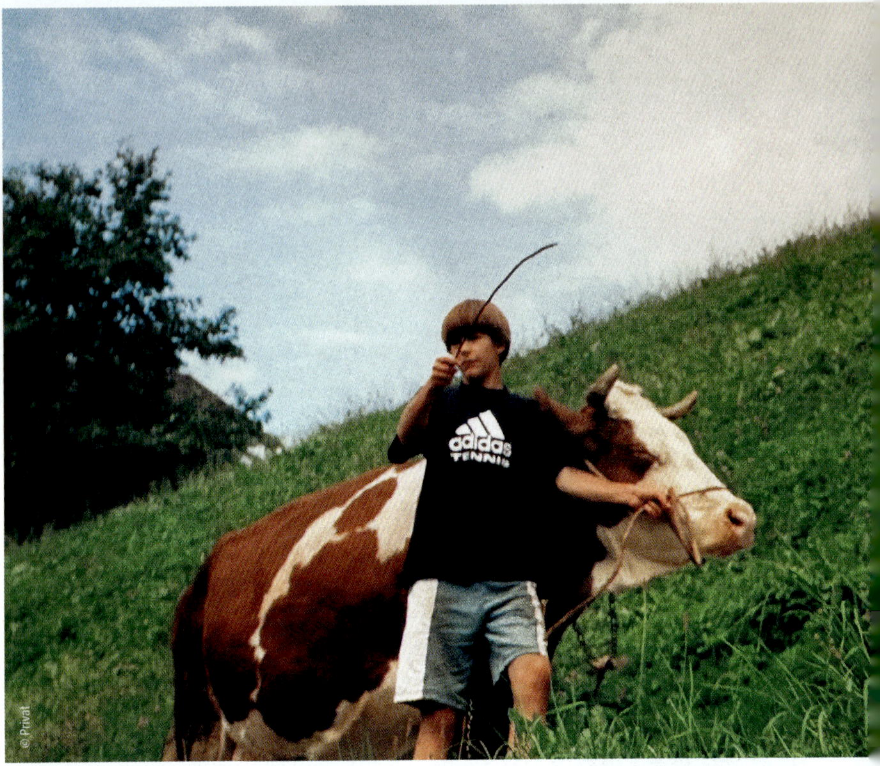

Jungbauer Bene: Unbeschwerte Sommertage im Zillertal. Die Kuh unserer Nachbarn war ausgebüxt, ich fing sie wieder ein und brachte sie stolz zurück.

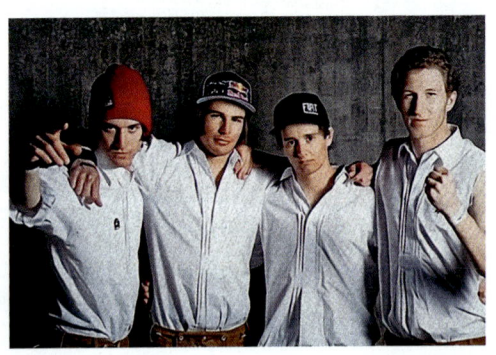

Die vier Musketiere: Paddy (li.), Tobi (2. v. re.), Thomas (re.) und ich. Erst gründeten wir unsere WG in Innsbruck, dann die Filmfirma Legs of Steel.

© Klaus Polzer

Berühmtes Fotomotiv: Dreh für einen Werbespot auf der Canton Avenue in Pittsburgh / USA, eine der steilsten Straßen der Welt. In dem Bereich beträgt das Gefälle 37 Prozent.

Freestyler-Model: Fotoshooting nach der offiziellen Einkleidung für die Olympischen Winterspiele in Sotschi 2014. Ein paar Wochen später stand meine Teilnahme dann plötzlich auf der Kippe.

Am anderen Ende der Welt: Bei den Winter Games New Zealand im Sommer 2013 ging es um eine gute Platzierung für die Olympia-Qualifikation.

Ein Traum wird wahr: Auf der olympischen Slopestyle-Piste von Rosa Chutor. Obwohl ich zu früh ausschied, war es ein unglaubliches Erlebnis.

Nachtshooting:
Für die Legs-of-Steel-Produktion *The Lost* drehten wir auf dem Riesenkicker beim Nine Knights im italienischen Livigno. Der Sprung, den ich in dieser spektakulären Kulisse machte, nennt sich Double Cork 1080.

Heliskiing in Island: Filmdreh für den Streifen *Same Difference* mit Felix Neureuther (li.) und Sven (M.). Kurz danach brachte uns der Helikopter für die Schlusssequenz auf einen Berg.

Über den Gipfeln Alaskas: Mit Sven (li.) kurz nach dem Sonnenaufgang im Heli auf dem Weg zu einem Gipfelplateau. Da waren wir beide bereits „im Tunnel", also hoch konzentriert.

No backcountry for old men:
Die Aufschrift auf meinen Ski bringt es auf den Punkt. Die Natur in Alaska ist wunderschön, aber auch eine echte Herausforderung für jeden Freerider. Richard, unser Fotograf, schoss die Aufnahme, als ich gerade einen Flat Spin 360 machte.

Unendliche Weite: Fotoshooting für eine Modefirma auf Kamtschatka. Auf meinem Rücken ein Lawinenrucksack mit Airbag, Rettungssonde, Schaufel und Notfallkit. Den hat man immer dabei, wenn man im freien Gelände fährt.

Der weiße Zauber: Die Abfahrt von einem Gipfel bei Haines in Alaska. Das Gefühl dort am Hang – einfach unbeschreiblich.

Kamtschatka-Love:
Während des Shootings tauchten plötzlich zwei herrenlose Hunde auf. Mit einem freundete ich mich schnell an, wie man sieht.

Flugphase: Auf dem Slopestyle-Kurs bei den Freestyle-Weltmeisterschaften 2013 im norwegischen Voss. Links sprang ich von einem Rail ab und machte dann einen Cork 720 – das ist ein Rückwärtssalto mit zwei Drehungen. Danach ging die Fahrt weiter, nach drei Rails folgten noch drei Kicker, die gesprungen werden mussten.

in der Luft brauchte ich auch, um den Trick sauber auszuführen. Von beidem etwas weniger und es hätte mit der letzten Körperdrehung nicht hingehauen.

Hinterher kam Paddy, gab High five und strahlte wie ein Honigkuchenpferd: „Hey, du hast gerade den Trooper gelandet!" So ist Paddy, immer einen Spruch auf den Lippen. Und er kann sich ehrlich für andere freuen. Wie er auf Trooper kam, weiß ich allerdings bis heute nicht. Wahrscheinlich durch einen Song von Iron Maiden, der so heißt, vom *Piece-of-Mind*-Album. Darin geht es um eine Schlacht während des Krimkriegs 1835 und darum, wie ein britischer Soldat mit seinen Kameraden voller Mut und Entschiedenheit seinem sicheren Tod entgegenmarschiert. Kann sein, dass er irgendwelche Parallelen zog, von wegen Mut und Entschlossenheit. Aber vielleicht interpretiere ich da zu viel hinein.

Paddy war es übrigens auch, dem eines Tages die Idee kam, sich die drei Buchstaben L, O und S – für Legs of Steel – in die Unterlippe tätowieren zu lassen, auf der Innenseite. Er fand das lustig, fing damit an und wir machten es ihm nach, einer nach dem anderen, sogar einige von den Skifahrern, die öfter in unseren Filmen fuhren. Wie ein Branding. Das Stechen tut höllisch weh an der Stelle, die Schleimhaut ist äußerst empfindlich – aber kein Vergleich zu dem Kieferbruch. Manche behaupten, solche Lippentattoos seien die Qual nicht wert, da sie schnell verblassen oder ganz verschwinden. Meines jedoch ist nach über zwölf Jahren immer noch gut zu sehen.

Den Double Misty verewigten wir in unserem Film, und als der fertig war, vor der nächsten Wintersaison, starteten wir eine kleine Premierentour, fünf, sechs Stationen. Das machten wir bei jedem neuen Film. In diesem Geschäft konnte es nie schaden, ein bisschen die Werbetrommel zu rühren, darüber freuten sich auch die Sponsoren. In Innsbruck war es immer ein Heimspiel. 2500 Leute in der Kongresshalle. Das Kino dreimal hintereinander ausverkauft. Einmal flogen wir Jettblack ein, eine englische Hardrockband, von der wir zwei Titel in *The Pilot* verwendet hatten. Die Hütte bebte. In München lief es auch gut, wie an den meisten Orten. Ich erinnere mich überhaupt nur an zwei Pleiten, aber da ging es richtig in die Hose. Die erste, das war in Berlin, im Sage Club, in dem an den Wochenenden der KitKatClub residierte und die Leute Schlange standen, um eingelassen zu werden. Rein kam, wer in ausgeflippter Unterwäsche erschien, dem Frivolen nicht abgeneigt, oder gleich völlig nackt. In bürgerlicher Kleidung – Sneakers, Jeans und so – brauchte man sich gar nicht erst blicken lassen. Weiß der Henker, wer darauf gekommen war, uns ausgerechnet dort einzumieten. Ich hoffe nicht, dass ich etwas damit zu tun hatte. Zwanzig Hanseln tauchten auf, wenn es hochkam. Dazu wir und einige der anderen Athleten, die im Film ihr Können zeigten. Aber was nützte es? Frust zu schieben hätte niemanden glücklich gemacht. Dann feierten wir doch lieber und taten so, als wäre es einer von den besseren Abenden. In Wien, wo wir den zweiten Reinfall erlebten, trudelten ein paar Leute mehr ein. Doch auch dort muss dem Ganzen ein Missverständnis vorausgegangen sein. Wir fanden uns in einem Edelklub wieder, der auf flatterfreudige Nachteulen ausgerichtet schien. Während wir in Alltagskleidung einliefen, Kutten und Jeansjacken mit Badges hinten drauf, schienen sich unsere Gäste für eine feine Cocktailparty herausgeputzt zu haben.

Ein Jahr später brachten wir einen neuen Film heraus, *Hurt So Good*. In der Zwischenzeit hatten wir uns mit zwei jungen Filmemachern verstärkt, Andre und David, beide Kanadier aus British Columbia. Die Jungs sind unfassbar gut in ihrem Job. Sie zogen in unsere WG ein. Im Keller und im Obergeschoss fanden sich noch zwei bescheidene Räumchen. Mit dem Film gewannen wir dann unseren ersten Preis, immerhin beim International Freesports Film Festival in Montreal, manche bezeichnen es als „das Cannes der Skiwelt". Gleich drei Preise räumten wir dort mit *Passenger* ab, unserem nächsten Meisterwerk. Ein Kritiker schrieb, lange hätten europäische Skifilme nur die zweite Geige gespielt im Vergleich zu den größeren und prominenteren nordamerikanischen Produktionen. Mit der Veröffentlichung von *Passenger* sei diese Zeit vorbei.

Dass wir ständig nach Höherem strebten, bewiesen wir auch mit dem Nachfolger, *Same Difference*, für den wir Felix Neureuther ins Boot holten und das Genre des klassischen Skifilms verließen. Stattdessen legten wir eine Doku über die drei Arten des Skifahrens vor: Freeriden, Freestyle plus Felix' Part als Alpiner, den wir bei seinen Weltcuprennen in Kitzbühel und Schladming begleiteten.

Für den Teil zum Freeriden flog ich mit Sven, dem Österreicher Fabian Lentsch und ein paar anderen zum Heliskiing nach Alaska. Das Drehteam natürlich auch. Unser Ziel war die Funny Farm Lodge in der Nähe von Haines, einem kleinen Städtchen im Südosten des Bundesstaats. Wobei das Wort Nähe nach den dortigen Maßstäben zu verstehen ist. Die Entfernung betrug knapp dreißig Meilen. Auf dem ganzen Weg weit und breit kein Ort, höchstens mal eine kleine Ansammlung von Häusern, eine Handvoll oder so, an der wir vorbeikamen.

Die Funny Farm gehörte Captain Bruce, einem pensionierten Fischer, der sie erbaut und wiedererbaut hatte, zwischendurch war sie einmal bis auf die Grundmauern abgebrannt. Als Herberge lebte die Lodge hauptsächlich von Skifahrern, die es wie uns zum Heliskiing in die alaskische Abgeschiedenheit verschlug, viele Freeride-Pros, mit und ohne Filmteams, aber nicht nur. Die Heli-Base lag etwa drei Meilen entfernt. Noch mal so weit und man betrat kanadischen Boden.

Die Natur dort ist unbeschreiblich. Atemberaubend trifft es nicht annähernd. Der Heli bringt dich auf einen Gipfel, du stehst da oben, schaust in die endlose Weite, fühlst dich winzig klein, noch kleiner als winzig ... und, ja, was spürt man eigentlich? Demut. Und Dankbarkeit. Vor allem aber ist man überwältigt, dass man es kaum ertragen kann, so gigantisch, zu viel auf einmal.

Und dann gehts abwärts. Doch vorher musst du einmal komplett umschalten, diese überbordenden Eindrücke ausknipsen, dich voll und ganz auf den Run konzentrieren, auf die Line, die du vor dir hast. So easy es im Film aussieht, das Losfahren oben, es war jedes Mal eine krasse Überwindung. Nicht nur dort. Du blickst den Hang hinunter, wo du langfahren willst, fast als würdest du an einer Mauer hinabschauen, so steil ist es, und du weißt, dass du dir richtig wehtun kannst, wenn etwas schiefgeht. Aber diesen Gedanken willst du nicht in deinem Kopf. Du willst lieber denken, dass du gleich das Geilste überhaupt erleben wirst, den Run deines Lebens. Gleichzeitig merkst du, wie das Adrenalin durch deinen Körper rauscht.

Die Nebennieren, in denen es produziert wird, arbeiten wie vom Satan getrieben, schütten das Zeug eimerweise ins Blut, als wäre da nicht längst schon genug davon drin. Und immer die Frage: Warum tust du dir das an?

Aber dann drückst du die Skistöcke in den Boden, atmest tief durch, einmal, zweimal ... bis jeder Gedanke der Konzentration gewichen ist. Du lupfst kurz die Ski, lässt sie ein paar Zentimeter über den Schnee gleiten, vor und zurück, erst den einen, dann den anderen. Jede Faser deines Körpers scheint sich anzuspannen. Du beugst dich leicht nach vorn, um Schwung zu holen, greifst die Stöcke fester. Und los gehts.

Unser Pech war, dass wir für den Dreh verdammt wenig Zeit hatten, viel weniger als geplant. Das Wetter spielte nicht mit. Es konnte kein Heli aufsteigen. Insgesamt siebzehn Tage mussten wir uns gedulden. Bruce, der sechs Papageien und drei Hunde hielt, versuchte, unserem Team die Warterei so angenehm wie möglich zu gestalten. Dabei half, dass er uns, gegen Cash, mit der Ernte aus seinem botanischen Garten versorgte, den er auf dem Dachboden angelegt hatte. Eine kleine Cannabisplantage, die hauptsächlich für den Eigenbedarf gedacht war. Bruce hatte Krebs.

Ansonsten vertrieben wir uns die Zeit, indem wir die Gegend erkundeten, stundenlang durch den scheinbar endlosen Wald stromerten, bergauf, bergab, herrlich zugekifft – manche, nicht alle –, und uns am Leben der Einheimischen versuchten. Eisfischen war eine Disziplin, das reinste Geduldsspiel; gut, dass wir fürs Abendessen nicht auf unseren eigenen Fang angewiesen waren, wir hätten darben müssen. Schießen eine andere, so ziemlich jeder besaß dort eine Waffe, mindestens eine.

Die waren auch nicht weggeschlossen, sondern lagen irgendwo griffbereit herum. Erinnerte mich ein bisschen an Szenen aus alten Westernfilmen. Der Cowboy hört draußen ein Geräusch und schnappt sich sofort seine Knarre. Bruce organisierte uns Colts und Schrotflinten, wir fuhren ein Stück in die Botanik, wo niemand war, und ballerten auf Bierdosen. Oder wir schauten bei Steve vorbei, der eine knappe Meile von der Lodge entfernt einen kleinen Zoo unterhielt, ein Wildlife Center, wie er es nannte, mit Dutzenden von Tieren, die er irgendwo gerettet oder verwaist gefunden hatte – Elche, Wölfe, Grizzlybären, Füchse, Stachelschweine, Luchse, Schneeeulen und was noch alles. Steve war auch Filmemacher, spezialisiert auf Tier- und Naturaufnahmen. Er muss viel herumgereist sein, bevor er sich dort niederließ. In den Neunzigern war er einige Jahre mit einer Frau verheiratet, die später, nach ihrer Ehe, von einem Königstiger zerfleischt wurde, den sie mit anderen Wildtieren auf ihrem Grundstück gehalten hatte. Solche Geschichten erfuhr man dort. Steves Einsiedlerleben wäre mir etwas zu einsam gewesen, doch er schien inmitten seiner Tiere glücklich und zufrieden zu sein.

In Bruces Lodge, die eine Mischung aus Skihütte und Studentenwohnheim war, total gechillte Atmosphäre, fingen Sven und ich damals auch an, uns mit dem Immobilienbusiness zu beschäftigen. Wenn man es genau nimmt, wurde da der Grundstein gelegt für das, was wir uns bis heute aufgebaut haben. Die Idee, in dieser Richtung etwas zu machen, trugen wir schon eine ganze Weile mit uns herum, aber dort fuchsten wir uns so richtig rein in das Thema, hockten stundenlang vor den Laptops und lasen, bis unsere Augen rot waren.

Als absehbar war, dass sich das Wetter so schnell nicht ändern würde, organisierten wir uns einen Flug nach Juneau, zusammen mit Richard, einem Fotografen, den wir für die Drehs in den Bergen angeheuert hatten. Ein sympathischer Typ, der offen durchs Leben ging, immer neugierig. Juneau ist die Hauptstadt von Alaska – ein Hauptstädtchen, 30 000 Einwohner – und nur per Boot oder Flugzeug erreichbar. Uns brachte eine kleine Cessna hin, die von einer netten Pilotin gesteuert wurde. Richard wollte direkt eine Fotoreportage über sie machen. In Juneau fand gerade ein Folkfestival statt. Das wird dort jedes Jahr zelebriert. Überall Westernsound. Für unsere Hardrock-geschulten Ohren etwas gewöhnungsbedürftig. Die Einheimischen aber liebten es. Nach ein paar Bier liebten wir es auch. In der Bar, in die es uns verschlagen hatte, so viele gab es nicht, herrschte Volksfeststimmung, die Wiesn im Miniminiformat – schunkeln, tanzen, saufen. Richard war begeistert, schoss fleißig Fotos. Obwohl, das stimmt nicht ganz. Einfach wild drauflos Leute fotografieren, das war nicht sein Stil und das wäre in der fröhlichen Runde vermutlich nicht gut angekommen. Aus den paar Bieren waren mittlerweile noch ein paar mehr geworden. Das eine oder andere Gläschen Whiskey könnte auch dabei gewesen sein. Man sagt, im Rausch zeige sich das wahre Ich. Wenn das zutrifft, dann waren Sven und ich in Wirklichkeit Reporter. Denn genau so verhielten wir uns. Wir zückten unsere Handys, aufnahmebereit als Voicerekorder, und mischten uns unter die Einheimischen, um sie zu interviewen. Vorher stellten wir uns natürlich vor, wie Reporter das so tun – Name, Redaktion und welcher Auftrag uns in ihre schöne Stadt geführt hatte. Da wir einen Absender brauchten, der selbst im entlegenen Alaska bekannt war, gaben wir uns als Abgesandte des *Vice Magazine* aus.

Es wurde ein wirklich schöner Abend. Die Leute waren herzlich, offen und am Ende wahrscheinlich so blau wie wir. Richard hatte seine Fotos und wir das Material für eine Story, die wir niemals schreiben wollten. Aber damit war der Spaß nicht zu Ende. Am nächsten Tag, nachdem wir wieder einigermaßen fit waren, meldete sich jemand vom Visitors Bureau. Offenbar hatte sich die Anwesenheit des vermeintlichen *Vice*-Reporterteams bis zur Stadtverwaltung herumgesprochen. Das Magazin erreichte damals übers Internet angeblich hundert Millionen Leser weltweit. Ein schöner Bericht über Juneau, werden sie gedacht haben, würde sicher viele neue Touristen bringen.

Vielleicht waren wir doch noch nicht richtig fit, jedenfalls nicht fit genug, um uns schleunigst aus dem Staub zu machen. Oder wenigstens das Missverständnis der trunkenen Nacht, wenn man es so nennen wollte, aufzuklären. Stattdessen spielten wir unsere Rollen weiter und ließen uns zu einer Sightseeingtour einladen, mit Fahrer und Guide, die das Visitors Bureau schickte, um alte Goldgräberminen und Wasserfälle zu besichtigen und den Mendenhall-Gletscher, der aussieht wie ein riesiger Fluss aus Eis. Alles sehr beeindruckend und unbedingt eine Reise wert. Wahrscheinlich hätten wir den Ausflug noch mehr genossen ohne dieses mulmige Gefühl im Magen, so als Schwindelreporter. Richtig schlecht fühlten wir uns, als wir nach Haines zurückkehrten und auf Facebook entdeckten, dass jemand unser Spielchen durchschaut hatte. Die Kommentare wollte man nicht lesen.

Doch weiter mit unserem Film, zum Freestyle-Part: Dafür hatte Paddy sich in den Kopf gesetzt, der Skiwelt eine Sensation zu bieten. Er wollte einen Weltrekord aufstellen, indem er einen Sprung fabrizierte, der ihn länger als vier Sekunden in der Luft hielt. Airtime vier plus. Das war noch keinem Freeskier gelungen. Vielleicht hatte es auch nie einer darauf angelegt. Denn wie sich bei den Vorbereitungen zeigte, brauchte man dafür einen Kicker, der doppelt so groß sein musste wie vorher geplant, größer als alle, die die Welt bisher gesehen hatte. Vier Wochen war eine ganze Batterie an Pistenraupen und Baggern im Snowpark von Livigno in den italienischen Alpen damit beschäftigt, 100 000 Kubikmeter Schnee zu einer Riesenschanze anzuhäufen, inklusive Landefläche, die nach den Berechnungen der Experten eine Neigung von etwas weniger als fünfzig Grad haben musste. Bei neunzig Grad wäre es senkrecht abwärts gegangen, das war also schon verdammt steil.

Die Schanze hatte solche gigantischen Ausmaße, dass sie die Bewohner des Dorfs, das ein Stück talwärts lag, in helle Aufregung versetzte. Als der Schneeberg wuchs und wuchs, alarmierten sie die Polizei, weil sie fürchteten, er könnte abrutschen wie eine Lawine und ihre Häuser platt walzen. Eine gewisse Angst schien auch einige der Skifahrer zu befallen, die ursprünglich vorhatten, gemeinsam mit Paddy diesen Riesenkicker zu rocken. Von sieben blieben drei, Paddy mitgezählt. Jeder von ihnen machte mehrere Speedchecks, um den Absprungpunkt mit einer Geschwindigkeit zu erreichen, die sich gut anfühlte, beherrschbar. Alle kamen auf über 100 Stundenkilometer. Um die 115 waren es wohl. Bei dem Tempo konnten zwei Stundenkilometer mehr oder weniger entscheidend dafür sein, ob man die Landung hinbekam oder nicht, beim Aufsetzen den richtigen Punkt traf, schwer zu erklären.

Dann die ersten Sprünge, jeder machte einen. Und bei jedem war es ein gerader Sprung, also ohne Tricks, kein Salto oder so. Um erst mal ein Gefühl zu bekommen, was es bedeutete, knapp sechzig Meter durch die Luft zu fliegen, diese Weite gab der Kicker her. Und auch um sich die größte Chance zu erhalten, den Sprung zu stehen. Am höchsten Punkt ihrer Flugbahn befanden sie sich etwa dreißig Meter über dem Boden. Das sind bei einem Haus ungefähr zehn Stockwerke. Alles ging gut. Doch bevor die Jungs einen zweiten Sprung auspacken konnten, kam zu starker Wind auf – also Abbruch.

Am nächsten Tag ein neuer Versuch, den längsten Flug in der Freestyle-Geschichte zu landen. Vier Sekunden plus. Das Wetter war perfekt, blauer Himmel, kaum Wind. Paddy ging in die Spur, nahm Fahrt auf, erreichte den Kicker, den Absprungpunkt, mit 117 Stundenkilometern. Er verzichtete auch diesmal auf Tricks, um kein zusätzliches Risiko einzugehen, sicher herunterzukommen. Kam er auch – nach 3,8 Sekunden Airtime.

Paddy wäre nicht Paddy, hätte er sich damit zufriedengegeben. So nah dran. Also ging er noch einmal an den Start, drückte bei der Anfahrt etwas mehr auf die Tube, sprang ab ... und merkte sofort, dass er diesmal zu schnell war. Im Flug versuchte er, etwas Tempo rauszunehmen, strampelte mit den Beinen – und er schrie. Das hatte er bei dem Sprung vorher auch getan, nur dass seine Stimme da ganz anders geklungen hatte, euphorisch. Jetzt hörte es sich an, als würde er gerade die Kontrolle verlieren und selbst entsetzt darüber sein. Später sagte er, er habe da oben nur einen Gedanken gehabt: Du musst auf den Füßen landen, sonst wirds böse! Und dann war er auch schon unten, tatsächlich mit den Füßen zuerst, also mit den Ski. Nach viereinhalb Sekunden in der Luft. Aber es war keine Landung, es war ein Sturz – aus dreißig Meter Höhe. Kreuzband gerissen, Meniskus kaputt, Knöchel gebrochen – doch was sagte Paddy hinterher? „So was hatten schon Tausende von anderen Skifahrern, ich bin ziemlich unbeschadet davongekommen."

Heliskiing, Riesenkicker, Reisen um die halbe Welt – Budgets, von denen wir am Anfang nicht zu träumen gewagt hätten, machten es möglich. Das Unternehmen Legs of Steel wurde immer größer. Als *Same Difference* im Januar 2017 in München das erste Mal der Öffentlichkeit präsentiert wurde, hieß es überall „Weltpremiere". Wir konnten mit den besten Athleten filmen und mussten bei den Sponsoren nicht zweimal anklopfen, wenn wir ein neues Projekt aussheckten. Wir heimsten Awards und andere Preise ein, das Medienhaus des Brauseherstellers, inzwischen selbst eine große Firma, beteiligte sich als Co-Produzent und die Automarke mit den vier Ringen, die Vorsprung durch Technik verspricht und sich im Wintersport engagierte wie keine andere, war auch immer gern dabei. Kurz: Aus der Idee von den vier Jungs einer WG in Innsbruck, die eine gemeinsame Vision hatten, war eine international anerkannte Filmproduktion geworden.

Nur dass ich nicht mehr dabei war. Als Skifahrer schon, aber nicht als Produzent. Und nicht als Miteigentümer. Ich hatte meine Anteile in der Zwischenzeit an Sven verkauft. Thomas stieg irgendwann auch aus, Tobi und Paddy blieben.

Die erste Line

Alte Verletzungen, neuer Frust und der Blick für Schnee

Ich drehe die Zeit zurück: Ende Oktober 2012. London, am Südufer der Themse, nahe der Victoria Railway Bridge, zehn Gleise über den Fluss. Die Battersea Power Station, unübersehbar, ein Koloss mit vier Schornsteinen, über hundert Meter hoch, der keine Powerstation, kein Kraftwerk mehr war, nur noch eine Kulisse, mit „postapokalyptischer Silhouette", wie jemand schrieb. An dem Wochenende bildete dieses Setting die Kulisse für das Freeze Festival. Die Big-Air-City-Events, unser jährlicher Saisonauftakt in den Winter, London war diesmal die zweite Station. Snowboard, Ski und Musik. Die Hip-Hopper von Public Enemy als Headliner, dazu Mark Ronson, DJ Shadow und zwei Dutzend andere.

Unser Arbeitsplatz, der Kicker, sah aus wie eine transportable Skisprungschanze, nur dass in der Mitte die Spur fehlte. Er bestand aus einem großen Stahlgerüst, an der höchsten Stelle, wo wir starteten, dreißig Meter hoch. Von dort oben konnte man die Themse sehen. Und weiter hinten dieses auffällige Hochhaus, das aussieht wie eine riesige Gurke. Der Absprung maß etwa die halbe Höhe – vom Kicker, nicht von dem Hochhaus. Die Anlaufstrecke war knapp hundert Meter lang und mit Kunstschnee präpariert, ebenso der Landehang samt Auslauf. Nur damit man sich ungefähr ein Bild machen kann, wie der Platz neben der stillgelegten Powerstation aussah. Das Kickermonstrum bildete den Mittelpunkt. Drum herum waren Imbissstände aufgebaut und lang gezogene Zelte aus weißen Kunststoffplanen, das sollten Aprés-Ski-Bars sein. Es gab eine Kinoleinwand, eine VIP-Tribüne und zwei oder drei Bühnen für die Musikacts.

So gut die Idee gewesen sein mochte, unseren Sport in die Städte zu verlegen, um ihn bekannter zu machen, mehr Leute dafür zu interessieren – irgendwie wirkte das Ganze wie ein Fremdkörper. Umgekehrt erinnerte nichts in dieser Umgebung an einen Snowpark. Statt schöner Natur und echtem Schnee die reinste Rummelplatzatmosphäre. Andererseits kamen halt eine Menge Leute. Man konnte es so oder so sehen. Hing wahrscheinlich auch davon ab, wie man selbst abschnitt. Als ich 2009 das erste Mal dort startete, fand ich es ziemlich aufregend, eben weil dieser ganze Rummel veranstaltet wurde, das kannte ich nicht. Und wegen der vielen Zuschauer. Damals wurde ich Vierter, für eine Premiere nicht schlecht. Ich musste gerade nachschauen, sonst hätte ich das nicht gewusst. Mit den Ergebnissen war es wie früher bei der Buckelpiste: Abgesehen von einigen Ausnahmen konnte ich mir die nie merken, selbst wenn es ein Podiumsplatz war. Beim Big Air in Stockholm, dort fand das im Olympiastadion statt und nannte sich King of Style, wurde ich einmal Dritter. Auch das war aus meinem Gedächtnis verschwunden, bin ich erst jetzt wieder drauf gestoßen. Woran ich mich meistens besser erinnere, ist das Bauchgefühl, das ich bei einem Wettbewerb hatte, ob es gut lief oder nicht so gut oder richtig schlecht. Also mehr die eigene Einschätzung. Das letzte

Wort hatten zwar die Punktrichter, doch wenn mein Gefühl mir sagte, den Sprung hast du gut runtergebracht, mit korrektem Salto und sauberem Grab, war ich auch dann happy – zumindest einigermaßen –, wenn die offizielle Wertung schlechter ausfiel. Ich ärgerte mich dann höchstens über die Punktrichter, die vielleicht nicht so genau hingeguckt hatten.

An den Auftritt in London habe ich keine guten Erinnerungen. Am ersten Tag, einem Freitag, blies ein heftiger Wind und dazu schüttete es immer wieder, nicht lange, dafür umso intensiver, richtige Platzregen. Zwischendurch müssen wir irgendwie die Quali gefahren sein. Am Samstag war das Wetter dann wie ausgewechselt, weniger Wind, keine Schauer, deutlich wärmer, sogar die Sonne ließ sich blicken. Dem Schnee auf dem Kicker tat das aber nicht gut. Wärmer bedeutete weicher und das wiederum, dass man mit den Ski langsamer unterwegs war. Es gab zwei Läufe, die fünf oder sechs Besten kamen ins Finale. Ich kann nicht darunter gewesen sein, da am Ende Platz 8 für mich herauskam. Aber auch das hatte mein Gedächtnis nicht für wichtig genug befunden, um es zu speichern. Die alten Ergebnislisten verraten es. Henrik Harlaut gewann, ein junger Schwede, der überall wegen seiner Dreadlocks auffiel, gerade durchstartete und dann jahrelang bei den X-Games Gold oder Silber im Big Air abräumte. Gus Kenworthy, Augenzeuge meines Kieferbruchs beim Filmdreh am Arlberg, wurde Zweiter.

Was mein Bauchgefühl betrifft, weiß ich noch, dass ich mich ganz schön unter Druck gesetzt fühlte. Am meisten machte ich mir immer selbst Druck, das war also keine neue Erfahrung. Jetzt kam hinzu, dass ich ein TV-Team im Schlepptau hatte, das natürlich keinen Looser filmen sollte. Der Münchner Privatsender, der das Team geschickt hatte, produzierte eine Dokureihe über junge Extremsportler – Reality-TV-mäßig, man machte sein Ding wie gewohnt, die begleiteten einen und hielten die Kamera drauf, sobald ihnen etwas interessant oder spannend erschien. Fünf Athleten hatten sie sich dafür ausgesucht: den jüngsten Motocrossweltmeister aller Zeiten, eine Kitesurferin, einen Freerunner, einen Wakeboardweltmeister und mich. Die jungen Wilden. Offenbar kam das Format gut an. Nach der ersten Staffel machten wir eine zweite. Und es gab auch eine dritte, dann mit anderen Protagonisten. Für uns Sportler war das eine coole Geschichte, auch im Sinne unsere Sportarten, über die wurde sonst kaum berichtet, nicht mit dieser Reichweite. Ob solche Drehs der sportlichen Leistung zuträglich waren, das stand auf einem anderen Blatt. Irgendwie lenkte es ja doch ab. Das Mikro, das sie einem anhefteten, und die Kamera, die nicht zu übersehen war. Und überhaupt die Vorstellung, dass gerade alles aufgenommen und gefilmt wurde.

In London, beim Freeze Festival, wo wir mit dem Drehen anfingen, war es dann auch noch so, dass sie einen guten Freund von mir aus München mitbrachten, als Überraschungsgast, er sollte meine Performance auf dem Kicker bewundern. Also machte ich mir noch ein bisschen mehr Druck, was ich vor der Kamera natürlich nicht raushängen ließ.

Es war einfach nicht mein Wochenende. Aber ich will das nicht auf die Fernsehleute schieben. Kann genauso gut am Knie gelegen haben, bestimmt war die Diva mal wieder beleidigt und meckerte rum. Oder an meinem Rücken. Die Geschichte habe ich noch gar nicht erzählt. Ich hatte immer

Rückenschmerzen, ungefähr auf Brusthöhe, schon ziemlich lange. Dumpfe Schmerzen, auszuhalten, aber irgendwie behinderten sie mich doch. Kurz vor London war ich dann bei einem Arzt, röntgen und Computertomografie. Dabei kam heraus, dass ich mir irgendwann drei Wirbel gebrochen hatte. Die Brüche waren inzwischen verheilt. Der Doc meinte, die Verletzung könnte ein, zwei Jahre her sein. Oder noch länger. So kam ich auf Retallack, da musste es passiert sein. Die einsame Lodge in den Selkirk Mountains, British Columbia. Aber nicht, als wir für Legs of Steel drehten, schon vorher. Wie gesagt, wir waren öfter dort, zum Trainieren und für Wettbewerbe, in der Regel kombinierten wir beides. So machten das alle Teams.

Einer dieser Contests nannte sich Cold Rush. Dabei wurde der vollkommenste Freeskier ermittelt. Drei Tage, drei Disziplinen. Am ersten Tag Backcountry-Slopestyle – steiler Hang, Tiefschnee, fünf verschiedene Kicker im Gelände. Am zweiten Cliff Skiing – Lines an einem felsenreichen Hang, mit Sprüngen und Tricks. Und am dritten Big Mountain – eine Strecke oberhalb der Baumgrenze, längere Abfahrten, aber auch Sprünge, wie es das Gelände hergab. Die Jury verteilte Punkte für Style, Tempo und Technik. Jeder hatte zwei Läufe, der bessere zählte. Wer gewann, durfte sich The World's best Allround Skier nennen. Das war aber kein offizieller Titel wie Weltmeister oder Olympiasieger, obwohl die Leistung aus meiner Sicht nicht geringer zu bewerten war. Umso mehr, da wir auf den Hängen vorher nicht trainieren konnten. Es gab auch keine Streckenbesichtigungen, wie sie bei den Ski-Alpinen gemacht werden, und da sind es ohnehin schon präparierte Pisten. Wir wurden einen Tag vorher zum Hang gebracht und durften uns den zwei Stunden von unten anschauen, manchmal auch von oben. Und wir konnten Fotos machen, die man sich im Kopf dann spiegelverkehrt vorstellen musste. Mithilfe dieser Fotos und durch das Studieren des Hangs, der Geländegegebenheiten, versuchte man, sich eine günstige Line für den Contest zu suchen.

Das ist jetzt natürlich sehr verkürzt dargestellt. Man geht nicht einfach hin und „liest" das Gelände, wo man langfahren kann und wo es zu gefährlich ist, weil sich ein Fels unter der Schneedecke versteckt, die an dieser Stelle womöglich zu dünn ist. Oder wo man Gefahr läuft, eine Lawine auszulösen. Oder wo ein Sprung zu riskant wäre, weil es zu tief nach unten geht. Alles eben, worauf man achten muss. Um dafür einen Blick zu bekommen, braucht man Erfahrung. Und ein gutes Auge. Außerdem muss man etwas vom Wetter verstehen, recht viel sogar. Vom Schnee sowieso. Schnee ist nie gleich Schnee. Ganz wichtig ist, sich vorher den Schneeaufbau anzuschauen. In solchem Gelände besteht er immer aus mehreren Schichten. Jedes Mal wenn es schneit, kommt eine Schicht hinzu, die gleichzeitig die Beschaffenheit der darunterliegenden verändert. Oder die oberste Schicht taut, was ebenfalls Auswirkungen auf die anderen hat. Man muss gucken, wie fest die einzelnen Schichten sind und was passiert, wenn von oben Druck einwirkt, der durch das Körpergewicht entsteht. Dafür gräbt man sich am Hang in den Schnee, am besten so tief es geht, damit man die einzelnen Schichten sehen und ihre Festigkeit testen kann. Beim Cold Rush hatte das alles der Veranstalter erledigt.

Gleich am ersten Tag, bei der ersten Disziplin, passierte mir dann etwas Seltsames. Keine Ahnung, wie es dazu kam, woran es lag, ist mir bis heute ein Rätsel. Wahrscheinlich waren die Lichtverhältnisse nicht ganz unbedeutend. Wir hatten flat light, sogenanntes flaches Licht. Dichte Wolken, ein einziger grauer Brei, sodass nirgendwo Lichtschatten entstanden. Als hätte jemand einen extremen Weichzeichner drübergelegt. Man sieht kaum Bodenunebenheiten, hat kein Gefühl, wie schnell man fährt, Schneeflächen und Himmel sind kaum zu unterscheiden. Das ist kein Problem, wenn man irgendwo langspaziert und in aller Ruhe seinen Blick über die Landschaft schweifen lässt. Auf Ski aber, an einem abenteuerlich abschüssigen Hang, mit Schwung auf dem Weg nach unten, bei unübersichtlichem Gelände, hier ein Felsvorsprung, dort ein Baum – da schon. Und noch mehr, wenn die Strecke mit Kickern präpariert war, die nach Sprüngen verlangten.

Falls ich es richtig erinnere, war es der zweite Kicker, der mir zum Verhängnis wurde. Ich kam an, sprang und setzte gleichzeitig zu einem Misty 720 an, den ich an diesem Punkt – der Kicker war der größte auf der Strecke – für machbar hielt. Doch in der Luft verlor ich plötzlich komplett die Orientierung. Wo ich hinsah, nur graue Fläche. Ich wusste nicht mehr, wo oben und unten war – und wann die Landung kommen würde. Um die zu stehen, brauchte ich eine gewisse Körperspannung, die ich aber nicht hatte. Warum ich, während ich den Misty versuchte, auch noch die Stöcke und einen Ski verlor? – Noch so ein Mysterium.

Es folgte eine totale Bruchlandung. Jetzt erwartet man, dass ich einen höllischen Schmerz spürte, da, wo es mich am schlimmsten erwischte – stimmt genau. Und zu dem Schmerz spürte ich Taubheit, im linken Bein, welche Überraschung, von den Zehenspitzen bis hinauf zur Hüfte. Das Bein war wie gelähmt, ich konnte es nicht bewegen.

Da ich vorhin den Vergleich anstellte: Bei den Ski-Alpinen hätte sich sofort ein Rettungsteam in einen Heli geschwungen, um den Verletzten von der Piste zu holen und in eine Klinik zu fliegen. Da, wo wir uns aufhielten, in the middle of nowhere, stand kein Heli bereit, auch nicht in der Nähe. Wenigstens war ein Arzt vor Ort. Bei Wettbewerben gehörte das zum Standard. Nicht so bei Filmdrehs, da verließ man sich meist aufs Glück – und, falls doch etwas schiefging, auf die Hilfe der anderen. Eigentlich Wahnsinn.

Irgendwie brachten sie mich hinunter zum Ziel und von dort in die Lodge zurück. Die Diagnose des Arztes fiel nicht annähernd so dramatisch aus, wie es sich anfühlte. Er meinte, ich hätte mir einen Nerv eingeklemmt. Zwei, drei Tage, dann sei das ausgestanden. Tatsächlich verschwand die Taubheit ziemlich schnell. Dafür dauerte es noch zwei Wochen, bis ich wieder auftreten konnte. Auf die Idee, meinen Körper nach so einem Sturz etwas gründlicher durchzuchecken, und wenn es erst nach der Rückkehr aus Kanada gewesen wäre, kam anscheinend niemand. Wer auch, das hätte dann schon ich sein müssen. Erklären – nein, das kann ich nicht erklären, außer dass ich es einfach nicht ernst nahm. Wie man so ist in dem Alter. Was sollte da schon sein? Und Schmerzen waren nun mal nichts Neues – das Knie, jetzt eben auch ein bisschen der Rücken. Außerdem ging es doch, ich trainierte sogar im Gym, viel Kraft-Ausdauer, vor allem Kraft, solche

Gewichthebersachen, Langhantel und so, im Sommer mehr, im Winter weniger.

Gut, dann weiter mit London. Paddy war übrigens auch dort. Bei ihm lief es ähnlich mittelprächtig, er landete zwei, drei Plätze hinter mir. Wir hatten also beide einen Grund, die Nacht herauszufordern. Manchmal fügen sich die Dinge ja von ganz allein. Paddy kannte eine Menge Leute in der Stadt, und wie es der Zufall wollte, lud uns einer von denen zu einer kleinen Party nach Hause ein. Nennen wir ihn einfach Jeremy. Ein typischer London rich guy, um die dreißig, der in einem genauso typischen Townhouse irgendwo mitten in der City wohnte, besser gesagt: residierte. Alles sehr schick. Im Kellergeschoss, wohin wir uns verzogen, befand sich eine altenglische Bar. Dunkles Holz, gedämpftes Licht, großer Spiegel, vor dem auf gläsernen Regalböden ein ganzes Regiment an Flaschen aufgereiht war – Whisky, Rum, Portwein, Sherry und Gin natürlich, verschiedene Sorten. Zwei, drei Schritte neben dem Bartresen stand eine Couch, in deren Polster man tief versank. An der Wand gegenüber ein Fernseher im XL-Format. Der Raum ging um die Ecke. Im anderen Teil thronte ein wuchtiger Billardtisch mit fuchsiafarbenem Filz, angestrahlt von einer Deckenleuchte, etwa halb so lang wie die Spielfläche darunter.

Nach und nach versammelten sich ungefähr fünfzehn Leute dort unten, können auch zwanzig gewesen sein. Musik lief, jeder quatschte mit jedem, es wurde geraucht. Ob auch gekifft wurde, könnte ich jetzt gar nicht sagen, wahrscheinlich schon. Zwischendurch brachte eine Haushälterin noch mehr Getränke von oben, Bier und so. Ich konnte nie viel trinken, mir wurde immer schlecht. Entweder legte ich rechtzeitig die Bremse ein, oder ich musste kurz verschwinden, um Platz im Magen zu schaffen. Die kleine Fingerübung, danach ging es meist wieder.

An dem Abend näherte ich mich gerade diesem Punkt, als Jeremy sich zu mir gesellte. Wir hielten Small Talk über Gott und die Welt, kamen auch darauf, wie es an der Battersea Station gelaufen war. Er muss gemerkt haben, dass es mit meiner Laune nicht zum Besten stand. Ich hatte mir mehr ausgerechnet. Normalerweise kann ich das ganz gut überspielen, bei ihm schien es mir nicht zu gelingen. Wir plauderten noch ein Weilchen, auf einmal fragte er, ohne Einleitung oder sonst was, ganz beiläufig: „You want some blow?"

„Sorry?" Ich kapierte nicht, was er meinte.

„Want cocaine ...?"

Okay, jetzt fiel der Groschen. Kiffen war eine nette Gewohnheit geworden, zumindest wenn ich mit anderen Skifahrern abhing. Ecstasy oder irgendwelche anderen Amphetamine hatte ich auch schon genommen, ebenso LSD und Mushrooms, Koks noch nie.

Im Rückblick würde ich mir gern vorstellen, dass ich dort in der Kellerbar einige Gedanken hin und her bewegte, bevor ich eine Entscheidung traf. Das berühmte Abwägen, was spricht dafür und was dagegen – plus, minus, auf welcher Seite steht mehr? Doch die Wahrheit ist: Ich weiß nicht, ob ich das machte. Wie ich mich kenne, werde ich mir einfach nur gesagt haben: Warum nicht, der Tag ist sowieso im Eimer, es kann nur besser werden. Oder: Hey, ich bin ein offener Mensch, immer bereit, etwas Neues auszuprobieren. Ich werde heute Abend bestimmt nicht zum Spielverderber.

Lange zögerte ich jedenfalls nicht: „Why not?"
„Great, then come along ..."
Der Hausherr – besser gesagt, der Spross des Hausherrn – ging voraus, wir verschwanden auf der Toilette, schlossen die Tür ab. Der Rest lief ab wie im Film: Klodeckel runter, ein kleines Häufchen weißes Pulver drauf, kurz hacken mit der Kreditkarte, Platinum natürlich, zusammenschieben und noch mal, zack, zack, zack, erledigte alles Jeremy, mit geübter Hand, wie mir schien ... und dann war es angerichtet: zwei Lines, parallel nebeneinander.

Jeremy sah mich an, ich sah ihn an. Stilles Einverständnis, wie zwei Komplizen, die einen Coup planten. Ich fands aufregend, etwas Verbotenes zu tun. Und dabei zu lächeln. Denn er lächelte, also setzte ich auch ein Lächeln auf. Kein Wort zu ihm, dass es meine Kokspremiere war.

Auf dem Geldschein, den er mir hinhielt, das Porträt von Queen Elizabeth, fifty pounds.

„You go first", sagte ich. Vielleicht um mir ein paar Sekunden Aufschub zu ergaunern. Oder einfach so, ohne Grund, weil ich freundlich sein wollte, wo er schon so spendabel war.

Stilles Einverständnis auch diesmal. Er nickte nur, während er den Geldschein zu einem Röhrchen drehte. Dann beugte er sich nach unten und gleich darauf hörte ich, wie er hochzog.

Danach war ich dran.

Erst spürte ich nichts, bis auf das Kribbeln in der Nase, das mehr ein Brennen war. Aber das auch nur gedämpft, halb betäubt von dem, was ich an Alkohol intus hatte. Dafür war ein kleiner Rausch scheinbar genau richtig.

Bis die Wirkung einsetzte, standen wir wieder bei den anderen. Schwer zu sagen, wie lange es dauerte, fünf Minuten würde ich schätzen, das Zeug nahm ziemlich schnell Fahrt auf. Ich merkte es daran, dass ich auf einmal klar war im Kopf, als hätte ich vorher keinen Schluck getrunken. Und ich fühlte mich wach wie nach zwölf Stunden Schlaf, wacher als wach, geradezu fokussiert, als wären alle meine Sensoren neu justiert worden. Überhaupt fühlte ich mich großartig. Der Frust, den ich eben noch wegen der vergeigten Sprünge auf dem Kicker geschoben hatte – wie weggewischt. Die Welt schien plötzlich ein wunderbarer Ort zu sein. Alles war wunderbar, die Leute hier waren wunderbar, auch ich war wunderbar, ein richtig guter Typ. Und reden konnte dieser richtig gute Typ, kluge, geschliffene Sätze von einer Brillanz, dass die anderen förmlich an seinen Lippen klebten. So wird es nicht gewesen sein, aber die Euphorie, die ich dank des weißen Pulvers empfand, ließ es mich so wahrnehmen. Was ich jedoch tatsächlich machte: Ich sabbelte ohne Punkt und Komma, das war sonst nicht meine Art, schon gar nicht im Kreise von fremden Menschen.

Ganz ehrlich, wenn du das erste Mal erlebst, was dieses Zeug mit dir anstellt, den angenehmen Teil, die Flugphase – das war schon beeindruckend. Da kam jemand zum Vorschein, den ich mochte.

Abgesehen davon nahm mein Magen wieder mit Freude Alkohol entgegen. Die Übelkeit war verschwunden und das Mengenlimit schien aufgehoben. Koks ist eben ein großer Blender, gibt sich erst als Kumpel aus, tritt dir aber in den Arsch, sobald du dich von ihm abwendest. Das wusste ich an dem Abend nur noch nicht. Die klassische Kennenlernphase.

Das erste schüchterne Rendezvous, unschuldig wie eine Jungfrau. Da legt niemand seine Karten auf den Tisch.

Apropos Rendezvous: Ein nicht ganz so schüchtern-unschuldiges ergab sich in dieser Nacht dann auch noch, mit einem bezaubernden Wesen aus Fleisch und Blut. Erst waren wir wie zwei von den Billardkugeln drüben auf dem Tisch, an dem fleißig gespielt wurde. Bewegten uns mal hierhin, mal dorthin, umkreisten einander, warfen uns Blicke zu, ein Lächeln auch, näherten uns, dass wir uns beinahe berührten, trieben wieder auseinander, bis wir irgendwann unausweichlich zusammenstießen und es klick machte. In der Zwischenzeit hatte ich mich noch zwei- oder dreimal mit Jeremy zum Nachlegen aufs Klo zurückgezogen, ohne dass Worte nötig gewesen wären, Blicke genügten. Die Dame war eine Freundin unseres Gastgebers und offensichtlich nicht zum ersten Mal in dem Haus. Zielgerichtet steuerte sie ein Zimmer an, in dem wir still und heimlich verschwanden – bis uns jemand suchte. Da war es früh am Morgen, die Party löste sich auf, es wurde Zeit zu gehen.

Im Hotel schlief ich tief und fest. Hätte ich nicht unbedingt erwartet, nachdem ich die halbe Nacht putzmunter und aufgekratzt war. Ich hatte auch keinen Kater, als ich später aufwachte. Müdigkeit? Übelkeit? Depristimmung? Nichts dergleichen. Es ging mir gut. Der Abend bei Jeremy hatte den verkorksten Tag gerettet. Die beiden Rendezvous, sie waren nett, das eine wie das andere. Aber kaum mehr als eine blasse Erinnerung, als ich dann im Flieger saß. Es ging noch am selben Tag zurück. Was ich damit sagen will: Ich hockte über den Wolken nicht in meinem Sitz und zermarterte mir das

Hirn, was ich da letzte Nacht angestellt hatte. Mich plagte kein schlechtes Gewissen, ich machte mir keine Vorwürfe. Allerdings löste diese erste Begegnung mit dem weißen Pulver auch nicht so etwas wie einen Wow-Effekt bei mir aus, von wegen: Wie großartig war das denn, musst du öfter haben! Gut, ich wusste nun, dass man sich damit eine schöne Zeit verschaffen konnte. Aber das war es dann auch schon. Eine Erfahrung, keine große Sache. Weiter ging der Gedanke nicht.

Vielleicht wäre es anders gewesen, hätte ich vorher nie Umgang mit Drogen gehabt. Aber wie ich schon sagte, in der Welt, in der ich mich bewegte, war es völlig normal, Gras zu rauchen. Das machte praktisch fast jeder. Es gehörte gewissermaßen zu unserem Lifestyle, wie die bunten, weiten Klamotten, die wir beim Skifahren trugen. Sicher auch weil es ganz angenehm war, auf diese Weise runterzukommen, das Stresslevel wieder auf Normalpegel zu dimmen, nachdem man auf der Piste – oder im freien Gelände – mit reichlich Adrenalin im Blut unterwegs war. Und genauso normal war es für viele von uns, anderes Zeug einzuwerfen, wenn sich die Gelegenheit bot, was nicht gerade selten vorkam.

Retallack war dafür eine gute Adresse, aber längst nicht die einzige. Im Umfeld der Lodge gab es jemanden, einen Einheimischen, der liebte diese psychedelischen Sachen, Mushrooms und LSD und so was. Bei ihm konnte man sich was holen, wenn einem der Sinn danach stand, in andere Sphären abzuheben. Am Ende einer dieser Cold-Rush-Wettbewerbe, bei dem der vollkommenste Freeskier gesucht wurde, kam es einmal zu einer denkwürdigen Siegerehrung, die wohl sogar live im Fernsehen lief, auf ESPN oder so. Ich schätze, die Hälfte der Fahrer war drauf, als die Zeremonie losging, darunter der Champion, dem ein Pokal überreicht wurde. Was er genommen hatte, weiß ich nicht. Er verhielt sich so, als wäre er in einem Urwald unterwegs. Wie ein wildes Tier stieß er einen Brüller aus und schickte gleich noch einen hinterher. Das hätte ein Zeichen von überschwänglicher Freude sein können. Dieser Eindruck verschwand jedoch, als er seinen Pokal, den ein Künstler angefertigt hatte, in die Höhe stemmte, um ihn von dort auf den Boden krachen zu lassen. Die Kamera schwenkte schnell um und fing stattdessen das johlende Publikum ein, also uns, die anderen Skifahrer – und die Skifahrerinnen, sie hatten auch ihre Besten gekürt.

Der Einheimische, bei dem es die Halluzinogene gab, dealte nicht. Er rückte die Sachen umsonst heraus, als Dienst an guten Freunden. „Bro – for a good vibe ...", das war immer sein Spruch dazu. Ich probierte beides, Pilze und LSD-Tickets. Mit LSD hatte ich mich schon ein paarmal weggebeamt, woanders, die Pilze bescherten mir ein neues Erlebnis. Ich kann gar nicht sagen, ob ich es mochte. Interessant war es schon, aber man muss sich darauf einlassen, sonst wird es anstrengend. Und man sollte sich vorher einen sicheren Platz suchen, nicht irgendwo durch die Landschaft watscheln. Ich weiß noch, wie ich beim ersten Pilztrip mit einem anderen Skifahrer, der die gleiche Reise unternahm, im Zimmer lag, auf dem Rücken, und fasziniert davon war, dass sich die Bettdecke, ein ziemlich hässliches Teil, braun und gelb, überallhin projizieren ließ. Wie von Zauberhand. Man musste dafür nur kurz das Original anschauen, dann seinen Blick woandershin richten, an die

Zimmerdecke oder an die Wand, schon erschien das Muster genau an dieser Stelle. Es bewegte sich sogar, als würde es vom Wind hin und her gepustet – obwohl da gar keiner sein konnte.

Man kann es so sagen: Wo auf der Welt unser Wanderzirkus Station machte, kam auch Dope auf den Tisch. Ausnahmen waren extrem selten, mir fällt spontan keine ein. Eine lustige Geschichte passierte in dem Zusammenhang mal in Neuseeland, als wir zum Sommertraining in Wanaka waren, auf der Südinsel, wo wir dann auch bei den Winter Games starteten, die in der Zeit stattfanden. Ich merke gerade, das könnte etwas verwirren: Wir von der Nordhalbkugel nannten es Sommertraining, weil wir im August dorthin reisten. Für die Neuseeländer war es aber Winter. Jedenfalls gab es eines Abends eine Party. Es gab ständig Partys. Irgendwann musste ich aufs Klo. Dort lief mir einer von den Snowboardern über den Weg, ein Brite, sehr erfolgreich. Wir redeten kurz, wie gehts und so. Dann fragte er, ob ich ein Ticket möchte, also LSD, so ein kleines Stück Pappe. Warum nicht, dachte ich, legte es mir direkt auf die Zunge und ging zurück.

Als das Zeug anfing zu wirken, hatte ich keinen Spaß mehr an der Party – zu laut, zu bunt, zu grell, alles einfach eine Spur zu intensiv. Besser gesagt: zehn Spuren zu intensiv. Man ist dann in einem anderen Universum unterwegs. Die Farben um einen herum verschwimmen, Gegenstände fangen an, sich zu bewegen, werden größer und dann wieder kleiner, als würde man sie heran- und wegzoomen. Und man sieht überall irgendwelche Muster, so ähnlich wie wenn man als Kind durch ein Kaleidoskop schaute. Alles ziemlich crazy.

Ich wollte nur noch weg, floh nach draußen, wo es leiser war und dunkel, weniger Reize auf mich einströmten. Aus irgendeinem Grund oder einfach so schlug ich den Weg zum See ein, dem Lake Wanaka, der sich am nördlichen Rand des Orts ausbreitet, zig Kilometer weit, und setzte mich ans Ufer. Der Mond schien aufs Wasser, das glatt und klar vor mir lag wie eine riesige Glasscheibe. Dort ließ sich der Trip gut aushalten. Es war sogar richtig schön. Als wären mir in diesem abgedrehten Zustand geheimnisvolle Botschaften der Nacht offenbart worden, die einem sonst, bei klarem Verstand, verborgen blieben.

Nach einer Weile kamen die Jungs, mit denen ich zusammenwohnte, und wir gingen zu unserer Unterkunft, einer Art Bungalow, den wir für uns allein hatten. Dort angekommen staunten wir nicht schlecht: Auf der Couch lag ein Typ, den keiner von uns kannte, und grunzte selig vor sich hin. Der Bursche hatte einen verdammt gesunden Schlaf oder ordentlich einen gehoben – keine Chance, ihn wach zu bekommen. Wie Häuptlinge standen wir im Kreis und hielten Kriegsrat, was mit dem Eindringling geschehen sollte. Die naheliegendste Lösung, ihn einfach schlafen zu lassen, bis er sich von allein rührte, schien uns zu gefährlich. Womöglich würde er uns ausrauben oder was für ein Szenario wir uns herbeifabulierten. Ich war noch immer auf einer anderen Umlaufbahn. Auf keinen Fall durfte der Fremde verschwinden, ohne dass wir ihn vernommen hatten. Es war wie eine fixe Idee, nur so und nicht anders. Da keiner von uns bis zum Morgen oder noch länger Wache schieben wollte, beschlossen wir, eine Alarmanlage zu bauen. Die sollte uns wecken, sobald der ungebetene Gast sich regte. Mit einem Stuhl fingen wir an. Den stellten wir über ihn auf die Couch. Dann kam ein zweiter hinzu, ein dritter – bis es insgesamt vier waren. Im nächsten Schritt sammelten wir alles an Gläsern und Geschirr zusammen, was sich im Haus finden ließ, und postierten es auf dem Boden um die Couch herum. Obendrauf kamen Chipstüten und was wir sonst noch auftrieben, das Geräusche verursachen würde, wenn er drauftrat. Dann überprüften wir, ob alles am richtigen Platz war, und bewunderten unsere eigentümliche Installation. Und wie wir so dastanden, kam mir blitzartig die schlaue Idee, dass es noch sicherer wäre, ihn am Weglaufen zu hindern, würde man ihm seine Schuhe ausziehen. Gedacht, getan, er schlief immer noch wie ein Murmeltier. Aber wohin mit seinen Tretern? Wo würde er nicht danach suchen? Genau, im Gefrierschrank, das war auch mein Gedanke.

Zufrieden mit unserem nächtlichen Werk gingen wir schlafen. Ich reiste im Liegen noch ein Weilchen weiter auf meinem Trip, starrte in die Dunkelheit, sah regenbogenartige Farbstreifen, wo vermutlich keine waren, und verschwommene Lichtpunkte, die wie Rauchschwaden dahinzogen. Irgendwann muss ich dann eingenickt sein – und sehr fest geschlafen haben. Und ziemlich lange, wie die anderen auch. Als sich der Erste von uns aufrappelte, um nach dem Fremden auf der Couch zu sehen, war die leer. Der Kerl musste wie ein Geist davongeschwebt sein. Kein Glas war umgestoßen, nichts vom Geschirr kaputt. Die Stühle standen neben der Couch und die Schuhe waren immer noch da, wo ich sie in der Nacht versteckt hatte, mittlerweile tiefgefroren.

Ja, nein, doch ...

Olympia, geplatzte Träume und russische Schönheiten

Die hohen Herrschaften beim Internationalen Olympischen Komitee, dem IOC, hatten also Nägel mit Köpfen gemacht: Halfpipe und Slopestyle würden bei den nächsten Winterspielen 2014 im russischen Sotschi als neue Disziplinen auf dem Programm stehen. Als diese Nachricht um die Welt ging und natürlich auch unsere WG in Innsbruck erreichte, hätten wir vor lauter Begeisterung an die Decke springen und dazu gleich noch drei Tage Party ausrufen können – nach dem Motto: The Olympics are calling, here we come! Machten wir aber nicht. Wie ich an anderer Stelle schon sagte: Hier wir Freeskier, die sich als Freigeister verstanden, out of the box, in so ziemlich jeder Hinsicht – dort das olympische Monstrum mit all seinen Regularien, sportlichen und nicht sportlichen: Das passte für viele nicht zusammen. Allein sich den Bestimmungen des Internationalen Skiverbands, der FIS, unterzuordnen, über den die Qualifizierung für Olympia laufen würde, betrachteten die Kritiker in unseren Reihen als Verrat an der ursprünglichen Idee des Freeskiing.

Die Hardcoregegner, von denen es einige in unserem Umfeld gab, meinten, es gehe den Entscheidungsträgern weniger um unseren Sport und dessen Entwicklung als vielmehr darum, Kohle zu machen. Und den Spielen einen moderneren

Anstrich zu verpassen, die Jugend anzulocken, die auf viele der altgedienten Olympiadisziplinen nicht mehr abfahre – was letztlich wieder aufs Kohlemachen hinauslaufe. Freeskiing werde gerade immer populärer. Dadurch kämen auch Leute aus der Wirtschaft, die keine Ahnung von dem hätten, was wir tun und warum, welche Vision uns antreibt, sich den Profit aber nicht entgehen lassen wollten. Die Bühne Olympia komme ihnen dabei genau recht. Allerdings würden diese Leute sofort wieder verschwinden und unseren Sport fallen lassen, falls mit ihm doch nicht genug zu holen sei. Etwa so dachte die eine Front.

Die andere hegte ebenfalls Bedenken, sich dem Diktat des IOC unterzuordnen und nach der Pfeife der FIS zu tanzen. Sah auch all die anderen Gründe, die einen nicht gerade jubeln ließen. Aber für die Vertreter dieser Seite war Olympia trotz allem eben doch OLYMPIA, das wichtigste und größte Sportevent der Welt – der Traum eines jeden Leistungssportlers. Und eine riesige Plattform, für den Sport und für die, die ihn betreiben. Diese Fraktion, das war die, zu der ich gehörte. Viele Bedenken, auch bei mir, doch entscheidend war der eine Gedanke: ICH WILL DAHIN.

Wie jeder weiß, kann niemand einfach bei Olympischen Spielen starten, und wenn er in seiner Disziplin noch so gut ist, besser als alle anderen, in seinem Land, auf der Welt, im Universum. Man muss sich vorher qualifizieren. Dafür gibt es Normen, die zu erfüllen sind, nationale und internationale. Okay, das kann man alles bei Wikipedia oder sonst wo nachlesen. Worauf ich hinauswill: Um besagte Normen erfüllen zu können, muss man an bestimmten internationalen

Wettbewerben teilnehmen, die vom Weltverband der jeweiligen Sportart zuvor dafür festgelegt wurden. In unserem Fall waren das unter anderem Weltcups, organisiert von der FIS. Zu solchen Wettbewerben kommt man allerdings nur, wenn man vorher bewiesen hat, dass man in dieser Liga überhaupt mitmischen kann. Und das wiederum entscheidet der Sportverband, der im eigenen Land für die Sportart zuständig ist und einen dorthin schickt. Klingt alles total logisch und total durchorganisiert. Was aber, wenn es die Athleten ebendieser Sportart bisher tunlichst vermieden haben, sich diesem Sportverband anzuschließen? Eben weil sie sich als Freigeister verstanden und auf Verbandsstrukturen und all das, was damit zusammenhing, keinen Bock hatten. So, damit sind wir dort angekommen, wo wir in Deutschland standen, als beim IOC in Lausanne die Würfel zu den beiden Disziplinen fielen – quasi am Punkt null.

Die Buckelpistenleute waren beim Deutschen Skiverband organisiert, der beispielsweise jene Schülercups durchführte, bei denen ich früher für den Skiclub Lenggries antrat. Beim Skiverband war auch die Jugendnationalmannschaft angedockt, in die ich damals aufgenommen wurde. Von daher kannte ich die Strukturen, zumindest im Groben – wer das Sagen hat, welche Regeln gelten und so weiter. Auch Thomas und Tobi konnten ihre Erfahrungen aus der Zeit bei den Ski-Alpinen beisteuern. Dass einem so ziemlich alles vorgeschrieben wurde, wann und wo und wie man zu trainieren oder zu fahren hatte, war für uns drei der ausschlaggebende Grund gewesen, einen anderen Weg einzuschlagen. Nun hieß es aber, eine krasse Kehrtwendung hinzulegen und auf das System zuzusteuern, dem wir einst entflohen waren. Und das nicht irgendwann, sondern am besten vorgestern.

Ich will unser Engagement nicht überbewerten, aber im Rückblick kann man schon sagen, dass die Innsbrucker WG eine Art Keimzelle des zukünftigen Nationalteams Halfpipe und Slopestyle wurde. Es fing damit an, dass Tobi, Thomas und ich uns zusammenhockten und überlegten, wie man das Projekt Olympia anschieben könnte. Sven kam als Nicht-WGler hinzu. Durch das Filmen für Legs of Steel und auch, weil wir ähnliche Visionen hatten und uns obendrein super verstanden, gehörte er inzwischen mit zum engsten Kreis. Dasselbe galt für Daniel Schießl, einen ehemaligen Slopestyler, der nun im Sportmarketing arbeitete und sich uns ebenfalls anschloss. Wir fünf brüteten praktisch das Ei aus, aus dem später das Olympiaküken schlüpfen sollte.

Unsere erste Aktion bestand darin, alle starken deutschen Halfpipe- und Slopestyle-Fahrer zusammenzutrommeln, Jungs und Mädels, die den Sport leistungsorientiert betrieben. Wer für sich entschieden hatte, auf keinen Fall Wettbewerbe zu fahren, der interessierte sich kaum für einen Start bei Olympia. Unsere Szene war damals überschaubar. Je nach Leistungsniveau kannten sich die meisten untereinander. Das war also kein Hexenwerk. Dieses erste Meeting fand bei uns in der WG statt, im Legs of Steel House, wie wir sie inzwischen nannten, schon deshalb passt das mit der Keimzelle. Eine Art Miniparteitag, offene Diskussion, jeder durfte seine Meinung vortragen und am Ende wurde ein Beschluss gefasst: Wir wollten auf den Skiverband zugehen, denn ohne Skiverband kein Olympia. Und wir wollten es gemeinsam tun, als

Einheit – keine Einzelgänge. So würden wir unsere Interessen am ehesten durchsetzen können. Tobi und Daniel sollten uns als Abgesandte vertreten, die Verhandlungen führen. Am meisten befürchteten wir, die Seele des Freeskiing könnte auf der Strecke bleiben – die Unabhängigkeit, das Freigeistige, dieses Außerhalb-der-üblichen-Regeln. Und genau das wollten wir verhindern. Nur ein Beispiel: Bei uns hatte jeder seine eigenen Sponsoren, die ihm das Leben als Sportler ermöglichten. Start- und Preisgelder oder andere Prämien kamen als Boni obendrauf. Wie auch das Geld, das man durchs Filmen verdiente, falls man auf dem Gebiet unterwegs war. Beim Skiverband wurde – mehr oder weniger – das Team vermarktet, solche absoluten Spitzenathleten wie Felix Neureuther oder Maria Höfl-Riesch ausgenommen, die aufgrund ihrer Erfolge und ihrer Popularität gewisse Sonderrechte für sich beanspruchten. Doch selbst sie mussten die Kleidung des Ausrüsters tragen, den alle trugen. Und sie wurden mit Fahrzeugen derselben Automarke ausgestattet. Was in beiden Fällen mit Werbeauftritten verbunden war, in welcher Form auch immer. Damit will ich nicht sagen, dass dieses System schlecht war. Zumal es sich um höchst angesehene Marken handelte, nach denen sich andere Sportler die Finger leckten. Auf jeden Fall war es sozialer. Die Schwächeren, die zum Team gehörten, es aber nie ganz nach oben schafften und als Werbeträger weniger gefragt waren, dürften davon profitiert haben. Nur passte das System nicht zu unserer Denkweise. Und nicht zu unserem Sport, wie wir ihn verstanden und ausüben wollten. Gerade die Kleidungsvorschriften stellten eine heikle Frage dar, so banal das klingen mag, wo es scheinbar doch nur Äußerlichkeiten betraf. Aber genau das stimmte eben nicht. Hier ging es auch um die Seele des Sports. Zwar definierten wir uns als Freeskier nicht allein über unsere lässige, unkonventionelle Kleidung, aber ohne die Freiheit, selbst entscheiden zu können, was wir auf der Piste trugen, wäre es nicht mehr dasselbe gewesen.

Auf der anderen Seite schienen sie beim Skiverband mit uns einen Haufen wahnsinniger Chaoten – so drückte es Tobi einmal aus – zu erwarten, die keine Ahnung von Trainingsplänen, Leistungsdiagnostik und solchen Sachen hätten. Als hätten wir nur Party im Kopf gehabt und den ganzen Tag kaum mehr als irgendwelche sinnfreien Sprüche wie „Yo, yo" und „Was geht ab?" über die Lippen bekommen. Die Ausgangslage war also nicht ganz unkompliziert.

Umso erstaunlicher, wie gut die Gespräche dann flutschten. Beide Seiten schienen überrascht. Wir waren es auf jeden Fall, auch angesichts des Respekts, der uns entgegengebracht wurde. Wie sagt man so schön: Die Gespräche verliefen auf Augenhöhe. Insbesondere die mit Wolfi Maier, dem Sportdirektor des Skiverbands. Bei ihm hatte man das Gefühl, dass er sich ehrlich darüber freute, eine Truppe wie uns ins Team zu holen – jung, wild und ein bisschen verrückt. Vielleicht konnte er von allen beim Verband am besten einschätzen, dass wir nicht planlos irgendwo im Schnee herumsprangen, sondern Sportler mit Leib und Seele und auch mit Verstand waren. Das heißt nicht, dass es ein Selbstläufer wurde. Und noch weniger, dass nach zwei, drei Treffen alles geregelt gewesen wäre. Es zog sich über Monate hin, fast ein Jahr. Oder sogar länger. Was auch an uns lag, da wir uns in die Strukturen erst einmal reindenken und ein Modell entwickeln mussten, dass für unseren Sport Sinn machte und den Athleten wirklich etwas brachte. Immer wieder gab es Sitzungen beim Skiverband, mussten Sachen durchgekaut werden, doch Schritt für Schritt näherten wir uns dem Ziel.

So entstand das Freeski-Nationalteam, dem am Anfang dreizehn Athleten angehörten, vier Mädels, neun Jungs – ich war einer davon. Bei den Mädels war Lisa Zimmermann dabei, die von uns allen später die meisten Medaillen und Titel gewann. Jeder von uns unterzeichnete eine Vereinbarung mit dem Skiverband. Darin war unter anderem festgelegt, dass wir für den Verband starten, bei internationalen Wettbewerben wie Weltmeisterschaften und Olympischen Spielen Deutschland vertreten und dort die Regeln der FIS und des IOC einhalten. Anders als bei den Buckelpistenathleten oder den Ski-Alpinen wurden uns keinerlei Vorschriften auferlegt, was die Sponsoren und die Wettkampfkleidung betraf, außer dass sie regelkonform sein mussten, was sich von selbst verstand. Das Agreement mit dem Verband beinhaltete auch, dass dieser uns finanziell unterstützte, etwa bei den Reisekosten für Wettbewerbe und Trainingslager. Außerdem konnten wir die Olympiastützpunkte nutzen und auf die Sportärzte und Physiotherapeuten zurückgreifen, die für den Skiverband arbeiteten.

Tobi und Daniel wurden offiziell unsere Teammanager. Und dann war da noch die Geschichte mit Thomas, seine Trainerkarriere in weltrekordverdächtigem Tempo – von null auf Nationalcoach, in sage und schreibe zwei Wochen. So lange – vielmehr: so kurz – steckte er gerade mal in der Skitrainerausbildung, als ihn der Verband zum Coach des Nationalteams ernannte. Das dürfte die schnellste Beförderung eines Trainerlehrlings überhaupt gewesen sein. Unkonventioneller ging es nicht, das passte zum Freeskiing, wir fanden es großartig.

Ehrlicherweise war Thomas' Blitzernennung für uns gar nicht die große Überraschung, sondern Teil des Konzepts. Wenn uns etwas überraschte, dann dass sich der Skiverband darauf einließ. Ich kenne keine andere Sportart, bei der das vorstellbar gewesen wäre. Thomas war damals 26 und noch aktiv, das wollte er auch bleiben. Wir filmten zusammen für Legs of Steel und wie die anderen startete er auch bei Wettbewerben. Anfangs spekulierte er sogar darauf, sich selbst für Olympia zu qualifizieren. Seine neue Rolle sah er wie die eines Spielertrainers. Das hielt er für die authentischste Variante. Wir alle dachten so. Beim Freeskiing, wie wir es kannten, waren deine Buddys die Trainer, man gab sich gegenseitig Tipps. Hierarchien fanden wir ebenso überflüssig wie jemanden, dessen Aufgabe darin bestand, uns anzutreiben. Wo wäre da der Spaßfaktor geblieben? Dabei war Spaß das Wichtigste von allem, für mich jedenfalls. Hätte ich keinen Spaß am Skifahren gehabt, hätte sich Frust oder gar Wut eingestellt, beides ließ einen nur verkrampfen. Und verkrampft konnte man es gleich bleiben lassen.

Jeder aus dem Team hatte auch vorher trainiert, der eine mehr, der andere weniger. Damals hätte ich es wahrscheinlich nicht zugegeben, heute sage ich, einige meiner Verletzungen wären zu verhindern gewesen oder weniger schlimm ausgefallen, hätte ich früher besser trainiert. Speziell die Kraft-Ausdauer-Sachen, für die man ins Gym ging. Man machte halt das, was man für richtig hielt – und davon so viel, wie man für richtig hielt. So war ich es seit jeher gewohnt. Und völlig falsch konnte das nicht gewesen sein, sonst hätte ich den Punkt nicht erreicht, an dem ich stand. Das hieß jedoch nicht, dass es keinen Optimierungsbedarf gegeben hätte. Und ob es den gab, bei uns allen, man musste sich nur kritisch genug hinterfragen.

Eine von Thomas' Aufgaben bestand nun darin, unser Training professioneller aufzuziehen. Immer mit dem großen Ziel Olympia vor Augen. Er organisierte Lehrgänge, die wir Camps nannten, auf dem Hintertuxer Gletscher, in Colorado, in Neuseeland, an den üblichen Orten, die wir kannten, weil es für unsere Zwecke die besten waren. In Deutschland hätten wir ewig nach einem geeigneten Snowpark suchen können und wären doch niemals fündig geworden – einfach weil es keinen gab. Es war schon schwierig, eine Trampolinhalle zu finden, die uns das Training ermöglichte, das wir brauchten. Auch Wasserschanzen, auf denen wir im Sommer trainieren konnten, waren äußerst rar gesät. In Süddeutschland gab es eine, höchstens zwei, die infrage kamen. Dafür hatten wir mit der Sportschule von Lorenz Westner in Fürstenfeldbruck den denkbar besten Partner für jede Art des Athletiktrainings. Und ebenso für verschiedene Rehamaßnahmen nach Verletzungen. Ich war bei Lenz, wie er von allen genannt wird, und seinem Team seit meiner Meniskus-OP „Stammkunde". Dass mir die Distanz von 170 Kilometern pro Strecke nichts ausmachte, obwohl es Zeiten gab, in denen ich fast jeden Tag hinfuhr – und wieder zurück –, sagt eigentlich alles. Die Sportschule wurde unser Olympiastützpunkt, das Kompetenzzentrum des Nationalteams.

Soweit die Rahmenbedingungen, im Großen und Ganzen. Damit sich die Athleten für Sotschi qualifizieren konnten, stellte die FIS einen Weltcup für Slopestyler auf die Beine. Für Halfpiper gab es den schon seit einigen Jahren. Ich hatte mich für Slopestyle entschieden. Genau genommen existierten die meisten der Contests bereits vorher, bekamen jetzt nur das Etikett „Weltcup" angeheftet. Um gleich die Phase ins Blickfeld zu rücken, in der sich entschied, wer es zu den Spielen schaffte, ein kleiner Sprung ins Jahr 2013. Der Weltcup umfasste fünf Stationen. Einige der Austragungsorte wechselten mit der Zeit, immer gleich blieb, dass er in Neuseeland begann, im Skigebiet Cardrona, Ende August oder Anfang September. Weiter ging es in jenem Jahr in Copper Mountain, Colorado, kurz vor Weihnachten, bevor in Breckenridge, also um die Ecke, die nächste Entscheidung anstand. Das war dann schon im Januar 2014, in dem auch die vierte Entscheidung ausgetragen wurde, nun in der Schweiz, in Gstaad. Dort hatte man die letzte Möglichkeit, sich für Sotschi ins Spiel zu bringen. Zwar gab es danach noch das Finale, ebenfalls in der Schweiz, in Silvaplana bei St. Moritz, allerdings fand das erst Ende März statt, nach den Olympischen Spielen.

Um die Norm des Deutschen Skiverbands zu erfüllen, also die nationale, musste ich es zweimal unter die Top 15 schaffen oder einmal unter die besten acht. Das hätte allerdings nichts genützt, wäre ich in der Gesamtwertung des Weltcups nach den ersten vier Stationen nicht mindestens auf Platz 30 gelandet – das war die internationale Olympianorm. Beide Normen hielt ich für machbar, ohne an Selbstüberschätzung zu leiden. Im Frühjahr 2013 war ich bei den Freestyle-Skiing-Weltmeisterschaften in Norwegen im Slopestyle gestartet. Das Ergebnis ist nicht der Rede wert, es lief eher suboptimal, Platz 25. Aber dort hatte ich die Konkurrenz gesehen. Ich wusste, was die anderen draufhatten, und konnte mein eigenes Können im Vergleich dazu ganz gut einordnen. Vorausgesetzt freilich, dass mir gelang, es abzurufen, wenn es darauf ankam. Und genauso vorausgesetzt, Knie und Rücken machten mit. Das war von allen vielleicht die größte Hürde.

Aus diesem Grund musste ich strategisch herangehen: Mit minimalem Aufwand das Maximale erreichen. Mein Plan sah vor, nur so viele Weltcups zu fahren, wie ich brauchte, um mich zu qualifizieren. Ideal wäre gewesen, lange Flüge zu vermeiden. Das ewige Sitzen war die Hölle. Jedes Mal schwoll das Knie an wie ein Luftballon, den man aufpustete. Bei den Trainings zu den Weltcups bestimmte die Diva das Pensum. In der Regel konnte man vorher zwei, drei Tage in dem Park trainieren, wo sie stattfanden. Lief es gut, hielt Madame, die ich alle zwei Wochen mit Cortisonspritzen bei Laune zu halten versuchte, einen Tag durch, bevor sie Protest einlegte, sodass ich um eine Pause nicht herumkam. Mal einen Tag, mal zwei Tage. Lief es schlecht, blieb mir sogar nur ein halber Tag zum Trainieren. Dann die Pause und wieder ein halber Tag. Sich neue Tricks draufzuschaffen, wie wir es gewöhnlich unmittelbar vor Wettbewerben machten, gestaltete sich unter diesen Umständen extrem schwierig. Selbst wenn ich einen hinbekam, reichte die Zeit kaum, um so sicher zu werden, dass man mit gutem Gefühl in die Schlacht zog, mit breiter Brust: Den kann ich, den steh ich.

Insgesamt trainierte ich etwa vierzig Prozent von dem, was die anderen absolvierten. Es war echt frustrierend. Da liegt die große Chance, bei Olympia dabei zu sein, wie ein hübsch verschnürtes Geschenk vor dir, wahrscheinlich das einzige Mal in deinem Leben. Du möchtest nichts lieber als dir dieses Geschenk verdienen, willst es noch besser machen, alles aus dir herausholen – und dann bremst dich dein verdammter Körper aus, in dem Alter.

Erstaunlicherweise schienen die ständigen Schmerzen und das notgedrungen eingedampfte Trainingspensum damals nie wirklich ein Thema gewesen zu sein, nicht nach außen hin, in der Öffentlichkeit. In keinem Interview, das ich aus dieser Zeit finden konnte, taucht davon etwas auf. Auch nicht in anderen Berichten. Es wird höchstens mal erwähnt, dass ich einige Knie-OPs hinter mir hatte und der Rücken ab und zu zwickte. Aber eher als Zeugnis dafür, dass ich ein zäher Bursche war, der was wegstecken konnte. Nie, dass deswegen alles auf dem Spiel stand. Im Nachhinein kommt es mir vor, als hätte ich die Tatsache, was das wirklich bedeutete, oft genug mir selbst gegenüber verleugnet – als würde man einen Schalter einfach weiterdrehen, ein neues Programm einstellen, das keine schlechten Nachrichten bringt. Wie das funktionierte, wo mich die Diva doch ständig daran erinnerte, kann ich auch nicht erklären. Muss an der jugendlichen Urkraft gelegen haben, die einen glauben lässt, dass man unsterblich ist.

Zusätzlich dürfte es so gewesen sein, dass mich ein Handicap wie mein geschundenes Knie zwar oft genug gehörig nervte, gleichzeitig aber noch einen Tick mehr an Motivation freisetzte, sozusagen das allerletzte Fitzelchen mentaler Kraft aus mir herauskitzelte. Nach der Devise: Jetzt erst recht! Aufgeben war zu der Zeit jedenfalls keine Option. Einfach weitermachen, die Schmerzen ignorieren, immer fleißig Ibu rein und dann Vollgas.

Es lief nicht überragend, aber auch nicht schlecht. Die Weltmeisterschaften waren eine Erfahrung, von mir aus auch eine Standortbestimmung, aber nicht wirklich wichtig für das große Ziel. Bei den Weltcups, auf die es ankam, schaffte ich genau das, was ich schaffen musste: zweimal eine Platzierung unter den Top 15.

Kaum hatte ich die Norm im Kasten, schien sich meine ohnehin schon turbulente Welt auf einmal noch schneller zu drehen. Das junge Freestyle-Nationalteam, gefühlt eben erst aus der Taufe gehoben, hatte seinen ersten Olympiakandidaten. Ich war unser Mann für Sotschi. Nun meldete sich nicht mehr nur die Münchner Heimatpresse, um ihren aufstrebenden Lokalhelden abzufeiern, der diese seltsame Sportart betrieb, die mancher kaum aussprechen konnte, sondern auch *Der Spiegel*, die *Frankfurter Allgemeine Zeitung* und andere große Blätter, die überregional erschienen. Außerdem Leute vom Radio und vom Fernsehen. Abgesehen von denen, die die Doku für den Privatsender drehten, das lief weiter. Auch an der Sponsorenfront kam Bewegung auf. Neue Automarke, neuer Bekleidungsausstatter. Und andere Firmen legten Geld auf den Tisch, um mich als Werbegesicht zu engagieren. Dieses Interesse hätte jedem geschmeichelt. Dabei hatte ich im Grunde noch gar nichts erreicht. Trotzdem war es so, als hätte mich jemand in eine andere Umlaufbahn katapultiert.

Und das Schrägste daran: Alle taten so, als wäre das genau der richtige Platz für mich, als würde ich dazugehören. Ich meine, all die anderen – ob Skispringer, Biathleten, Rodler, Ski-Alpine und wen es noch gab – sie spielten seit Ewigkeiten in diesem System mit, hatten Weltklasseathleten in ihren Reihen, Olympiasieger, Weltmeister, Legenden, man kann fast sagen Denkmäler des Sports. Was hatte jemand wie ich mit dieser Welt zu tun? Da sollte ich dazugehören? Das musste man erst mal im Kopf sortiert bekommen. Allein das Gefühl bei der Olympiaeinkleidung, inmitten der Stars. Plötzlich drückte mir jemand eine deutsche Fahne in die Hand, sofort Blitzlichtgewitter, als wäre ich derjenige, um den es ging. Und ehe ich michs versah, saß ich beim ZDF im *Sportstudio* – die heilige Messe. Bei diesem ganzen Rummel konnte einem schwindlig werden.

Doch dann kam der Weltcup in Breckenridge, Anfang Januar 2014, ein Totalausfall – Sturz in der Quali, Platz 67. Dadurch rutschte ich logischerweise auch in der Gesamtwertung nach hinten, zu weit, um noch ruhig schlafen zu können. Wie gesagt, bei Platz 30 war die Schallmauer, alles dahinter bedeutete ein großes NICHTS, nothing, nada. Oder wie es im Russischen heißt: Ничего. Der Worst Case. Noch konnte es reichen, aber sicherer würde sein, auch in Gstaad zu starten, beim nächsten Weltcup, dem letzten vor Olympia. Dort ein solides Resultat und die Sache wäre geritzt – Schluss mit dem Zittern und Bangen. Andernfalls würde alles zusammenbrechen wie ein Kartenhaus.

Also Gstaad. Mitte Januar, drei Wochen vor Olympia. Dass ich motiviert war bis in die Haarspitzen, versteht sich von selbst. Doch es kam darauf an, cool zu bleiben, zwei saubere Läufe runterzubringen – oder wenigstens einen, es zählte immer der bessere –, um sich fürs Finale zu qualifizieren, das wäre das Optimum gewesen. 71 Starter, 16 würden ins Finale kommen. Selbst wenn nicht, wäre es kein Weltuntergang gewesen, solange ich unter den ersten 20 oder 25 rangierte. So hatte ich es grob überschlagen. Kam auch darauf an, wie die anderen fuhren, die mir in der Gesamtwertung hätten gefährlich werden können.

Mein erster Run lief ganz ordentlich. Kein größerer Patzer, alle Sprünge und Tricks klappten, ich musste auch nicht in den Schnee greifen. Der zweite dann ähnlich, etwas besser sogar, eigentlich war ich zufrieden – mit mir. Was aber stellten die Punktrichter an? Fünf waren es. Zwei, drei davon fremde Gesichter. Wenn man so lange dabei war wie ich, kannte man die meisten Judges. Die hier mussten neu sein. Ich weiß, man kommt schnell als schlechter Verlierer rüber, wenn man anfängt, die Schuld bei anderen zu suchen. Aber ich traute meinen Augen nicht, als ich die Bewertung sah, beim ersten Lauf wie beim zweiten. Und Thomas, unser Coach, war genauso fassungslos. Er diskutierte hinterher ewig mit den Punktrichtern. Zumal wir einen guten Vergleich hatten. Ein anderer Starter, ein Schweizer, hatte seine Runs mit den gleichen Tricks gestaltet wie ich. Vielleicht war er etwas besser gefahren, aber nicht so viel, dass wir fünfzehn Punkte auseinanderlagen. Eine Differenz, die für ihn genügte, um auf Platz 5 zu landen. Ich kam nicht einmal ins Finale – Platz 36.

Thomas meinte, am Ende hätten die Punktrichter zugegeben, einen Fehler gemacht zu haben. Nur ließ sich der nicht mehr korrigieren. Also ging die große Rechnerei los. Wo stand ich nach diesem Resultat in der Gesamtwertung? Auf Rang 30 ... nein, verflucht, auf 31. Allerdings punktgleich mit dem Vorplatzierten. Insgesamt waren wir drei, die exakt dieselbe Punktzahl aufzuweisen hatten – außer mir ein Finne und ein Tscheche. Aber nur einer bekam ein Ticket für Sotschi. Und das war nicht ich.

Achterbahn der Gefühle, kann ich nur sagen. Als wären die Wochen davor nichts weiter als ein schöner Traum gewesen, aus dem ich nun herausgerüttelt wurde, so unsanft wie nur was. Die Interviews, die ich gegeben hatte, ich freue mich auf Sotschi, ein Traum wird wahr, ich werde alles geben und so weiter – was hatte ich den Leuten da bloß vorgegaukelt? Die mussten doch denken: So ein Hochstapler! Große Klappe, aber nichts dahinter. Nein, das waren keine schönen Tage.

Nur gut, dass eine meiner Stärken darin besteht, Dinge abzuhaken, wenn sie nicht zu ändern sind. Das macht die Enttäuschung nicht kleiner, verkürzt aber die Leidenszeit. Den Frust abschütteln, tief durchatmen, ein Lächeln aufsetzen ... und weiter gehts, auf zu neuen Ufern. Nach vorn zu schauen ist allemal sinnvoller und sicher auch gesünder, als sich ewig in Selbstmitleid zu suhlen und mit der Welt, Gott und wer weiß wem zu hadern. Es war nun einmal, wie es war. Dann nutzten wir eben die frei gewordene Zeit, um für Legs of Steel zu drehen. Ich schaltete einfach um, so war es am besten zu ertragen.

Außerdem bestand noch ein kleines Fünkchen Hoffnung. Eine Tante mütterlicherseits, die in der Schweiz wohnt, war nach Gstaad gekommen, um sich den Auftritt ihres Neffen beim Weltcup anzuschauen. Als Kind hatte ich in den Sommerferien viel Zeit mit ihr verbracht. Tante Anke. Eine sehr angenehme Person. Sie bekam den ganzen Ärger hautnah mit und hatte sofort die Idee, einen Anwalt einzuschalten, den sie kannte. Einen Experten für Sportrecht.

Bei zwei oder mehr punktgleichen Fahrern im FIS-Ranking musste es eine Regel geben, wie in einem solchen Fall zu verfahren war. Sonst könnte irgendjemand einfach Gott spielen, für den einen den Daumen heben und für den anderen nicht – wie es geschehen war, zu meinen Ungunsten. Ob der Anwalt sich mit unserem Skiverband kurzschloss oder umgekehrt, weiß ich nicht mehr. Jedenfalls flatterte der FIS umgehend ein Protestschreiben auf den Tisch.

Um es abzukürzen: Es gab diese Regel nicht – eine Lücke im Reglement. Das musste selbst die FIS eingestehen, was den Herrschaften sicher nicht gefiel, die sich gern als die Unfehlbaren präsentierten. Immerhin veranstalteten sie kein ewiges Tauziehen, wer die dickeren Muckis hat und so. Nachdem auch der Deutsche Olympische Sportbund, der oberste aller deutschen Sportverbände, und das IOC eingeschaltet wurden, durfte ich auf meiner Facebook-Seite verkünden: „Back in the Games!!" Einfach so, ich konnte es selbst kaum glauben. Die Achterbahn drehte ihre Loopings. Drin, doch nicht, nun wieder – wie verrückt war das denn?

Die Entscheidung fiel an einem Donnerstag, das weiß ich noch, Ende Januar. An dem Dienstag darauf, da war dann schon Februar, saß ich im Flieger nach Sotschi, als 153. Athlet der deutschen Olympiamannschaft. Drei davon stellte unser Freestyle-Nationalteam. Für so einen kleinen Haufen nicht schlecht. Auch Lisa hatte die Quali geschafft, deutlich geschmeidiger als ich. Beim Weltcup in Neuseeland war sie Dritte geworden. Und in Gstaad hatte sie im Unterschied zu mir gar nicht erst eine Frage aufkommen lassen, sondern mal eben gewonnen. Ein Triumph für die Geschichtsbücher: der erste

Slopestyle-Weltcupsieg für Deutschland. Nummer drei in unserem Freestyler-Team war Sabrina Cakmakli, die ein beeindruckendes Comeback hingelegt hatte, nachdem sie durch einen Sturz im Januar 2013 ein halbes Jahr außer Gefecht war. Um ihr ramponiertes Knie zu schonen, Kreuzbandriss und zwei Meniskusschäden, war sie kurzerhand vom Slopestyle zur Halfpipe gewechselt und hatte auf den letzten Drücker ihr Olympiaticket klargemacht. Ein Team, drei Wundertüten.

Also auf nach Sotschi, zu Putins Spielen. Genauer gesagt nach Krasnaja Poljana, einem kleinen Bergdorf, Luftlinie circa vierzig Kilometer entfernt. Und dann noch einen Katzensprung weiter, bis an den Rand des Skigebiets Rosa Chutor. Dort hatten sie eins von drei Olympischen Dörfern aus dem westkaukasischen Boden gestampft, sprichwörtlich. Vieles schien noch gar nicht fertig zu sein. Im Notfall half Farbe, damit ließen sich Schwachstellen geschickt übertünchen. Die Häuser sahen aus, als wären sie größtenteils aus Pappe gebaut. Jedes pastellfarben gestrichen, schimmerten sie in ausgewaschenen Rot-, Gelb-, Grün- oder Blautönen. Architektonisch wahrlich keine Offenbarung, recht seelenlos dem Alpenstil nachempfunden, aber darum dürfte es den Baumeistern auch nicht gegangen sein.

Im Inneren der Häuser herrschte praktische Nüchternheit. Nichts Heimeliges oder so. Ich bekam ein Doppelzimmer, das ich mit mir selbst teilen durfte. Zwei Einzelbetten, dazwischen ein schmaler Gang, an der Wand ein Kleiderschrank. Drei solcher Zimmer – nebenan schlief Thomas – bildeten eine Wohneinheit, zu der ein Badezimmer gehörte, das alle nutzten. Von Luxus keine Spur, aber für WG-Erprobte wie uns völlig ausreichend.

Den Mittelpunkt des Dorfs, in dem rund 2500 Athleten samt Trainer- und Betreuerteams untergebracht waren, bildete eine große Halle – die Mensa, in der man sich 24 Stunden am Tag den Bauch hätte vollschlagen können. Während man im Bereich der Unterkunft relativ abgeschottet seine Tage verbrachte, begegnete man dort den anderen Athleten aus verschiedensten Regionen der Erde. Ein riesiger Marktplatz, Kontaktbörse und Futterstation in einem. Das kulinarische Angebot: wie eine Reise über die sieben Kontinente. Zumindest in dieser Hinsicht sollte sich anscheinend jeder wie zu Hause fühlen. Ebenfalls gut frequentiert, was ich so mitbekam, wurde das Ärztezentrum. Viele nutzten offenbar die Gelegenheit, ihre Zähne kostengünstig in Ordnung bringen zu lassen, auch ohne dass sie Beschwerden hatten. In dem abgeschotteten Mikrokosmos musste man für nichts die Geldbörse zücken.

Das gesamte Areal war eingezäunt und bewacht wie ein Hochsicherheitstrakt für Schwerverbrecher. Man kam nur in einem Bus, der vorher auf Sprengstoff gecheckt und versiegelt wurde, hinein oder hinaus. Es sei denn, man machte sich zu Fuß auf den Weg. Dann musste man eine Sicherheitsschleuse passieren wie auf einem Flughafen – und seinen Olympiapass samt Akkreditierung vorweisen, sonst kam man nirgendwohin.

Ein Ziel jenseits des Zauns war das Deutsche Haus – Немецкий дом – im Zentrum von Krasnaja, *der* Meetingpoint für alle, die irgendwie mit unserem Olympiateam zu tun hatten oder zu tun haben wollten: Medienleute, Funktionäre, Vertreter der Sponsoren bis hin zu Politikern, die sich diese Bühne nicht entgehen ließen. Wobei Letztere sich im Vergleich zu anderen Winterspielen, die nicht dermaßen in der Kritik standen wie Sotschi, eher rarmachten. Auch wir Athleten wurden ständig gefragt, bereits im Vorfeld, wie wir es mit unserem Gewissen vereinbaren könnten, die putinsche Propagandashow durch unsere Anwesenheit zu pushen. Ich will das Fass nicht wieder aufmachen, aber mal ehrlich, es ist immer die gleiche Leier: Da treffen hohe Funktionäre, die sich von korrupten oder auch nicht korrupten Politikern pampern lassen, irgendwelche Entscheidungen, die Medienkonzerne spielen erst mal mit, um sich die Übertragungsrechte zu sichern, und dann werden uns Sportlern solche Fragen um die Ohren gehauen. Als könnten wir die Welt allein zu einem besseren Ort machen. Und das zu einem Zeitpunkt, zu dem der Kopf längst auf andere Dinge fokussiert sein sollte.

Auch wenn man es noch so kritisch betrachtete, einmal dort, überwog das Gefühl, gerade etwas Großartiges mitzuerleben. Dann waren eben noch nicht alle Hotels fertig und die Fassaden nur von einer Seite gepinselt, wen scherte das wirklich? Meine Mutter und Dominik, die unbedingt dabei sein wollten, hatten auch kein Hotelzimmer mehr buchen können, weil es weniger gab als vorgesehen. Die Notlösung war dann eine Kabine auf einem Kreuzfahrtschiff, das vor Sotschi ankerte, ging auch. Und war es nicht die Bundeskanzlerin höchstpersönlich, die vor dem Sonnenkönig im Kreml wieder und wieder brav ihr Dienerchen gemacht hatte? Mit dem Wissen von heute kann man das noch viel weniger verstehen. Damals schob ich solchen gedanklichen Ballast einfach beiseite. Er verschwand fast von allein. Hallo! Ich war bei Olympia! Der kleine Junge, der früher rotzfrech neben der Piste wie ein Irrwisch durch den Tiefschnee gewirbelt war – und nun startete ich für unser Land, bei der größten Party, die für Sportler auf der Welt veranstaltet wurde. Konnte mir bitte mal jemand ins Ohr kneifen?

Aber auch dieses überwältigende Gefühl versuchte ich in den Hintergrund zu drängen. Ich nahm die Motivation, die darin steckte, und packte sie zu der Konzentration, mit der ich dem Tag der Tage entgegenstrebte. So krass hatte ich mich noch nie auf etwas fokussiert. Ich trainierte jeden Tag im Gym, natürlich maßvoll, machte jeden Tag Physio und achtete bei allem genau darauf, wie mein Körper reagierte. Schon wegen der Sache mit der Schulter. Die Schultereckgelenksprengung, Tossy II, die ich mir kurz zuvor bei einem Sturz zugezogen hatte, bei dem ich mit dem Ellenbogen auf eine Eisplatte gekracht war. Und sowieso wegen meines Rückens. Und wegen des Knies, dem launenhaften Dauerpatienten. Einerseits brauchte es Training, damit die Muskeln das Gelenk stabilisierten. Andererseits durfte ich es nicht übertreiben, damit sich die Diva nicht verstimmt aufplusterte. Den Sommer über hatten wir ihr eine Cortisonkur verpasst, als keine Wettbewerbe anstanden, sonst wäre das Doping gewesen. Jetzt gab es jeden dritten Tag eine Dosis Hyaluronsäure, direkt ins Knie gespritzt.

Es sollte alles perfekt sein für diesen einen Tag. Wobei ich meine Chancen realistisch einschätzte, behaupte ich mal. Einige Zeitungen schrieben, es könne eine Medaille werden, wenn alles perfekt laufe. Ich ließ mich in einem Interview sogar selbst zu der Prognose hinreißen, alles zwischen Platz 1 und 10 sei möglich. Keine Ahnung, was mich da geritten hatte. Vielleicht hatte ich vorher irgendwas genommen, das rosarote

Wölkchen an den Himmel zauberte. Generell war ich schon immer ein Best-Case-Denker. Am Start dachte ich nie, das wird voll in die Hose gehen. Trotzdem rechnete ich mir jetzt keinen Platz auf dem Podium aus. Ich wusste, dass andere Tricks draufhatten, die, sauber ausgeführt, eine Menge Punkte einbrachten und die ich nicht beherrschte. Meine Rechnung ging so: Bringe ich einen Run optimal runter, ist das Finale drin. Setze ich dort noch einen drauf, könnte es für die Top 5 reichen. Wie gesagt, hinter den Podiumsplätzen. Und auch nur dann, wenn die Sterne wirklich günstig standen, sich alles optimal fügte.

Der Tag der Tage war der 13. Februar, ein Donnerstag. Aufstehen wie immer, halb sieben in der Früh. Der Wettbewerb startete gegen Mittag, ich hätte noch etwas schlummern können, doch es sollte alles so sein wie an den Tagen davor – im Flow bleiben. Im Tunnel war ich schon, die volle Konzentration, jetzt noch eine Schippe drauf. Zuerst aufs Radl, die Muskeln locker machen, dann dehnen, dann Physio. Alles fühlte sich richtig, fühlte sich gut an. Getimt auf den Moment. Dann zum Frühstück in die Mensa, Eier mit Speck. Thomas die ganze Zeit an meiner Seite. War ich locker? Bestimmt sah es so aus. Wir plauderten. Belangloses Zeug. Ein Balanceakt: den Fokus halten, aber nicht verkrampfen. Verkrampfen ist der Tod, so funktioniert nichts.

Dann rüber zum Bus, der uns zum Snowpark brachte, dem Rosa Chutor Extreme Park. Dabei die üblichen Sicherheitsmaßnahmen. Bus leer, Sprengstoffcheck, alle rein, Versiegelung wie bei einem Container im Hafen, der verschifft werden soll. Mit dem Kopf die ganze Zeit beim Lauf. Ich ging ihn noch mal und noch mal durch. Und dabei redete ich mir zu: Du zeigst das Beste, was du draufhast, das Beste!

Dann an der Strecke. Rosa Style hieß die Anlage, ein Bereich im Extreme Park. Der Start auf einer Höhe von 1162 Metern, das Ziel 150 Meter tiefer. Die Länge des Laufs: 635 Meter. Dazwischen drei Rails und drei Kicker, in dieser Reihenfolge. Alles, wie es sein musste, nur die Kicker, die waren abartig groß. Shaun White, der wohl bekannteste Snowboarder der Welt, der bei den Winterspielen in Turin und Vancouver jeweils Gold in der Halfpipe gewann, wollte sich in Sotschi mit Doppelgold krönen – Halfpipe und Slopestyle. Nachdem er jedoch die gewaltigen Kicker gesehen hatte, sagte er seinen Start beim Slopestyle ab. Es hieß, das Risiko sei ihm zu groß, zumal der Slopestyle-Wettbewerb vor dem in der Halfpipe stattfand. Selbst hatte ich auch auf Risikominimierung gesetzt und war im Training nie den kompletten Run gefahren. Ein Sturz hätte alles beenden können, bevor es richtig begann.

Dann der Countdown. Die Quali, zwei Läufe. 32 Starter aus fünfzehn Ländern. 12 würden sich im Finale wiedersehen. Das Wetter wie für diesen Anlass erfunden: blauer Himmel, beste Sicht, nicht zu warm, nicht zu kalt. Ideale Bedingungen. Thomas' letzte Worte: „Du hast so lange darauf hingearbeitet, jetzt bist du hier. Genieß es, hab Spaß!" Kann sein, dass er mehr sagte, aber das ist hängen geblieben. Ich versuchte noch zu denken, dass es auch bloß ein Run wie jeder andere ist. Sich jetzt bloß nicht verrückt machen. Du bist schon überall auf der Welt gefahren. Dann, bereits am Start stehend, ging ich den Lauf noch einmal durch, zum tausendsten Mal oder so, ungefähr in Echtzeit, das Visualisieren, der erste Rail, der zweite, der dritte, danach die Kicker, diese Monster. Wieder eins, zwei, drei. Da geht sogar beim Schreiben der Puls hoch.

Nur leider auch schnell wieder runter ...

Mein erster Lauf war ordentlich. Ich bekam ihn fast planmäßig hin, mit allen Tricks, die ich mir vorgenommen hatte – aber eben nur fast. Eine Kleinigkeit fehlte, ein paar läppische Millimeter, um genau zu sein. Beim mittleren Kicker setzte ich zu einem Ride Side Double Cork 1080 an. Ride Side bedeutet, dass man den Sprung rechtsherum dreht. Für mich die schwierigere Aufgabe, da rechts meine schwächere Seite war. Um gut benotet zu werden, musste man den Punktrichtern Drehungen in beide Richtungen bieten. Doch an den Drehungen lag es nicht, die klappten. Insgesamt vollführte ich bei dem Sprung einen doppelten Salto und drei Rotationen, also Schrauben. Zusätzlich wollte ich das Ganze mit einem Japan Grab aufwerten. Dabei geht ein Arm zum gegenüberliegenden Bein, unter dem anderen Bein beziehungsweise Knie entlang, und die dazugehörige Hand berührt kurz die Außenkante des Skis. Doch genau dazu kam es nicht. Meine Hand war nah dran, aber nicht ganz. Und damit zählte es nicht als Grab. Beim bloßen Zuschauen wäre es wahrscheinlich kaum aufgefallen. Die Punktrichter aber hatten einen Monitor, auf dem sie sich jede Bewegung in Zeitlupe anschauen konnten. Platz 20, das reichte nicht.

Also musste ich alles auf den zweiten Run setzen. War ja nur Olympia. Und dort die letzte Chance ... die allerletzte. Vielleicht machte ich mir zu viel Druck. Oder ich war im entscheidenden Moment nicht konzentriert genug. Ach, was soll ich lange drum herumreden, ich habs verkackt. Schon am zweiten Rail war Schluss. Ich rutschte aus und landete auf dem Hosenboden. FUCK ...! Kein Finale, nichts. Mein Traum, er platzte da im Schnee wie eine Seifenblase, nur nicht so schön.

Fuck! Fuck! Fuck!

Schweigen.

Stille.

Die Welt um mich herum, wie angehalten. Eingefrorene Bilder. Standbilder. Für einen kurzen Moment, dann kam der Ton zurück. Und die Bilder liefen weiter. Der nächste Starter.

Doch wer nun erwartete, ich würde mich wie ein geprügelter Hund vom Acker schleichen und irgendwo in einem stillen Eckchen meine Wunden lecken, dem präsentierte ich einen froh gelaunten Bene. Noch am gleichen Tag, sogar noch während der Wettbewerb lief. Als das Finale begann, stand ich neben Dominik und meiner Mutter auf der Tribüne und versuchte, gute Stimmung zu verbreiten. Mag sein, dass ein bisschen Show dabei war. Manches Lächeln meinerseits dürfte etwas gequält gewirkt haben. Der ganz normale Verdrängungsmechanismus. So schnell verdaut niemand eine Enttäuschung. Ich war traurig und ich ärgerte mich über mich selbst. Ich hatte es verbockt, so viel stand mal fest. Und dennoch: Ich war nicht am Boden zerstört. Es bedeutete nicht den Weltuntergang.

Ich hatte auch nicht vor, dem Trübsinn zu verfallen. Wenn sich Frust einstellte, alte Regel, dann musste der bewältigt werden. Und das machte jeder auf seine Art. Meine war es, zum geselligen Teil der Spiele überzugehen. Wie sich zeigte, hatte dieses Olympia mehr zu bieten als Sport, sogar dort in den kaukasischen Bergen. Ich war mit dem ersten Mannschaftsflieger gekommen und sollte mit dem letzten zurückdüsen. Blieben mir noch zehn Tage, die Nächte nicht zu vergessen. Also Schluss mit der Selbstkasteiung, vorbei die Zeit der Entbehrungen. Im Deutschen Haus stieg fast jeden Abend eine Party. Und falls mal keine auf dem Programm stand – die Medaillenausbeute war nicht so üppig, dass ständig Grund zum Feiern gewesen wäre –, konnte man trotzdem gemütlich beieinanderhocken und Spaß haben, mit anderen Athleten, mit Journalisten oder wer gerade auftauchte. Aber für mich war das manchmal nur das Vorprogramm.

Unter uns Athleten hatte sich eine andere Adresse in Krasnaja herumgesprochen, die anzusteuern sich lohnen sollte. Am Anfang dachte ich, es sei eine gewöhnliche Bar. In einem nicht ganz so gewöhnlichen Gebäude, das nur drei Stockwerke hatte, von denen jedes allerdings geschätzt sechs Meter hoch gewesen sein dürfte. Vom Deutschen Haus konnte man entspannt hinlaufen. Die untere Etage erinnerte mich ans P1 in München. Typische Klubatmosphäre. Eine schicke Barfront, Sitzecken mit abgetrennten Bereichen, in der Mitte die Tanzfläche und hier und da ein Käfig, in dem eine russische Schönheit in Minikleid und High Heels tanzte. Mehr oder weniger aufreizend, das hing von den Empfindungen des Betrachters ab und vermutlich noch mehr von dessen Alkoholpegel.

Auch außerhalb der Käfige tummelten sich auffallend hübsche Frauen, so viele, dass man denken konnte, man sei mitten in einen Modelcontest geraten. Ich war an dem Abend nach meiner unglücklichen Vorstellung im Slopestyle-Park das erste Mal dort. Stufe zwei der Frustbewältigung oder wie man es nennen wollte. Mein Platz war erst mal einer an der Bar. Es dauerte eine Weile beziehungsweise einige Gläser, bis mir ein Licht aufging. Wobei, das stimmt nicht. Eine dieser Schönheiten war es, die für die Erleuchtung sorgte. Gut möglich, dass ich sie ansprach. Oder sie sprach mich an. Auf jeden Fall konnte sie Englisch. Mein Lächeln traf ihr Lächeln. Nennen wir sie Ivana, ich glaube, so nannte sie sich. Braunes Haar und große dunkle Augen, in denen man sich verlieren konnte. Sie hätte eine Schwester von Keira Knightley sein können. Ihr Anblick, einfach zum Dahinschmelzen.

Offenbar gab es geheime Codes in diesem Etablissement. Zeigte man sich im unteren Geschoss spendabel, öffneten sich einem Türen, die sonst nicht mal zu sehen waren. Allerdings nur in Begleitung einer Dame – und nicht jeder x-beliebigen. Aber Ivana war so eine. Sie nahm mich bei der Hand, ich folgte ihr wie ein braves Hündchen. Als hätte sie zaubern können, öffnete sich eine Tür, die ich eben noch für ein Stück Wand gehalten hatte. Dahinter führte eine Treppe hinauf ins nächste Stockwerk, wo wir uns in einem Separee wiederfanden, nur Ivana und ich. Und wieder gab es einen Code, den meine hübsche Begleitung so gefühlvoll in mein Ohr hauchte, dass ich mir augenblicklich nichts sehnlicher wünschte als genau das: „Eine Flasche Champagner und ich tanze für dich, nur für dich." Auf wundersame Weise erschien direkt eine Bedienung, um die Bestellung aufzunehmen. Als hätte sie nebenan gelauscht. Gezahlt wurde mit Karte, auch das erledigte sie gleich. Oder kurz darauf, als sie mit dem Champagner und zwei Gläsern erschien. Machte keinen Unterschied, da höchstens zwei

Minuten vergingen. So kam es mir vor. Wobei ich gestehen muss, dass ich gerade dabei war, ein klein wenig die Orientierung zu verlieren. Eine Line vom weißen Pulver wäre in der Situation nicht schlecht gewesen, um den Kopf wieder klar zu bekommen. Nach London hatte ich ab und zu davon „genascht", irgendwo in geselliger Runde, aber selten und nie selbst gekauft. Und nicht, seitdem Doping ein Thema war. Als Olympiakandidat konnte man jederzeit kontrolliert werden. Trotzdem war im Hirn die Wirkung gespeichert, wie für ewig, das Gefühl der Klarheit, das sich einstellte, kaum dass man sich eine Nase davon reingezogen hatte. Aber in der Bar stand so etwas nicht auf der Speisekarte. Zum Glück hatte ich Ivana an meiner Seite, die sich wirklich nett um mich kümmerte und ihr Bestes gab, um mich verliebt zu machen. Verliebt für eine Nacht.

Irgendwann gelangten wir dann noch ins oberste Stockwerk, das dritte. Das wollte ich mir um keinen Preis entgehen lassen. Obwohl der verdammt hoch war, wie ich später, zurück in Deutschland, meiner Kreditkartenabrechnung entnehmen konnte – dann doch etwas erstaunt, was ich mir so alles gegönnt hatte, mir und Ivana. Inzwischen war die erste Flasche leer. Ich ordere die nächsten Getränke, nun, da ich den Zaubercode kannte. Statt eines Separees erwartete uns dort oben eine Suite, ausgestattet mit Jacuzzi samt Regendusche, einem großen Fernseher und einem noch viel größeren Bett. Ivana schien mit allem bestens vertraut zu sein. Aber an der Stelle schließe ich dann mal lieber die Tür – der Gentleman schweigt. Nur so viel noch: Es wurde spät, so spät, dass man schon wieder früh sagen konnte.

Den Heimweg, wenn man das so nennen will, trat ich geschmückt mit einer Cap der amerikanischen Olympiamannschaft an. So ein Teil mit Ohren dran, die man runterklappen konnte. Im dritten Stock schien sich ein US-Athlet, der offenbar vor mir die Codes geknackt hatte und ebenfalls von unten bis dorthin vorgedrungen war, einmal komplett gehäutet zu haben. Oberteil, Unterteil, Jacke – lag da alles auf dem Boden herum. Und da weit und breit niemand zu sehen war, außer Ivana, dachte ich: Rettest du wenigstens die Cap.

Ich ging danach noch zwei- oder dreimal in diese Bar, die ich nun als Nachtklub kannte. Um Spaß zu haben, keine Frage. Aber es hatte auch mit Verdrängung zu tun, ob ich mir das eingestand oder nicht. Wahrscheinlich eher nicht, darum ging es ja gerade: eben nicht ins Grübeln zu verfallen. Stattdessen unterwegs sein, ablenken, feiern – mir kam jede Abwechslung recht. Eine davon hätte ein Treffen mit keinem Geringeren als Thomas Bach sein können, dem Präsidenten des IOC. Es war an einem der Tage kurz nach meinem Wettbewerb, als Wolfi Maier und Ralph Eder, der Pressesprecher des Skiverbands, die frohe Kunde überbrachten: Der mächtigste Sportfunktionär unter der Sonne erwartete mich am nächsten Morgen zum Frühstück im Deutschen Haus. Sicher nicht nur mich allein, aber auch in der Gruppe war es eine große Ehre. Sollte es eine sein. Ob es in meinem Fall außerdem als Trostpflaster gedacht war oder ob er sich wirklich für die neue olympische Disziplin interessierte, tja, das hätte ich ihn vielleicht in der gemeinsamen Frühstücksrunde fragen können.

Nun war es aber so, dass ich bis dahin noch recht viel Zeit zu überbrücken hatte, gut einen halben Tag, den Abend, die

Nacht. Erst schaute ich mir einen Wettbewerb der Rodler an, danach ging ich zum Spaßprogramm über. Und das zog sich. Mit jeder Stunde, die verstrich, muss der Termin mit dem hohen Herrn des Sports ein Stück weiter in den Hintergrund gerückt sein. Falls er zwischendurch mal aufblinkte, als Mahnung, du musst jetzt gehen, dann antwortete ich mir, dass ich mich aufmache, sofort – vorher nur noch schnell ein Gläschen. Nach dem Gläschen hatte sich die Mahnung in Luft aufgelöst. Oder sie blinkte wieder auf und ich wollte wieder gehen, ohne dass ich es tat. Irgendwann dann aber doch.

Zurück in meinem hübschen Doppelzimmer, fiel ich wie tot aufs Bett und schlief den Schlaf der Gerechten – oder den der Enttäuschten, wie auch immer, ich murmelte tief und fest. Noch Stunden später, als Wolfi Maier vor der Tür auftauchte und ordentlich Krawall schlagen musste, um mich wach zu bekommen. Was der mir für eine Standpauke hielt! Dabei war ich noch gar nicht richtig da. Doch irgendwann grinste er auch. Man muss ihn kennen, um zu verstehen, was dieses Grinsen bedeutete. Ich verrate es garantiert nicht. Das mit dem Frühstück hatte sich übrigens erledigt. Mein Platz an der bachschen Tafel war leer geblieben, als einziger.

Turbulente Zeiten

Skifahrer, Barbetreiber, Tänzer – und das weiße Pulver

Ich schaue mir gerade Fotos auf meinem Handy an, um die Erinnerungen aufzufrischen. Juli, August 2014, auch September, der Sommer nach Sotschi, da wurde zunehmend gefeiert, das sieht man auf den Bildern. Krass, so durch die Vergangenheit zu surfen. Damals verschoben sich meine Prioritäten. Es verschob sich so manches. Zwar wohnte ich weiter mit den Jungs in Innsbruck, war aber wieder mehr in München unterwegs, vor allem den Sommer über. In der Zeit wurde das P1 zu einem meiner Hauptanlaufpunkte, wenn es ein vergnüglicher Abend werden sollte. Das hatte nicht nur, aber auch mit einem Mädel zu tun, das dort an der Bar arbeitete. Wir beide kamen damals zusammen. Außerdem machte einer meiner besten Kumpel die Tür. Ich hatte also stets freie Fahrt.

Die zweite Adresse war die Meinburk, ein Klub an der Seidlstraße, nicht weit vom Hauptbahnhof, den Laden gibt es nicht mehr. Von der Meinburk, die mehr das jüngere Publikum anzog, die Kids, wurde immer gesagt, sie sei das Trainingslager fürs P1. Ich ging hauptsächlich hin, weil ein Freund von mir, Mitja, mit dem ich inzwischen den Podcast mache (zusammen mit Daniel), dort häufig Veranstaltungen organisierte, verschiedene Partykonzepte. Und das wiederum zusammen mit Jonathan, einem anderen Freund von uns beiden. Über Mitja lernte ich auch Sebastian kennen, einen der Betreiber des Klubs. So könnte ich noch eine Menge Namen aufzählen, die zu unserem Netzwerk gehörten, Freunde und Freunde von Freunden und so weiter. Die meisten tummelten sich im Münchner Nachtleben und in der Gastroszene, was noch eine Rolle spielen sollte.

Jede Medaille hat zwei Seiten – mein Leben hatte die auch. Die eine Seite gehörte dem Sport, immer noch. Nur dass jetzt die zweite stärker zum Vorschein kam. Wie gesagt, zunächst nur – oder hauptsächlich – in den Sommermonaten, in der skifahrfreien Zeit, trotzdem gleich mit Volldampf. Ich war nie der Typ für die angezogene Handbremse, im Sport nicht und genauso wenig bei meinen sozialgesellschaftlichen Aktivitäten, wenn man versteht, was ich meine, die Nächte im P1 und so. Dabei fällt mir ein, das Hearthouse am Lenbachplatz war auch noch eine Adresse, die ich damals auf dem Radar hatte, Münchens erster Privat Member Club. Wobei der, glaube ich, erst ein, zwei Jahre später aufmachte. Dreh- und Angelpunkt aber war das P1, das seine wildeste Zeit zwar hinter sich hatte, als dort Mick Jagger, Tina Turner, die Toten Hosen und solche Kaliber einliefen, für die Geister der Nacht jedoch nach wie vor eine reizvolle Anziehungskraft besaß.

„Magst du was?" – das war die Frage, so harmlos und unschuldig sie klang, die einen Abend, eine Nacht verändern konnte. Denn natürlich mochte ich. Erstens weil es meine Herzdame war, jene an der Bar, die das fragte. Zweitens weil ich getrunken hatte, was einfach dazugehörte. Und drittens weil ich seit jener Nacht nach dem Big Air in London wusste, dass sich das eine mit dem anderen nicht nur bestens vertrug, sondern geradezu vorzüglich ergänzte. Der klare Kopf, no limits beim Alkohol und überhaupt das geile Gefühl, ein bisschen abzuheben. Dass es danach auch wieder runterging, daran dachte man erst mal nicht.

Die wenigsten, so meine Erfahrung, fangen allein mit dem weißen Pulver an. Fast immer gibt es jemanden, der einen hinführt. Gerade das macht es am Anfang so aufregend und geheimnisvoll. Erst die Frage, dann tauchte jemand auf wie vom Weihnachtsmann geschickt, aber unauffällig. Kaum ein Wort, Blicke genügten, abgesehen vom Cash, das war das Ticket, das man vorweisen musste, damit im Gegenzug ein Tütchen rüberwuchs. Aber noch war nicht ich derjenige, der den Weihnachtsmann anrief und den Deal abwickelte. Das machte sie, die wohl auch mal jemanden gehabt hatte, der sie dorthin führte, ihr die Nummer vom Weihnachtsmann anvertraute.

Vertrauen – das war der Punkt. Wie ein geheimer Pakt. Nur eine Sache zwischen mir und ihr, die das Pulvertütchen nun hatte, unsichtbar für alle, die nicht eingeweiht waren, und eingeweiht war nur ich. Ich, der Vertrauenswürdige, denn das musste ich sein, schließlich zogen wir gerade etwas Verbotenes ab. Partner in crime. Also verschwanden wir besser Richtung Toilette. Auch dafür brauchten wir keine Worte. Ihr Blick, mein Blick, beide trafen sich. Diese Anziehungskraft – Wahnsinn, als wäre Magie im Spiel. Sogar noch an dem Ort, den man sonst nicht unbedingt sexy finden würde. Jetzt war es die heilige Kathedrale. Und sie – so schön, so rein – war die Zeremonienmeisterin. Diesmal noch, die Rollen würden wechseln. Ein bisschen Pulver aufs Handydisplay, den Geldschein griffbereit, ein grüner, locker aus der Tasche gezogen, die Kreditkarte sowieso ... hacken, schieben, hacken – bis zwei Lines Form annahmen. Dann nur noch das Gebet. Und hinterher ein seliger Blick mit weiten Pupillen. Und ein Gefühl von Liebe, das plötzlich über einen schwappt wie eine Welle am Strand – Karibik, nicht Nordsee.

Am nächsten Morgen, der in Wirklichkeit der nächste Nachmittag war, kein schlechtes Gewissen. Wieso auch? Nach dieser grandiosen Nacht. Und kaum Nachwehen, höchstens ein bisschen down, emotional, nicht körperlich, aber das war es wert. Und vielleicht etwas Sehnsucht, danach, zurückzukehren in diesen Zustand der Glückseligkeit – doch, die war schon da. Ich müsste lügen, würde ich behaupten, dass mich das weiße Pulver nicht anzog. Es taugte mir, sehr sogar. Ohne dass ich wusste, dass es dafür mehr als nur einen Grund gab. Das sollte ich erst Jahre später erfahren.

Anfangs lief es in gemäßigten Bahnen, ein-, zweimal die Woche, auch dreimal. Ein Gramm reichte meist für drei Abende. Ich ging nicht aus, um zu koksen – ich ging aus und kokste. Das ist ein nicht unerheblicher Unterschied, wie sich noch zeigen wird. Wobei ich in dieser Phase häufiger eingeladen wurde. Durch die Olympiageschichte kannten mich einige Leute. Manche schienen es cool zu finden, dass ich nicht darbte wie ein Mönch und es trotzdem geschafft hatte. So gab es hier und da mal ein Näschen. Allerdings nur in Verbindung mit Alkohol, das war immer die Basis. Erst wenn ich einiges intus hatte, kam der Appetit. Dass andere sich dann spendabel zeigten, war eine wunderbare Rechtfertigung, wenn mir doch mal Zweifel kamen an dem, was ich da trieb. Ich hatte ja nichts gekauft und auch nichts dabei. Als hätte mich das zu einem besseren Menschen gemacht.

So eine Rechtfertigung war nichts anderes als eine Selbstlüge. Darin wird man gut, je mehr man von dem Zeug nimmt. Überhaupt im Lügen. Die Lüge wird wie ein zweites Ich. Erst belügt man sich selbst nach Strich und Faden, dann andere, sogar die Menschen, die einem am nächsten stehen, die vor allem. Es ist, als würde man auf ein Karussell steigen, um ein paar Runden mitzufahren, dass dann aber nicht mehr aufhört, sich zu drehen.

Doch so weit war es bei mir noch nicht. Erst einmal ging es nur darum, mir die Sache selbst schönzureden. Ich hab alles im Griff, bin immer noch Sportler, Profi sogar, also diszipliniert und zielstrebig. Vor allem: Ich brauche das Zeug nicht. Ich nehme es nur, um ein bisschen Spaß zu haben, mir etwas Schwung für die Nacht zu holen. Der Nachtsurfer. Ein Näschen und ich lief für vier Stunden auf der Überholspur.

Die nächste Stufe war, noch im selben Sommer, dass ich anfing, mir das Pülverchen allein zu besorgen. Ich brauchte nur eine Handynummer. Kein großer Akt, Vertrauen gegen Vertrauen, es konnte kaum einfacher funktionieren. Derjenige, der mir die Nummer gab, rief den Dealer an, um ihn zu informieren, dass ich kein Cop war oder irgendein Spinner. Anschließend meldete ich mich. Kurzer Check, von wem ich den Kontakt hatte, das nur beim ersten Mal, und schon konnte ich meine Bestellung aufgeben, schneller als beim Drive-in des großen Burgerbraters. Keine geheimen Codes oder so was, klare Ansage: eins, zwei oder wie viel Gramm gewünscht waren. Dazu die Lieferadresse. Im Gegenzug hörte ich den

Preis und die Zeit, wann er da sein würde. Ein halbe Stunde, länger dauerte es in der Stadt so gut wie nie, ob tagsüber oder nachts. Dann fuhr ein Auto vor, ich setzte mich auf den Beifahrersitz, legte das Geld auf die Mittelkonsole, im nächsten Augenblick hatte ich ein Tütchen in der Hand. Und fast genauso schnell eine Rechtfertigung parat, für mich, warum ich nun doch zur Selbstbeschaffung übergegangen war: Immer dieses Hin und Her und ständig aufpassen, so war es viel einfacher und sicherer. Außerdem würde ich jetzt eine Woche Ruhe haben, so lange sollte es reichen. Reichte es auch. Am Anfang.

So verging der Sommer. Ich kostete vom süßen Leben, wollte aber weiterhin Sportler sein. Das hatte mich immer ausgemacht, war sozusagen meine Definition, mein Beruf außerdem. Beides vertrug sich nur nicht besonders gut. Also legte ich, als der Herbst kam, den Schalter wieder um. Mehr Disziplin, weniger Spaß. Anderer Spaß, mit dem anderen Schnee.

Körperlich hatte ich mich fit gehalten, aber nicht militärisch streng, nicht vergleichbar mit der Zeit vor Olympia. Jeder Sport hat zu einem nicht geringen Teil mit dem Kopf zu tun. Nicht nur bei einem Wettbewerb oder beim Training, wegen der Konzentration und so, sondern auch grundsätzlich. Will ich es wirklich noch? Will ich mich weiter schinden, jeden Tag aufs Neue? Was motiviert mich? Die nächsten Olympischen Spiele? Das sagte ich manchmal, wenn ich in Interviews gefragt wurde. Aber dann würde ich 29 sein, ein Opa als Freeskier. Das sagte ich nicht. Greifbarer, weil näher, waren die Weltmeisterschaften in dem Winter, der bevorstand. In Kreischberg in der Steiermark. Für mich als

Wahl-Innsbrucker und Halbösterreicher quasi eine Heimveranstaltung. Dann also die Weltmeisterschaften? Ob es mich da wirklich hinzog? Damals muss ich das geglaubt haben. Oder ich redete es mir ein. Hätte ich meinen Körper gefragt, er hätte anders entschieden. Und wäre ich zu mir selbst ehrlich gewesen, wäre ich dort vermutlich nicht gestartet. Ich hatte schon vor Sotschi nicht mehr die größte Freude am Parkfahren. Nur dass ich mir das nicht eingestand, nicht eingestehen wollte, zu verlockend, dieses Olympia.

Also nahm ich die Weltmeisterschaften auch noch mit, war wieder raus nach den Qualiläufen, Platz 25, und fuhr danach die Saison zu Ende, ohne irgendwo Sterne vom Himmel zu holen. Dann Abschied vom Slopestyle, Abschied vom Park.

Meine Leidenschaft fürs Skifahren war jedoch keineswegs erloschen. Jetzt konzentrierte ich mich aufs Freeriden – fürs Filmen, aber auch, um an Wettbewerben teilzunehmen. Eine neue Herausforderung, ein neuer Kick, ich glaube, das war der Schlüssel. Die Linecatcher-Contests, die ich erwähnte, und das Heliskiing in Alaska, Captain Bruces Funny Farm. Auch die Cold Rushs vorher in Retallack hatten mich angefixt. Ein steiler Berg, unberührter Schnee, in dem man selbst seine Line finden muss, ohne Testlauf oder irgendwelche Markierungen – mehr Freiheit beim Skifahren geht nicht. Wohl auch kein höherer Adrenalinausstoß. Kurz vor der Ohnmacht und zugleich lebendig wie nie.

Das absolute Ultimum für Freerider-Pros ist die Freeride World Tour, die als Weltmeisterschaft gilt, aber wie ein Weltcup aufgezogen wird. Fünf Rennen an verschiedenen Orten, verteilt über die Monate Januar bis April. Normalerweise muss man sich qualifizieren, um daran teilnehmen zu können. Ich kam irgendwie über eine Wildcard rein, als zweiter Deutscher neben Felix Wiemers, der in jenem Jahr bereits seine zweite oder dritte Tour absolvierte. Der erste Stopp war Andorra, das Skigebiet Vallnord-Arcalís. Chamonix am Mont Blanc folgte, dann Fieberbrunn in Tirol und Haines in Alaska, wo sich entschied, ob man beim Finale in Verbier im Schweizer Kanton Wallis antreten durfte. Dort starteten die bis dahin zwölf Besten. Ich hatte gute Chancen, dabei zu sein, war in Chamonix sogar Vierter geworden, stürzte dummerweise aber, sodass ich in der Gesamtwertung nach hinten rutschte, genau zwei Plätze zu weit.

In der Saison darauf ein zweiter Anlauf. Wer es im Vorjahr bis Haines geschafft hatte, galt als qualifiziert. Es war großartig, wieder dabei zu sein. Ärgerlich nur, dass diesmal bereits nach der dritten Station das Ende kam. In Fieberbrunn, dort passierte es, musste man zum Start auf den Berg kraxeln. Oben angekommen, hatte man schon ordentlich Körner gelassen. Dann stürzte ein Fahrer. Für die Psyche nicht gerade das Beste, wenn man sich gleich selbst auf den Weg machen musste. Aber das größere Problem war ein anderes: Der Starter vor mir hatte an einer Stelle ein Stück Felsen freigelegt – was ich leider erst bemerkte, als ich einen Sprung machte, genau in diese Richtung. Die Landung fiel recht unsanft aus. Einen Skischuh zerlegte es, der dazugehörige Ski zerbrach in der Mitte, ich überschlug mich zigmal. Die Aufnahmen sahen spektakulär aus, doch viel passierte mir nicht, kein Bruch, nichts gerissen. Ich konnte nur ein paar Tage nicht laufen. Und alle Träume waren verflogen.

Dass es nicht zum großen Erfolg reichte, schob ich auf meinen Körper. Die Diva und die anderen Unzulänglichkeiten. Das dürfte aber nur ein Teil der Wahrheit gewesen sein. Bei der Tour war ich mit neuen Ski unterwegs. Die mussten nicht gewachst werden, das war der Clou, auch für die Werbung – no more waxing. Und das Design, das fand ich mega. Auch die Ski selbst waren nicht schlecht, nur eben nicht optimal für solche extremen Bedingungen wie bei der Tour. Warum ich nicht wechselte? Weil ich an der Skifirma, die sie herstellte, ein Start-up, beteiligt war und mein Gesicht dafür hergab. War nicht die beste Entscheidung, aber gut, Business muss man auch erst mal lernen.

Stichwort Business – das war noch so eine Sache, die meinen Fokus verschoben hatte, sodass ich nicht mehr zu hundert Prozent für den Sport lebte, obwohl ich das wahrscheinlich nicht zugegeben hätte. Ein Jugendtraum von mir war, eines Tages eine eigene Bar aufzumachen. Ich dachte, man steckt ein bisschen Geld rein, das fließt dann schnell wieder zurück, und so viel Arbeit wird es schon nicht sein. Außerdem hätte ich dann immer einen schönen Platz zum Abhängen und Feiern mit meinen Freunden. Nach Sotschi schien der richtige Zeitpunkt gekommen. Allein hätte ich es vermutlich nicht gewagt, aber Mitja und Sebastian von der Meinburk fanden die Idee auch gut. Also beschlossen wir: Jungs, lasst uns eine Bar aufmachen!

Ich hörte mich um und fand in der Georgenstraße in Schwabing eine Location, die uns geeignet erschien. Eine Boazn, wie der Münchner sagt, womit eine kleine Kneipe gemeint ist, in der es hauptsächlich Getränke gibt, kein richtiges Essen, höchstens Snacks. Um das Ambiente moderner und gemütlicher zu gestalten, rissen wir die dunkle Vertäfelung von den Wänden. Eine kleine Entdeckungsreise in die Vergangenheit. Dahinter kam uralte Tapete zum Vorschein, die wir dranließen und zum Markenzeichen der Bar machten. In den Gastraum passten ungefähr fünfzig Leute, aber nur, wenn sie sich eng aneinanderdrängten wie die Sprotten in der Dose.

Ganz so easy, wie ich es mir vorgestellt hatte, war es dann doch nicht. Wir suchten uns zwar Personal, trotzdem musste man sich um vieles selbst kümmern, irgendein Problem gab es immer. Ich verbrachte unzählige Stunden in meinem neuen „Wohnzimmer", allerdings die wenigsten, um eine schöne Zeit zu haben. Abgesehen davon war es im Nachhinein nicht die klügste Idee, sich auf diese Weise eine eigene Quelle zu schaffen. Meinen Alkoholkonsum reduzierte das jedenfalls nicht. Und mit dem Alkohol wuchs das Verlangen nach dem weißen Pulver – die Geschwister der Nacht.

Wobei ich nach wie vor nur vom Sommer spreche. Den Winter über blieb Skifahren meine Hauptbeschäftigung. Doch wie jeder Wintersportler weiß, wird der Grundstein für den Erfolg im Sommer gelegt. Ist wie ein Naturgesetz. Mal kann man es aushebeln, einen Sommer, vielleicht auch zwei, gerade wenn man noch sehr jung ist und nur so strotzt vor Energie, aber auf Dauer funktioniert das nicht.

Nachdem sich das Gastrogeschäft recht schnell als komplizierter erwies als gedacht, wäre es logisch gewesen, aus heutiger Sicht, einen Schlussstrich zu ziehen. Aus irgendeinem Grund dachte ich aber, es würde einfacher, hätte man nicht nur einen Laden, sondern mehrere. Möglich, dass ich zu sehr an meinem Traum hing. Oder ich wollte nicht aufgeben, nicht so schnell. Aufgeben wäre wie eine Niederlage gewesen, und Sportler hassen Niederlagen. Außerdem saß ich nicht allein im Boot. Wir hatten zu dritt eine GmbH gegründet, Mitja, Sebastian und ich, da schmiss man die Brocken nicht einfach hin.

So kam stattdessen der nächste Laden hinzu, diesmal einer in Innsbruck, praktisch vor der Haustür. Ein Café mit integriertem Conceptstore, direkt an einer Gondelstation, die im Jahr von mehr als einer halben Million Menschen frequentiert wurde. Wenn das keine sichere Nummer war. Wieder wollten wir das Innere aufhübschen. Ein Architekt wurde gebucht, das Budget festgelegt, alles hätte seinen Gang gehen können. Dann stellte sich jedoch heraus, dass der gute Mann mit Zahlen offenbar auf Kriegsfuß stand oder sie schlichtweg ignorierte. Statt der veranschlagten 350 000 Euro hatte er mal eben das Doppelte rausgehauen. De facto waren wir insolvent, dabei hatte das Café noch keinen Tag geöffnet. So lernte man seine Lektionen. Eine davon war, mit Gläubigern zu verhandeln, um es irgendwie hinzubiegen. Und es klappte, Café und Store öffneten, beides zusammen ein Schmuckstück, modern gestaltet, geradezu avantgardistisch.

Mit dem Schwung, das Problem gewuppt zu haben, folgten weitere Projekte, nun wieder in München. Eine Bar mit Restaurantservice und Café in der Maxvorstadt, die vor allem auf studentisches Publikum abzielte. Dann eine Bar für Nachtschwärmer im Glockenbachviertel, entstanden aus einem ehemaligen Saunaklub. Dort gab es ewig Trouble wegen der Brandschutzvorschriften, die die Vorbetreiber anscheinend hartnäckig ignoriert hatten. Aber auch das bekamen wir geregelt. Und schließlich noch eine Bar in Giesing, ganz in der Nähe des Grünwalder Stadions, wo die 1860er ihre Heimspiele austragen. In der Zwischenzeit hatten wir uns sogar an einem Tattoostudio beteiligt, aber das sollte nur ein kurzes Intermezzo sein.

Ganz schön viel Ablenkung für einen Profiskifahrer, wenn ich mir das heute überlege. Das schien dem unruhigen Geist in mir aber noch nicht zu genügen. In der Zeit meldete sich Philipp Boy, der ehemalige Turner, einer der besten, die Deutschland je hatte, Medaillengewinner bei mehreren Europa- und Weltmeisterschaften. Der große Privatsender mit den drei Buchstaben wollte ihn für eine neue Tanzshow engagieren, dafür suchte er einen Partner. Wir beide hatten uns drei oder vier Jahre zuvor bei einer Veranstaltung kennengelernt und auf Anhieb gut verstanden, mehr als gut, sodass wir in Kontakt geblieben waren.

Als er anrief, stutzte ich erst – zwei Männer als Tanzpärchen? Aber dann erklärte er mir, dass die Aufgabe darin bestehe, bekannte Musikvideos und Filmszenen nachzutanzen. Da fragte er genau den Richtigen. Ich war der typische Diskotänzer: mit den Füßen im Takt ein bisschen hin und her, in einer Hand das Cocktailglas, die andere in der Luft, als wollte ich ein Lasso werfen. Viel mehr an Tanzkünsten hatte ich nicht zu bieten. Wenn es nicht Philipp gewesen wäre, ich hätte wichtige Skirennen vorgeschoben oder irgendwelche anderen Verpflichtungen. Aber mit ihm konnte ich mir das lustig vorstellen.

Es wurde dann auch lustig, vor allem aber anstrengend, brutal hart. Ich hatte nie etwas Anstrengenderes gemacht, auch weil ganz andere Muskeln beansprucht wurden als bei meinem normalen Training. Dagegen war jede Einheit im Gym eine Lachnummer. Drei Monate lief das Ganze. Keine Zeit fürs Business oder sonst was, inklusive Skifahren. Letzteres wäre zu riskant gewesen. Ein Sturz und Philipp hätte womöglich allein dagestanden. Erst trainierten wir in München, danach in Köln, wo das Fernsehstudio war. Sechs Tage die Woche, pro Tag sechs bis acht Stunden, manchmal zehn. Der Schweiß floss in Strömen. Hinterher war ich jedes Mal platt wie eine Flunder. Aber nur mit halber Kraft wollten wir es auch nicht machen. Da kam bei uns beiden der Sportler durch. Wenn, dann richtig, Vollgas, das große Ziel im Blick. Immerhin würden sicher ein paar Millionen die Show einschalten, vor denen wollte man sich nicht zum Deppen machen. Was beim Tanzen leicht passieren kann, erst recht wenn jeder das Original vor Augen hat. Da waren solche Videoclips dabei wie Michael Jacksons *Thriller* oder *Wild Wild West* von Will Smith.

Am Ende gewannen wir die Show. Da sah man mal, was Wille und Fleiß bewirken konnten – und ein bisschen Körpergefühl. Allerdings war es nur ein Sieg für die Ehre. Ursprünglich sollte es ein Preisgeld geben. Die Summe erinnere ich nicht mehr. Wir sahen auch keinen Cent davon. Irgendwann hieß es vom Sender, die Produktion sei zu teuer geworden, sie könnten doch nichts zahlen. Das war schon schräg, aber noch schräger fand ich, dass die Choreografien der Tänze, für deren Einstudieren ich so viele Stunden geopfert und so viel Schweiß hergegeben hatte, aus meinem Gedächtnis verschwanden, kaum dass die Show gelaufen war. Arbeitsspeicher – Kurzzeitgedächtnis, tiefer gings anscheinend nicht. Echt schade, so konnte ich in keinem Klub die Mädels damit beeindrucken. Es blieb beim Cocktail-Lasso-Tanz. Wer mich so sah, muss gedacht haben, ich hätte für die Show ein Double gehabt.

Eine ziemlich verrückte Phase, dass es mir schwerfällt, sie in der Rückschau sortiert zu bekommen, mal wieder. Das chaotische Leben des Bene M. – wäre auch ein guter Titel. Irgendwo las ich mal, dass es meistens dann unübersichtlich wird, rumpelt und poltert, wenn man zu lange an Dingen festhält, die man eigentlich nicht machen will. Oder die einem nicht guttun. Ich schätze, da hatte ich einiges auf der Liste. Zum Beispiel hing ich noch in der Filmfirma drin, für die wir viel drehten, aber auch schon in der GmbH mit den Bars. Das lief einige Jahre parallel. Jetzt die Fernsehnummer als Tänzer, zwar von vornherein begrenzt, aber drei Monate waren nicht wenig. Trotz allem tat ich weiterhin so, als wäre ich zuallererst Profisportler. Lügen verkauft man am besten sich selbst. Besonders solche, die andere sofort durchschauen würden.

Inzwischen war es so, dass ich das weiße Pulver brauchte, sobald ich abends unterwegs war und etwas trank. Ein normales Abendessen mit einem Fläschchen Wein genügte. Wahrscheinlich hätte ich das Zeug nicht wirklich gebraucht, nicht in dem Sinne, dass ich den Abend sonst nicht überstanden hätte. Aber das Gehirn sendete ein entsprechendes Signal, wie einen Startschuss, den man nicht ignorieren konnte: Du musst dich jetzt darum kümmern, musst dir was besorgen. Falls ich nichts dabeihatte. Die Gedankenkette im Kopf fing aber bereits früher an, noch im Hotel oder dort, wo ich war, bevor ich loszog. Zu Hause in Innsbruck das gleiche Spiel, ebenso in München, der Ort spielte keine Rolle.

Zuerst kam die Vorfreude: Du gehst heute Abend aus. Vorfreude deswegen, weil mit dem Ausgehen verbunden war, dass ich trinken würde. Als wäre das eine Gesetzmäßigkeit. War es im Grunde ja auch, meine ganz persönliche, entstanden dadurch, dass ich es seit geraumer Zeit immer so machte. Wie ein Rollenspiel, das zur Gewohnheit geworden war. Und bei dem die eine Szene, die mit der Mahlzeit am Tisch, durch die nächste abgelöst wurde, die auf der Toilette spielte, mit den üblichen Utensilien, Handy, Kreditkarte, zusammengerollter Geldschein und so weiter. Auch das war mittlerweile im Gehirn verankert, als Tatsache, die nur so und nicht anders sein konnte. Erst trinken, dann der eigentliche Akt. Und kein Gedanke, dass daran etwas falsch sein könnte. Nicht der geringste Zweifel. Das eine gehörte zum anderen, so banal war das. Selbst als die Downs hinterher heftiger wurden, ich also wusste, dass mich kein fröhlicher Morgen erwartete, eher das Gegenteil, war die Vorfreude, die Aufregung groß genug, um dieses Wissen zu verdrängen, auch die Angst davor. Das eine wie das andere war dann einfach weg, als hätte ich nur an das Hier und Jetzt denken können, keine Sekunde weiter. Was dafür im Hirn vorgehen muss, kann ich nicht sagen, aber es funktionierte. Sogar dann noch, als sich die nächste Stufe einstellte, bei der weder der Reiz des Verbotenen noch die beschriebene Vorfreude eine Rolle spielten. Beides nutzte sich mit der Zeit ab wie ein Abenteuer, das man zu oft erlebte. Auch das Zeremonielle daran verschwand, der heilige Moment in der Kathedrale, jeglicher Zauber des Anfangs. Irgendwann ging es einfach nur darum, das Pulver zu nehmen, um sich gut zu fühlen, ohne Brimborium, nicht einmal das Trinken als Vorstufe brauchte es dann.

Aber noch war ich nicht an diesem Punkt. Es schneite immer häufiger, das schon, fast regelmäßig, doch ich steckte nicht heillos im Schneegestöber fest, sodass ich die Orientierung verlor. Die Tage besaßen eine Struktur, zumindest die meisten, ich erledigte meine Aufgaben, nicht immer pünktlich, aber ich erledigte sie. Es gelang mir sogar, vor anderen, die mir nahestanden, zu verheimlichen, worauf ich mich da eingelassen hatte. Selbst wenn sie abends im Lokal mit am Tisch saßen und ich ein ums andere Mal verschwand. Dann musste ich eben pinkeln oder war eine rauchen. Wer nicht den Blick dafür hatte, vor dem ließ es sich relativ leicht verbergen. Man konnte im selben Raum sitzen und die Dinge um sich herum auf ganz unterschiedliche Weise wahrnehmen. Und irgendwann löste sich die Tischgesellschaft auf. Die einen gingen nach Hause, ein kleiner Rest blieb oder zog weiter. Ich war meistens derjenige, der erst blieb und dann weiterzog, oft auch allein, damit die anderen nicht mitbekamen, was mich durch die Nacht trieb. Spätestens wenn ich nichts mehr hatte und es ohne Nachschlag nicht länger aushielt – oder glaubte, es nicht länger auszuhalten. Das Gehirn spielt einem böse Streiche, sobald die Wirkung nachlässt. Und sie ließ umso schneller nach, je häufiger ich das Pulver konsumierte. Die Phase, als mich ein Gramm noch durch drei Abende schob, war längst Vergangenheit. Inzwischen war ich bei achtmal Nachlegen angekommen, an einem Abend. Das steuerte nicht ich, also schon irgendwie, aber nicht wirklich – ist schwer zu erklären. Erst schwebst du im siebten Himmel, sabbelst ohne Unterlass und fühlst dich überhaupt wie eine Granate. Alles, was dich vorher vielleicht bedrückte, verschwindet, als hätte sich dein Gehirn mit den düsteren Gedanken nur geirrt. Fehlgeleitete Transmitter oder so. Das hält eine Weile an, je nachdem wie viel du dir reingezogen hast und wie gut die Qualität des weißen Pulvers war. Doch selbst der beste Stoff wirkt nicht ewig. Und dann kommt der Moment, in dem du merkst, dass das nächste Stück der Reise abwärts führt. Noch ist es okay, aber gleich nicht mehr, die Kurve wird steiler. Wie eine böse Vorahnung. Die Achterbahn an der höchsten Stelle, an der sie kurz stoppt, um den Effekt danach, das plötzliche Hinuntersausen, zu verstärken. Du sitzt im ersten Wagen, in der vordersten Reihe. Der Abgrund ist noch nicht zu sehen, du weißt aber, dass es in die Tiefe geht, unausweichlich, an der Stelle kannst du nicht mehr aussteigen. Und genau das ist dann der Unterschied zu der Botschaft, die dich in der Situation erreicht, wie auch immer sie zustande kommt, welche Synapsen dafür mit welchen korrespondieren: Du willst da nicht runter, erst recht nicht ganz nach unten? Kein Problem, zieh dir einfach die nächste Line rein und flieg weiter. Das Leben kann so einfach sein, so schön, liegt ganz in deiner Hand.

Dumm nur, wenn du nichts mehr hast vom Zauberpulver. Dann hältst du Ausschau, wie ein Cop auf Observation, wen könntest du anhauen? Schaut der Barkeeper danach aus oder einer der Gäste? Fragen kannst du aber nur, wenn keiner von deinen Leuten in Reichweite ist. So treibt es dich in den nächsten Klub, zur nächsten Bar, wo sie dich nicht ertappen können. Ich entwickelte recht schnell einen guten Scanner. Kam ich in einen Laden, brauchte ich höchstens zehn Minuten, dann hatte ich meine Zielperson ausgemacht, mindestens eine. Man sieht es an den Augen. Damit meine ich nicht mal die Pupillen, die sich unter Kokain weiten und dadurch lichtempfindlicher sind. Wer drauf ist, hat einen anderen Blick. Der geht nicht so tief. Die Person hält ihre Augen auf dich gerichtet, schaut dich aber nicht wirklich an. Etwa so, wie wenn man gedankenverloren vor sich hin starrt, ohne wahrzunehmen, was in dem Moment ins Blickfeld gerät. Allzu sichtbare Nervosität ist noch so ein Zeichen. Nicht still stehen können oder nicht zu wissen, was man mit seinen Händen anfangen soll. Ebenso ruckartige Bewegungen, zum Beispiel mit dem Kopf, wenn man die Blickrichtung wechselt. Und die Stimme, die ist auch immer ein verlässlicher Hinweis, vor allem Schwankungen in der Lautstärke, die unkontrolliert wirken und nicht mit dem Inhalt des Gesagten zusammenpassen.

So viel zu den Erkenntnissen des Geheimagenten Bene M., über Jahre fleißig zusammengetragen an verschiedenen Orten der Welt. Hatte man erst einmal die richtigen Antennen dafür entwickelt, konnte man fast überall die entsprechenden Signale empfangen. Anders ausgedrückt: Wohin es mich auch verschlug, es war nirgends ein Problem, jedenfalls kein unlösbares, das weiße Pulver aufzutreiben. Ausgenommen Kamtschatka, die eisige Halbinsel am östlichen Rand von Russland, wo wir für einen Sponsor zum Heliskiing hinflogen, Jahre später. Dort hätte ich es allerdings auch nicht darauf ankommen lassen, es musste ausnahmsweise ohne gehen. Aber sonst fand sich immer einer, der jemanden kannte oder eine Nummer parat hatte, über die auf Anfrage geliefert wurde, auch kurzfristig, umgehend, wenn gewünscht. Von manchen kriegte man per WhatsApp kleine „Speisekarten" geschickt, versehen mit Schneekristall-Emojis und der Frage, welche Qualität man bevorzuge, ob 50 Prozent, 75 oder 90. Entsprechend gestaffelt waren die Preis, die sich von Ort zu Ort unterschieden. In München, wo solche Qualitätsstufen nicht gang und gäbe waren, bekam man ein Gramm im Schnitt für 100 Euro. In Hamburg, Berlin und Frankfurt zahlte man zwischen 50 und 80 Euro, auf Mallorca und Ibiza zwischen 100 und 150 Euro. Mit der Zeit füllte sich mein Handyadressbuch, bis es kaum noch einen Flecken gab, der auf meiner Reiseliste stand, an dem ich nicht gewusst hätte, wen ich bei Bedarf anfunken konnte.

Am einfachsten war es zu Hause, in München, aber auch in Innsbruck. Dort konnte man sich mit Leuten umgeben, die die gleiche Welle ritten. Fast wollte ich schreiben, dass sich das von allein ergab. So wird es nicht gewesen sein. Aber tatsächlich fanden sich die Gleichgesinnten, wie Magneten, die einander anzogen. Manche waren vorher schon Freunde, andere kamen hinzu. Wobei man das Wort nicht auf die Goldwaage legen sollte. Es gab echte Freunde darunter, aber auch genügend, mit denen mich nicht mehr verband als das Kokain. Nur dass ich das nicht erkannte, weil mich der Stoff zu einem oberflächlichen Arschloch machte, zu einem Wesen, das ich nicht wirklich war, vor dem ich selbst Reißaus genommen hätte, wäre es mir bei klarem Verstand über den Weg gelaufen.

Irgendwann steckte ich mittendrin in einer Welt, in der das weiße Pulver so normal war wie für andere essen und trinken. Eine Art Parallelkosmos. Man musste niemandem etwas erklären, weil alle das Gleiche taten. Mit einer Selbstverständlichkeit, die weder Fragen noch Zweifel aufkommen ließ. Stilles Einverständnis, wie ein geheimer Schwur, was man auch trieb. Es blieb ja nicht dabei, dass man sich eine Line reinzog und deren Wirkung genoss. Und dann nachlegte und weitergenoss. Kokain macht dich horny. Aber auf keine gute Art. Du bist dann nicht der tolle, einfühlsame Liebhaber, empfindest auch keine echte Zuneigung. Stattdessen wildes Rammeln, kühler Robotersex, falls du überhaupt einen hochkriegst. Dass man mit dem Pulver ewig durchhält und am Ende das Feuerwerk schlechthin erlebt, ist nichts weiter als ein Märchen. Ein Mythos. Vielleicht geht mal die Post ab, wenn man das Zeug noch nicht lange nimmt, das ist dann aber der Sechser im Lotto. Manche – ich habs erlebt – werfen Viagra ein, um sich die nötige Standfestigkeit zu erschummeln, nur ist das höllisch gefährlich fürs Herz. Mein Ding war das nie.

Auch wenn man das alles weiß, macht einen das Pulver trotzdem scharf. Man wird zum Jäger. Und fühlt sich dabei selbst unwiderstehlich. Kein schönes Thema. Man vergisst sich, seine gute Kinderstube und leider auch die Menschen, denen man etwas bedeutet, für die man eigentlich Liebe empfindet. Ausgerechnet die bescheißt man am schlimmsten, mit Mädels, die genauso drauf sind wie man selbst. Und hinterher, wenn sich der Verstand wieder einschaltet, fühlt man sich wie der letzte Dreck, schämt sich so sehr, dass man niemandem in die Augen schauen möchte, der Betrogenen am allerwenigsten. Muss man aber, sonst macht man sich erst recht verdächtig.

Außerdem braucht man eine Erklärung, warum man nicht erreichbar war. Und schon ist man wieder im Lügenmodus und fühlt sich noch elender. So was macht jede Beziehung kaputt.

Und doch marschiert man wieder los, gleich am nächsten Tag oder am übernächsten, so weit war es bei mir inzwischen. Die Abende wurden länger und länger, ich tigerte von Klub zu Klub, bis auch der letzte schloss, erst dann ging ich nach Hause – wo der Wahn auf mich wartete. Am Anfang konnte ich schlafen, wenn die Wirkung des Pulvers nachließ. Ganz am Anfang, selige Zeiten, längst vorüber. Jetzt wurde die Wohnung in solchen Nächten zu einem gespenstischen Ort. Ich hörte Stimmen, wo keine waren, und Geräusche, die es nicht gab, außer in meinem Kopf. Oder ich sah, wie sich die Tür öffnete, obwohl ich sie abgeschlossen und das mindestens dreimal überprüft hatte. Trotzdem bildete ich mir immer wieder ein, Schritte zu hören und dass jemand käme. Manchmal stand ich auch einfach nur am Fenster und starrte hinaus, stundenlang, wie ich das früher als Kind gemacht hatte, wenn wir in dem Haus im Zillertal waren und ich auf Vater wartete, der weggefahren war und ewig nicht zurückkam, sodass ich fürchtete, ihn niemals wiederzusehen – und zugleich nichts sehnlicher hoffte, als dass sein Auto jeden Moment um die Ecke bog.

Mit der Zeit zog ich immer häufiger allein durch die Nächte. Das gab mir das Gefühl, nichts verstecken zu müssen. Wenn niemand bei mir war, konnte ich auch niemanden enttäuschen. Die Logik des Süchtigen. Und ich trug für niemanden Verantwortung, nicht einmal für meine eigene Person. Letzteres machte nicht wirklich Sinn, so empfand ich es aber.

Selbst in der schlimmsten Phase, die noch vor mir lag, hatte ich nie Angst, dass mir etwas geschehen könnte. Nicht dass ich es nicht für möglich gehalten hätte, von wegen der große Unverwundbare, an dem alles abprallte. Doch damit war nicht das Gefühl von Angst verbunden. Wenn es so kommen würde, dann würde es halt so sein. Fatalismus in Reinkultur. Wie es auch am Berg war. Dort sah man der Gefahr direkt ins Auge. Man wusste, ein dummer Patzer und die Lichter könnten für alle Zeit ausgehen. Und Punkt, nichts weiter, kein Zittern, keine schlotternden Knie oder das Gefühl von Panik. Deshalb hatte ich auch keine Angst zu sterben, nicht einmal auf der Autobahn nach dem Besuch bei Frau Printius, als mein Herz aussetzte. Es war ein Scheißgefühl, aber keine Todesangst. Das Einzige, was mir Angst machte, war, dass ich meinen Angehörigen damit Kummer bereiten, ihnen also Leid zufügen würde.

Doch weiter mit den einsamen Nächten, die oft gar nicht so einsam waren, weil es mich neuerdings häufiger in Stripklubs verschlug. Angefangen hatte das in Innsbruck. Dazu gibt es eine kleine Vorgeschichte, die mit dem weißen Pulver zu tun hat – und mit einer illustren Herrenrunde, die diesem nicht abgeneigt war. Angesehene Geschäftsleute aus verschiedenen Branchen, alle älter als ich, manche doppelt so alt. Irgendwann hatten sie mich in ihre Boygang aufgenommen. Wie das so geht: Man lernte einen kennen, über diesen den Nächsten und so weiter. Damals hatte ich schon die Immobilienfirma mit Sven gegründet, sodass jeder Kontakt nützlich sein konnte. Jedenfalls traf sich diese Runde mehr oder weniger regelmäßig, um übers Business zu reden und über Gott und die Welt, meistens bei einem im Büro, nach der regulären Arbeitszeit. Solche Abende wurden immer lang, sehr lang. Und intensiv. Wir redeten und tranken, gemeinsam am Tisch – und wir koksten, diskret jeder für sich, ohne dass es für die anderen ein Geheimnis gewesen wäre. Am Ende einer dieser Abende, es war schon weit nach Mitternacht, beschlossen wir, den gemütlichen Teil in einem Stripklub fortzusetzen.

Die anderen schienen sich in dem Etablissement bestens auszukennen. Hallo hier und hallo dort, Bussi rechts, Bussi links. Für mich war es der erste Besuch. Was soll ich sagen? Fast könnte man von einer Erweckung sprechen. Eine Erweckung im Koksrausch. Nüchtern hätte ich das so nicht empfunden. Auch nicht allein unter Alkohol. Es brauchte das Pulver, das einen nicht schlafen ließ. Und die Furcht vor dem Danach. Die böse Vorahnung, ehe die Achterbahn in die Tiefe rauschte, ins finstere Loch. Wo man nicht hinwollte, um sich die Qualen zu ersparen, Depressionen, Paranoia und was noch alles. Und die ersparte man sich eben nur, indem man weitermachte. Das war der einzige Weg. Die nächste Line und dann wieder eine.

Wir waren in der Nacht zu fünft oder zu sechst und machten es uns in einem der Separees gemütlich, in denen man seine Privatsphäre hatte, unter sich war. Getränke wurden serviert, zwei Frauen tanzten auf dem Tisch vor uns an einer Stange. Hübsche Geschöpfe, die sich zu bewegen verstanden. Alles recht stilvoll und elegant, nur gucken, nicht grapschen, was ich sowieso nicht getan hätte, weil es respektlos gewesen wäre. Dieser Instinkt setzte bei mir selbst im Rausch nicht aus. Ich kann auch nicht sagen, ob sich die beiden irgendwann völlig entblätterten. Von mir aus hätten sie das nicht gemusst. Mir genügte, dass sie da waren, tanzten, mit uns sprachen und nett zu sein schienen. Es war die Atmosphäre, die mir gefiel. Wie ein geschützter Raum, abgeschottet von der Außenwelt, trotzdem nicht allein, sondern in angenehmer Gesellschaft. Keine Ahnung, ob das jemand versteht. Und, ja, ich weiß, dass es wahrscheinlich die wenigsten der Frauen freiwillig machten. Es ist auch nicht so, dass ich besonders stolz darauf wäre. Ich schildere nur, wo mich das weiße Pulver hinführte, was es aus mir machte. Heute, mit klarem Kopf, wird man mich in solchen Etablissements nicht finden. Ich würde aber auch nie eine dieser Frauen verurteilen. Selbst wenn sie sich freiwillig dafür entscheiden, sind sie deswegen keine schlechten Menschen. Es gibt für alles Gründe, und jeder versucht, irgendwie durchs Leben zu kommen.

Nach diesem ersten Besuch und dem Erweckungserlebnis, dass es der ideale Ort für solche Nächte war, ging ich öfter in den Stripklub. Oder in andere, dann in München oder wo ich mich gerade aufhielt. Sie waren wie Rettungsanker. Wenn man nirgendwo sonst mehr hinkonnte, weil alles geschlossen war. Oder man nur noch in Klubs kam, in denen sich ausgeflippte Elektrojünger bei ohrenbetäubender Musik in Ekstase zappelten. Dort standen einem die Türen offen. War ich in dem in Innsbruck, sagte ich den anderen nichts davon, selbst wenn wir vorher den Abend zusammen verbrachten. Denn am schönsten war es allein. Der einsame Wolf, ein kleines Separee und eine der Frauen, die für mich tanzte. Aber das musste sie nicht, es war auch gut, wenn sie sich einfach zu mir setzte, wie eine Freundin, sodass wir plaudern konnten. Die meisten stammten aus Osteuropa – Bulgarien, Ukraine, Rumänien, Russland, an eine Deutsche geriet ich so gut wie nie. Jede hatte ihre eigene Geschichte, warum sie aus der Heimat weggegangen war und diesen Job machte. Eine erzählte von einem kleinen Kind, das sie zu Hause zurückgelassen hatte, eine andere von einer kranken Schwester, der sie für die Behandlung Geld schickte. Ich hörte ihnen zu, wie man Freunden zuhört, auch wenn ich nicht jede dieser Geschichten glaubte. Und ich erzählte ihnen von mir, irgendetwas, das mir gerade in den Sinn kam oder mich schon seit Tagen umtrieb, kam ganz auf meine Verfassung an. Manchmal werde ich dagesessen haben wie ein Häufchen Elend und irgendwelchen Unsinn vor mich hin gebrabbelt haben. Aber das war dann auch in Ordnung. Nie gab mir eine der Frauen das Gefühl, mich deswegen zu verurteilen. Auch nicht dafür, dass ich mir vor ihren Augen so manche Line reinzog, oder mit ihrer Hilfe Nachschub organisierte. Sie waren gebrochene Seelen und ich war nichts anderes. Wir alle versuchten nur, nicht unterzugehen in dem Strudel, der sich Leben nennt.

Man könnte es auch als ein ehrliches Arrangement bezeichnen, um aus dem Gefühlstopf mal wieder herauszukommen. Denn im Grunde war alles erkauft. Ich durfte dort sitzen, den Frauen beim Tanzen zusehen oder mit ihnen Konversation treiben, weil ich brav die Getränkeliste abarbeitete. Soweit ich das mitbekam, wurden sie kommissionsmäßig beteiligt, nach einem bestimmten Prozentsatz, viel war es nicht. Meist orderte ich Champagner, das war ihnen am liebsten, die Flasche ab 100, 150 Euro, das kam auf den Klub an, es konnten auch 500 Euro sein. Und bei einer Flasche blieb es selten. Solange ich meinen Teil erfüllte, erfüllten sie ihren, und niemand schaute auf die Uhr, selbst wenn es draußen schon hell wurde. Doch so rational führte ich mir das nie vor Augen. Dazu war ich gar nicht imstande. Zum Glück, sonst wäre der schöne Zauber auf der Stelle dahingewesen, nichts von Erweckung oder dergleichen. In manchen Klubs jedoch, in denen ich häufiger verkehrte, vermutlich sehr häufig, ich führte nie Strichliste, schien es irgendwann über das rein Geschäftliche hinauszugehen. Von Freundschaft will ich nicht sprechen, doch dort kam es vor, dass mich der Besitzer höchstpersönlich heimfuhr, nachdem die Nacht mal wieder längst zum Tag geworden war. Und er machte auch kein Drama draus, wenn meine Kreditkarte einmal nicht funktionierte. Dann hieß es nur: „Du bist ja morgen wieder da."

Absurd, was ich manchmal anstellte, um den Downs zu entkommen – obwohl ihnen nicht zu entkommen war. Meine nächtlichen Ausflüge in die Striplokale gehörten da noch zu den harmlosen Fluchten – oder sollte ich besser sagen: Fluchtversuchen. Jede Flucht ist irgendwann zu Ende, sieht man in allen Krimis. Ich hätte es auch besser wissen müssen, aber was hieß schon wissen, wenn man drauf war. Die extremste Form, sich vor dem Unausweichlichen zu drücken, die Galgenfrist hinauszuzögern, waren sogenannte Afterhours. Die fingen an, wenn der Abend und die Nacht für alle zu Ende ging, außer für den harten Kern, der machte weiter, bei jemandem in der Wohnung oder im Haus, bei Menschen, die finanziell keine Sorgen hatten, wo die Geister der Nacht auch am helllichten Tag niemanden störten. Dort hockte man beieinander, hörte Musik, trank, zog eine Line nach der anderen, trank noch mehr und laberte und laberte, bis jeder nur noch Schwachsinn von sich gab und niemand dem anderen mehr richtig zuhörte. Am Anfang fühlte man sich noch euphorisch, schwebte fast durch das weiße Pulver. Das ließ sich aber nicht ewig verlängern. Zwar rauschte man nicht in den Keller, solange man nachlegte, doch irgendwann wurde man steif wie eine Wachsfigur. So eine Afterhour war nach zehn Stunden für gewöhnlich nicht zu Ende, auch nicht nach zwanzig. Manchmal zog sie sich über zwei Tage oder sogar über drei. Mit Spaß hatte das dann nichts mehr zu tun, und lustig war es auch nicht, eher ein Kampf. Trotzdem blieb man auf seinem Allerwertesten sitzen wie festgetackert – weil noch was da war vom weißen Pulver. Oder jemand Nachschub organisiert hatte, wie auch immer er dazu in der Lage war. Wen kümmerte das? Wen kümmerte überhaupt irgendetwas? Also rein mit der nächsten Fuhre, damit es ja nicht aufhörte. Damit man nur nicht gehen musste.

Musste man natürlich trotzdem, irgendwann. Keine Flucht ohne Ende. Und dann war es umso schrecklicher. Das Alleinsein. Und der Aufschlag, wenn das Pulver seine Wirkung verlor. Man war so was von im Arsch, dafür gibt es keine Worte. Die Welt war plötzlich der düsterste Ort. Und man selbst der schlechteste Mensch, den man nur hassen konnte. Den jeder nur hassen konnte. Ein Versager obendrein, der allergrößte überhaupt. Es war, als würde eine Dampfwalze übelster Gedanken über einen rollen, erst vorwärts, dann rückwärts und wieder von vorn, immer so weiter, bis man nur noch sterben wollte, um es nicht ertragen zu müssen und durchzudrehen.

Dann half nur, etwas einzuwerfen, das dem Ganzen die Wucht nahm. Ein Segen, wenn man noch Benzos hatte, die wirkten schnell, packten deinen Schädel in Watte, dimmten die schlimmsten Empfindungen herunter, dimmten alles herunter. Die richtige Dosis und jegliche Sorgen verflogen, alle noch so schlechten Gedanken. Oh, Benzos, ihr Seligmacher, mit euch kam sogar der Schlaf. Aber es ist auch ein Teufelszeug, das einen nicht wieder loslässt, wenn man nicht höllisch aufpasst. Der Körper wird ruckzuck gierig danach. Wahre Freunde gibt es nicht auf dieser Seite der Straße, sind alles Trickser und Ganoven, keiner meint es wirklich gut mit dir.

White Lines

Der schöne Schein, die tödliche Gefahr und viel zu viele Lügen

Irgendwann brauchte ich es jeden Tag. Auch um den düsteren Gedanken zu entfliehen, die sich breitmachten wie ungebetene Gäste, die man einmal in die Wohnung ließ und die dann nicht mehr verschwanden. Nur mit dem weißen Pulver kam ich gegen diesen Trübsinn an – solange ich regelmäßig nachlegte. Sonst zogen ganz schnell doch wieder dunkle Wolken auf, sodass ich nichts Schönes mehr sah in der Welt, an nichts Freude empfand, nicht einmal am Skifahren. Dann gab es nur noch nicht schön und ganz hässlich, keinen Lichtstrahl, nicht mal einen Schimmer von Helligkeit, und wenn die Sonne noch so grell schien und alles so war, wie ich es sonst immer geliebt hatte. Ob allein die Downs daran schuld waren, wenn die Wirkung des Pulvers nachließ, lässt sich schwer sagen, da ich erblich vorbelastet war. Die Dämonen meines Vaters, er hatte damit auch zu kämpfen, und nicht wenig. Wahrscheinlich hatte ich es mit zwei Gegnern auf einmal zu tun, der eine so hartnäckig und hinterhältig wie der andere. Wenn das so war, gehörten beide behandelt. Dafür hätte ich mir das aber erst mal eingestehen müssen.

Meine Tage begannen mit einer Line, noch bevor ich mich aufmachte, um ins Büro zu fahren. Dort setzten sie sich mit der nächsten Ladung fort, sobald ich spürte, dass es an der Zeit war. Dann wieder eine, am Schreibtisch oder irgendwo unterwegs bei einem Termin. Fast im Stundentakt, dafür kleinere Portionen. Mit dem Zelebrieren war es endgültig vorbei. Wo ich mich sicher fühlte, kam das Pulver einfach auf einen Teller. Aber Lines legte ich mir noch, um es besser portionieren zu können. Statt des Geldscheins war es nun meist ein abgeschnittener Strohhalm, den ich mir unter die Nase hielt. Mit Genuss hatte das nichts mehr zu tun, eher mit Überleben. Oder mit Funktionieren, um zu überleben. Die Maschine musste geölt werden, damit sie weiterratterte.

Inzwischen wohnte ich wieder in München. Meine Beteiligung an Legs of Steel hatte ich Sven verkauft. Auch die Gastrobetriebe, die Bars, waren für mich Vergangenheit, obwohl ich viel Geld reingesteckt hatte, eine Viertelmillion bestimmt. Und Herzblut, davon ebenfalls nicht zu wenig. Manche Träume faszinieren einen nur so lange, bis sie wahr werden. Dann machen sie einen auch nicht glücklich, und wenn man sich das noch so sehr wünscht oder schönzureden versucht. Loslassen – ich gab meine Anteile ab – war die bessere Entscheidung, das fühlte sich gut und richtig an. Man kann sagen, ein neuer Lebensabschnitt hatte begonnen. Jetzt konzentrierte ich mich gemeinsam mit Sven auf unsere Immobilienfirma. Sven in der Zeit oft mehr als ich, das muss ich zugeben. Ich wünschte, es wäre anders gewesen.

Ums Skifahren ging es auch noch. Nicht regelmäßig, also keine Wettbewerbe, diese Schiene hatte ich abgehakt, machte der Körper nicht mehr mit, aber Film- und Werbedrehs, solche besonderen Aktionen wie das Heliskiing auf

Kamtschatka. Wobei das besonders besonders war. In dieser abgeschiedenen Wildnis seine Lines durch den Schnee zu ziehen, das ist nicht vielen Skifahrern vergönnt. In die gleiche Kategorie, wenn auch weniger spektakulär, was die Örtlichkeit betrifft, fällt die Lawinengeschichte, die ich bereits erwähnte – wird Zeit, sie zu erzählen.

In den Schweizer Alpen spielte sich das ab, bei Davos, im Frühjahr 2019 – was ich nur deshalb so genau weiß, weil ich mir das Video gerade noch einmal angeschaut habe. Wir wollten Aufnahmen beim Tiefschneefahren machen. Bevor man dafür ins Gelände ging, schaute man sich den Hang genau an, ähnlich wie bei den Freeride-Contests. Außerdem hatten wir uns den aktuellen Lawinenwarnbericht besorgt und alles, was an Informationen übers Wetter und die Schneebeschaffenheit aufzutreiben war. Ich stürzte mich da also nicht blind mit den Ski hinunter.

Vielleicht noch etwas Grundsätzliches dazu, weil ich oft gefragt wurde, wie ich mit der Angst umging, wenn ich auf so einem Berg stand. Der erste Punkt ist, dass es für mich keine Angst war, sondern Respekt – der Respekt vor dem Ungewissen. Wenn du Angst hast, gehts schief. Das gilt, glaube ich, nicht nur fürs Skifahren. Der zweite Punkt: Dieser Respekt brachte mich dazu, vorher stets das Risiko abzuwägen. Dafür stellte ich den Schwierigkeitsgrad der Strecke meinem Können gegenüber, wie ich es einschätzte. Und dann fragte ich mich: Traust du dir das zu? Lautete die Antwort Ja, machte ich mich daran, und das ist Punkt drei, die Strecke genau zu analysieren, diesmal im Hinblick aufs Risikomanagement, also: Was kann passieren und was muss ich tun, wenn das und das passiert, damit es halbwegs glimpflich ausgeht? Dabei ging ich Schritt für Schritt jeden Abschnitt durch und versuchte, mir alle möglichen Gefahren vor Augen zu führen. Das hört sich jetzt wahrscheinlich nach einer Bachelorarbeit an, doch mit der Erfahrung, die ich inzwischen besaß, ging das relativ flott. Man lernt immer besser, ein Gelände zu lesen. Allerdings waren Fehleinschätzungen nie ausgeschlossen. Schon deshalb nicht, weil die Natur zu einem gewissen Teil unberechenbar blieb – wie es auch an jenem Tag in den Schweizer Alpen war.

Zuerst startete ein anderer Skifahrer, der ein Stück links von mir, in Fahrtrichtung gesehen, seine Bahn zog. Es sah alles bestens aus. Also machte ich mich kurz nach ihm auf den Weg. Eine Kameradrohne schwebte über mir durch die Luft, sodass jeder Meter gefilmt werden konnte. Das erste Stück ließ sich problemlos bewältigen. Rechtsschwünge, Linksschwünge, mit größeren und kleineren Bögen, dem Gelände angepasst. Doch auf einmal, nahe einer Felskante, ich hatte gerade einen Linksschwung gemacht, bewegte sich der Schnee unter mir. Als würde er sich wie ein große Platte verschieben, in dieselbe Richtung, in die ich unterwegs war, hangabwärts.

Eine typische Schneebrettlawine. Ich musste sie durch den letzten Schwung selbst ausgelöst haben.

Das war einer dieser Momente, die man im Kopf vorher unzählige Male durchspielte, in der Hoffnung, dass sie niemals eintraten. Aber auch, um sich für den Fall der Fälle einen Plan zurechtzulegen. Risikomanagement. Das Wichtigste war, nicht in Panik zu geraten. Und nicht zu stürzen. Ansonsten konnte ich nur versuchen, der Lawine zu entkommen. Entweder, indem es mir gelang, aus dem Bereich, in dem sie abging, seitlich hinauszufahren. Was sehr schnell hätte geschehen müssen, aber dort, bei den Geländebedingungen, keine Option war, weder nach rechts noch nach links. Abgesehen davon hatte ich keine Ahnung, wie breit das Schneebrett war, das sich hinter mir gelöst hatte. Und wie sehr sich die Lawine auf dem Weg nach unten verbreitern, wie viel Schnee sie an den Rändern mitreißen würde.

Blieb also nur, der Gefahr davonzurasen. Dafür war es hilfreich zu wissen, dass ein solches Schneebrett nur entstehen konnte, wenn unter der oberen, lockeren Schneeschicht eine festere lag, auf der sie dahingleiten konnte wie auf einer breiten Rutschbahn. Und genau das war meine Chance. Während ich mich bereits in voller Fahrt befand, hatte sich das Schneebrett gerade erst in Bewegung gesetzt. Dabei entstand Reibung zwischen den beiden Schneeschichten, die den Start etwas verlangsamte – allerdings nicht um Minuten, nicht mal um eine Minute, dann wäre es kein Problem gewesen, es ging um Bruchteile von Sekunden. Doch die genügten, um mir einen kleinen Vorsprung zu verschaffen. Das hatte ich im Hinterkopf. Ich wusste aber auch, dass Lawinen, rauschten sie erst einmal los, ein irres Tempo erreichen konnten, bis zu 300 Stundenkilometer, je nachdem wie steil der Hang war. Selbst bei der Hälfte der Geschwindigkeit wäre mein Vorsprung ruckzuck dahin gewesen. Also musste ich selbst das höchstmögliche Tempo fahren und gleichzeitig versuchen, die kürzeste Line zu erwischen, möglichst ohne Schwünge, den direktesten Weg ins Tal.

Wäre mir das nicht gelungen, ich fürchte, es hätte dunkel ausgesehen, verdammt dunkel. Laut Statistik überleben zwei von drei nicht, die unter einer Lawine verschüttet werden. Der Schock holte mich zum Glück erst ein, als ich unten ankam, außerhalb der Gefahrenzone. Meine Knie wurden plötzlich butterweich. Ich stand da wie angewurzelt, musste erst mal tief durchatmen, und das ungefähr zehn Mal. Wie knapp es wirklich war, konnte ich dann sehen, als ich mir die Luftaufnahmen anschaute. Heilige Maria, da müssen einige Schutzengel mit auf der Piste gewesen sein. Auf dem Originalmaterial hört man als Voiceover die Stimmen der Leute, die sich um die Filmaufnahmen kümmerten. Ihnen schien fast das Herz stehen geblieben zu sein: „Oh, shit! ... Bene! ... go, go, go! ... fuck! ... go fast! ... go faster! ... oh god ...". Bis eine Stimme, die mehr erschöpft als erleichtert klingt, sagt: „He is save! ... good job, good job!"

Am nächsten Tag stand ich wieder auf Ski, um einen anderen Hang zu bezwingen, ganz in der Nähe, für neue Filmaufnahmen – wie zum Trotz. Man muss da einmal durch, um es zu verarbeiten. Um sich selbst zu beweisen, dass man sich davon nicht unterkriegen lässt. Sonst wächst es zu einem Monster im Kopf, das du nicht mehr loswirst. Trotzdem brachte mich die Geschichte zum Nachdenken, dort in der Schweiz und auch nachdem ich zurück war. Eine Zeit lang holte sie mich immer wieder ein. Ich hatte keine Albträume oder so, aber mir spukte durch den Kopf, dass es vielleicht ein Zeichen war. All die Verletzungen, und wie viele Situationen hatte ich erlebt, die auch anders hätten ausgehen können, die ganzen Stürze. Und nun das. Irgendwann sollte man aufhören, das Glück herauszufordern. Vielleicht, dachte ich, war es an der Zeit, einen Schlussstrich zu ziehen.

Dabei hätte ich mich besser fragen sollen, wie ich darauf kam, mich überhaupt noch als Sportler zu betrachten. Eine Fassade, viel mehr war es inzwischen nicht mehr. Das tägliche Täuschungsmanöver für die Menschen um mich herum. Ein Sportler lief – oder fuhr – wohl kaum ständig mit dem weißen Pulver in der Tasche durch die Gegend. Und ein Sportler bestellte auch nicht seinen Dealer zum Büro, damit der im Kokstaxi diskret die nächste Lieferung heranchauffierte, sobald der Vorrat aufgebraucht war – das war er oft, beinahe jeden Tag. Ich kaufte immer nur ein paar Gramm, weil ich mich kannte: Ich war nicht der Typ, der sich eine Wochenration eingeteilt hätte. Was ich dahatte, zog ich mir auch rein, ohne einen Gedanken an den nächsten oder übernächsten Tag zu verschwenden.

Das Mühevollste von allem war, den schönen Schein zu wahren. Nicht nur als Sportler, sondern auch in Bezug darauf, dass ich mein Leben im Griff hatte – was eine noch größere Lüge war. Immer wieder und überall: Lügen. Ich belog Sven, meinen besten Freund und wichtigsten Geschäftspartner. Ich belog meine Eltern, die mich immer seltener zu sehen bekamen, wofür alle möglichen Ausreden herhalten mussten, die meist auch nur Lügen waren. Und ich belog meine Freundin. Inzwischen hatte ich eine neue Beziehung. Die davor war an manchem gescheitert, nicht zuletzt an den Lügen. Trotzdem machte ich genauso weiter. Als hätte die Lektion, wie man eine ehrliche Partnerschaft führt, ohne mich stattgefunden. Als hätte ich nicht das Geringste gelernt.

Die neue Freundin wusste, dass ich vom weißen Pulver naschte. Sie fand das nicht gut, ließ sich aber auf mich ein, wahrscheinlich auch, weil ich das Ausmaß, das es mittlerweile angenommen hatte, herunterspielte. Ich nähme das Zeug ab und zu, um das Leben ein bisschen zum Leuchten zu bringen, bräuchte es aber nicht, könne jederzeit damit aufhören. Ungefähr so, und das in verschiedenen Varianten, die mit der Wahrheit alle nichts zu tun hatten. Wobei ich mir das mit dem Aufhören auch selbst einredete, immer noch. So ist die Sucht: Du weißt es besser, in klaren Momenten, willst ein anständiger Kerl sein, zuverlässig als Freund und im Job, ein guter Sohn sowieso, und dennoch entpuppst du dich immer wieder als Arschloch. Und jedes Mal hasst du dich dafür. Hinterher. So dreht sich die Schraube weiter. Das schlechte Gewissen stellt sich ein, quält dich, sodass du einen Tag deine Finger von dem Zeug lässt, vielleicht auch zwei oder drei. Du sagst dir, dass es endlich aufhören muss. Oder du setzt dich hin und schreibst es in ein Heft, weil du denkst, dass es so in deinem Gedächtnis besser haften bleibt. Oh, Mann, wie oft hab ich das aufgeschrieben! Moment, ich muss nur in meinen alten Tagebüchern blättern ... hier, Juni 2020:

13.06.20
Du bist auf einem guten Weg. Lass die scheiß Drogen zurück!

15.06.20
Das Wochenende in Kitzbühel war wunderschön.... [Freundin] und ich haben wieder enger zueinandergefunden. Ich

fühle und verstehe sie mehr. Ich muss gefühliger werden im Umgang mit meinen Engsten. Weniger Drogenkonsum hilft dabei sehr.

17.06.20
Fokus wird besser. Dämonen sind noch da, bin aber der Stärkere. Muss meinen Fokus wieder stärker auf den Sport lenken. Sport hilft und macht mich mental und körperlich stärker. Punkt!!!
Ich werde feinfühliger ohne Alkohol und Drogen, das ist wichtig, auch fürs Geschäft.

19.06.20
Kleiner Rückfall. Kein Sport heute.
Wohnung mit Papa hergerichtet. War schön, was mit ihm gemacht zu haben. Er wird langsam alt, ist aber noch stark. Ich muss mehr mit meinen Eltern machen, diese Zeit bekomme ich nie wieder.
Mit ... [Freundin] ist alles gut. Ich hab mich im Griff, das fühlt sich gut an. Kokain muss ich lassen, sie hasst es.

23.06.20
Privat geht es mir ganz gut.
Konsum muss zurückgeschraubt werden.

Jahrelang machte ich das, immer wieder – woran man sieht: Der Wille war da. Tausendmal war er da. Und genauso oft verschwand er wieder, wie durch ein Fingerschnipsen, dass ich es mir selbst nicht erklären konnte. Und schon fing das

Lügen aufs Neue an. Meine Freundin meldete sich, um sich für den Abend mit mir zu verabreden. Ich wollte sie auch sehen, nichts lieber als das. Bloß dass sie dann gecheckt hätte, dass ich wieder drauf war. Und aufhören wollte ich eigentlich auch noch nicht. Es fühlte sich gerade ziemlich gut an. Kein Bock auf die Talfahrt. Also ließ ich mir eine Ausrede einfallen. Und falls mir keine einfiel, irgendwann waren alle aufgebraucht oder so oft benutzt, dass sie nicht mehr glaubwürdig rüberkamen, musste ich eine neue erschaffen. Das ging so weit, dass ich mein Auto manipulierte, damit es nicht ansprang. Oder ich schmiss mein Handy auf den Boden, damit es kaputtging, um gar nicht erst rangehen zu müssen. Das sind nur zwei Beispiele, der Irrsinn kannte keine Grenzen.

Leider auch nicht, wenn es um den Job ging. Das gleiche Drama. Sogar noch schlimmer. Ließ ich meine Hände vom weißen Pulver, konnte ich mich vor Schläfrigkeit kaum auf den Beinen halten. Sobald ich mich hinsetzte, nickte ich weg, ob im Büro, auf der Bank oder bei anderen Terminen. Auto fahren war in dieser Verfassung auch keine gute Idee, außer Sven übernahm das Steuer. Ich war ein stiller Beifahrer, er hörte kaum einen Ton von mir. Um halbwegs zu funktionieren, pfiff ich mir dann doch etwas rein, heimlich. Das putschte mich auf, doch ehe es richtig zu wirken begann, meldete sich das schlechte Gewissen. Weil ichs wieder getan hatte. Weil ich schwach war. Weil ich alle enttäuschte. Dazu kam, dass ich ständig dachte, jemand beobachte mich und alle würden checken, was mit mir los war. Ich fühlte mich ertappt, verfolgt – auf gut Deutsch: einfach nur beschissen. Ich konnte mich selbst nicht ausstehen und war heilfroh, wenn ich den Arbeitstag hinter mich gebracht hatte. Um mich nicht auch noch am Abend wie ein jämmerlicher Versager zu fühlen, suchte ich mir passende Gesellschaft – andere Jünger des weißen Pulvers. Immer das Gleiche. Und irgendwann landete ich zu Hause, quälte mich durch den Rest der Nacht, legte nach und soff Wein oder Whiskey, um es irgendwie zu leveln. Bis morgens vorm Fenster die Vögel zwitscherten. Früher liebte ich es, von einem solchen Konzert geweckt zu werden. Jetzt konnte ich das Geräusch kaum ertragen. Manchmal schaffte ich es nach so einer Nacht ins Büro, manchmal nicht, pünktlich war ich selten. Wenn es mir ganz dreckig ging, kappte ich das Handy, falls ich das nicht schon getan hatte, und war für niemanden zu erreichen. Ich verriet auch keinem, wo ich steckte. Keine Nachricht, kein Lebenszeichen, nichts. Ich stellte mich tot, nicht nur für Sven und die Leute im Büro, auch für alle anderen, für meine Freundin, meine Freunde, die echten. Am meisten zog ich mich von meinen Eltern zurück. Ich erfand ständig neue Ausflüchte, um ihnen nicht unter die Augen treten zu müssen, so sehr schämte ich mich. Sie merkten, dass etwas nicht stimmte, fragten mich am Telefon. Sie wären für mich da gewesen, aber ich log ihnen weiter die Hucke voll, dass alles in bester Ordnung sei.

Sven schaute sich das eine Weile an. Er redete mir ins Gewissen, wenn ich mal wieder völlig neben der Spur war, aber trotzdem versuchte, den Geschäftsmann zu mimen, und dabei wahrscheinlich eine Menge Unsinn von mir gab, irgendwelches überdrehtes Zeug. Er stopfte auch die Löcher, und das waren nicht wenige, die ich durch meine Unzuverlässigkeit riss, indem ich einfach nicht zu Terminen erschien, ob es Geschäftsbesprechungen oder Objektbesichtigungen waren. Ich wollte nicht so sein, genauso wenig wie ich sein Vertrauen missbrauchen wollte und seine Geduld. Ich hasste mich dafür. Als Sportler war ich willensstark und zielstrebig gewesen, jedenfalls eine lange Zeit, die längste – wo war das hin? Warum schaffte ich es nicht, aufzuhören und wieder der alte Bene zu sein? Ständig sagte ich mir: Verdammt noch mal, du musst das hinkriegen! Reiß dich zusammen! Dann klappte es für ein oder zwei Tage. Oder ich nahm mir fest vor, eine Woche durchzuhalten, um danach die nächste in Angriff zu nehmen. Doch spätestens nach fünf Tagen waren alle Vorsätze vergessen und ich landete wieder dort, wo ich vorher stand.

Und Sven sagte: „Du willst es ja gar nicht, sonst würdest du es lassen." Und die anderen Freunde, die es gut mit mir meinten, die echten, die sagten das auch, so oder so ähnlich. Ich nähme es nicht wirklich ernst. Sie seien mir offenbar nicht wichtig genug. Wie ein vielstimmiger Chor, dem ich ohnmächtig gegenüberstand. Und zu dem auch meine Freundin gehörte, was nur zu verständlich war, schließlich ging ich mit ihr nicht besser um. Immer die gleichen Töne, die gleichen Sätze, die mir entgegenschmetterten, aber ich machte ja auch immer den gleichen Scheiß.

Trotzdem tat es weh. Und es tat noch mehr weh, als sie mir die Pistole auf die Brust setzten: „Entweder du kriegst das in den Griff oder es ist aus!" Sven wollte sich beruflich von mir trennen, meine Freundin unsere Beziehung beenden. Inzwischen verstehe ich das. Meine Eskapaden schadeten der Firma und für die Liebe waren sie das reinste Gift. Die beiden wollten für mich da sein, wollten helfen, müssen sich aber so hilflos gefühlt haben wie ich. Wir kämpften gegen den gleichen Feind, sie von der einen, ich von der anderen Seite, doch dazwischen stand eine Mauer, scheinbar unüberwindbar.

„Lass dir helfen!" – ich weiß nicht, wer den Satz zuerst sagte. Er stand dann immer im Raum, wie eine Überschrift für jeden neuen Tag. Je öfter ich es mit dem Aufhören versemmelte, umso größer schienen die Buchstaben zu werden, umso fetter das Ausrufezeichen, es endlich zu tun, sich professionelle Hilfe zu suchen. Ich zog Google heran: Drogenberatung. Ein Psychologe, spezialisiert auf Suchtkranke. Mit Praxis in der Münchner Innenstadt. Bahnhofsnähe? Besser nicht, dort lungerten die Junkies herum. Ein Junkie war ich nicht. Obwohl ich auch Heroin probiert hatte, aber nur durch die Nase.

Der Psychologe, den ich schließlich aufsuchte, um die fünfzig, ein drahtiger Bayer, wirkte vertrauenswürdig. Er trug Pferdeschwanz und Brille. Man kennt das aus Filmen, so was funktioniert nur, wenn man sich darauf einlässt, sein Herz öffnet – oder besser noch seine Seele. Ich versuchte, so ehrlich wie möglich zu sein, breitete vor ihm aus, wie oft und wie viel ich trank und was ich an weißem Pulver konsumierte. Auch die Benzos verheimlichte ich nicht, ebenso was manchmal noch auf der „Speisekarte" stand – MDMA, Ketamin, 2C-B, Pink Cocaine, es kam einiges zusammen. Dann sprachen wir übers Skifahren, was ich nun kaum noch machte. Und über die Kraft-Ausdauer-Einheiten im Gym, dass ich mich besser fühlte, körperlich und mental, wenn ich mich zwei-, dreimal die Woche auspowerte.

Es war erst mal nur eine Sitzung ausgemacht. Zu meiner Überraschung hielt er eine zweite für unnötig. Er meinte, ich bräuchte keine Hilfe, nicht wirklich. Dadurch dass ich keinen Leistungssport mehr triebe, den Drang aber noch in mir hätte, müsse ich dieser Seite meiner Persönlichkeit einfach ab und zu Raum geben, dann löse sich das Problem von allein. Er nannte es „kontrollierter Konsum". Seine Empfehlung, mit meinen Worten: Suchen Sie sich einen Tag, an dem Sie ganz bewusst die Sau rauslassen. Gehen Sie mit ihrer Freundin in ein schönes Hotel, nehmen Sie Kokain und haben Spaß. Kein Scherz, das wars, was er mir mitgab. Damit sollte ich den Konsum auf einmal im Monat reduzieren und alles sei fein.

Man kann sich vorstellen, dass ich das nicht ungern hörte, obwohl ich ziemlich verdutzt dreingeschaut haben muss. Demnach war ich gar nicht so verkorkst. Und ein ernsthaftes Problem konnte das mit dem weißen Pulver auch nicht sein, wenn es sich so einfach aus der Welt schaffen ließ. Ich nahm ihm das wirklich ab, verkündete meiner Freundin die frohe Botschaft und plante gleich mal den ersten Tag meiner „Heilung". Heute lache ich darüber. Wir zogen es tatsächlich ein paarmal durch – bis uns klar wurde, dass es rein gar nichts brachte.

Somit stand ich wieder mit dem Rücken an der Wand, die Pistole vor der Nase. So ratlos wie vorher. Kann sein, dass zu der Zeit das erste Mal der Gedanke aufflackerte, in eine Suchtklinik zu gehen. So genau kann ich das zeitlich nicht einordnen. Aber ich weiß noch, dass die Vorstellung in meinem Kopf sofort gegen eine Barriere prallte: Wenn ich in eine Klinik muss, ist alles aus, dann habe ich verloren. Das setzte sich fest, als wäre es die Ankündigung des Weltuntergangs. Ich hatte panische Angst davor. Alles, nur nicht in eine Klinik.

Meine Freundin war es, die mir einen neuen Hoffnungsschimmer bescherte. Eine Freundin von ihr war den Jakobsweg gegangen und hatte ihr begeistert davon erzählt. Das könne doch etwas für mich sein, dachte sie. Und ich dachte es dann auch. Mal rauskommen, weg aus der Stadt, weg von den vermeintlichen Freunden, mit denen ich durch die Nächte zog, weg von den Dealern, weg vom weißen Pulver. Weg von allem, was einem das Hirn verkleisterte. Stattdessen allein sein, nur die Natur und ich – und der Weg. Nachdenken und noch mehr nachdenken. Dinge aufarbeiten. Gedanken, die im Alltag verschüttgingen, zu Ende denken. Sich mit sich selbst konfrontieren. Sich selbst finden.

Der Camino Primitivo sollte es dann sein, wennschon, dennschon. Das Original, der ursprüngliche Weg, der zugleich als der schwerste gilt und den nur noch die wenigsten Pilger benutzen. Gut 300 Kilometer und die meisten davon im ständigen Wechsel bergauf und bergab. So las ich es in dem kleinen Reiseführer, den ich mir vor der Abreise kaufte. Da stand auch, dass ich in einem heiligen Jahr losmarschieren würde – sollte das ein Zeichen sein? Das letzte war elf Jahre her. Immer dann, wenn der Jakobustag, der am 25. Juli zu Ehren des gleichnamigen Apostels begangen werde, auf einen Sonntag falle, rufe die katholische Kirche das heilige Jahr in Santiago de Compostela aus. Und wer in einem solchen Jahr dorthin komme, eine Messe besuche und ein Sakrament empfange, dem würden alle Sünden erlassen. Mir kamen beinahe die Tränen, als ich das las. Alle Sünden – lieber Gott, wenn das doch ginge!

Wieder ein Blick in eines meiner Tagebücher – in das, das ich nur für die Wanderung anlegte:

26.04.21
Mein Camino Primitivo.
Es geht los: München – Madrid – Oviedo.
Fühle mich aufgeregt, ein bisschen unsicher. Die Covid-19-Situation ist schwer einzuschätzen. Aber eines steht fest: Ich werde es durchziehen. Es gibt immer einen Weg ...

Stimmt, Zwischenstopp in Madrid, ich erinnere mich. Es blieb genügend Zeit, um vom Airport einen Abstecher in die Innenstadt zu machen. Warm laufen auf Madrider Pflaster. Vorher einen Cappuccino in einem Bar-Restaurant, das der Taxifahrer empfahl. Dazu ein Jamón-Sandwich. Großstadtbesucher in Wanderklamotten, nicht gerade instagrammable – war mir egal. Anschließend zu Fuß zum Retiro-Park, wo es wohl jeden hintreibt, der die Stadt besucht. Die grüne Oase, in der die Bäume und Hecken den Verkehrslärm schlucken, der einem ganz schön zusetzen kann. Wieder am Flughafen, hatte ich die ersten zehn Kilometer unter den Sohlen. Dann weiter mit einem Flieger nach Gijón. Ab dort wollte ich laufen, dreißig Kilometer bis Oviedo, aber dafür war es schon zu spät, als ich das Terminal verließ, halb zehn am Abend. Also noch mal ein Taxi, damit ich am nächsten Tag im Plan sein würde. Späte Ankunft im Hotel, das direkt am Primitivo lag. Nirgends ein Pilger zu sehen. Zu Hause grassierte die dritte Coronawelle, in Spanien bestimmt auch. Ohne Impfung und Testbescheinigung wäre ich gar nicht bis dorthin gekommen. Vorm Einschlafen schummelte sich ein Gedanke an das weiße Pulver in meinen Kopf. Ich hatte nichts dabei. Ein seltsames Gefühl. So fing das Abenteuer an.

Mit Schmerzen ging es weiter, gleich auf der ersten Etappe. Zuerst die Knie, dann die Knöchel, also die Sprunggelenke, vor allem das rechte. Als wehrte sich etwas, als wollte ich mich selbst ausbremsen, schon am Anfang. Aber nicht mit mir! Das heilige Jahr, die Vergebung aller Sünden – ich war fest entschlossen, es durchzuziehen.

Also lief ich, Rucksack auf dem Rücken, machte einen Schritt nach dem anderen und ließ dabei meinen Blick über die Landschaft schweifen. Hügel. Wiesen. Wälder. Gedanken zogen durch meinen Kopf, unsortierte Gedanken, wie Vögel am Himmel, sie kamen und flatterten weiter, sodass ich sie nicht zu greifen bekam. Wenn ich doch mal einen erhaschte, fing ich an, mit mir selbst zu reden, als könnte ich ihn dadurch festhalten. Aber dann war er doch wieder weg und ein nächster kam, der kurz darauf ebenfalls verschwand. Ich fühlte mich einsam. Nirgends eine Menschenseele. Nicht wie bei Hape Kerkeling. Ich hatte mir den Film vorher zur Einstimmung angesehen. Das hier war ganz anders. Sicher auch durch Corona.

30 Kilometer Einsamkeit am ersten Tag. 24 am nächsten. Und am Tag darauf wieder. Ein gutes Pensum, das ich beibehielt, trotz der Schmerzen, die nicht aufhörten, schlimmer wurden. Der Knöchel war bald dick wie ein Tennisball. Ibu musste ran, auch hier – was Erinnerungen weckte. So sollte es sein, her mit den Erinnerungen! Ich versuchte, sie zu sortieren, einzuteilen, das eine hierhin, das andere dorthin – Sport,

Familie, Business und so weiter. Um im Kopf aufzuräumen, eine klare Struktur zu schaffen, die mein bisheriges Leben spiegelte. Das gelang nicht sofort, aber mit jedem Tag besser. Was auch ein Zeichen war: Nur nicht aufhören! Geh weiter. Der Kopf will. Und der Geist will. Also wird der Körper dir folgen. Und damit kein Missverständnis aufkam, sprach ich mit ihm, mit meinem Körper. Ich entschuldigte mich für die Strapazen und Verletzungen, die ich ihm als Skifahrer angetan hatte, für jede einzelne. Und ich bat ihn, mich nach Santiago zu bringen, wie mein bester Kumpel den Weg mit mir zu Ende zu gehen. Klingt ein bisschen verrückt, aber es half, es tat mir gut.

Einmal, an einem anderen Tag, als die Schmerzen kaum noch zu ertragen waren, tauchte plötzlich ein Stück vor mir eine Gestalt in einem gelben Regenumhang auf. Ich legte einen Schritt zu, um sie einzuholen. Das geschah ganz automatisch, denn es war der erste Pilger, den ich auf dem Weg zu sehen bekam, seit ich losgelaufen war. Vielmehr die erste Pilgerin, wie sich zeigte, als ich sie einholte. Eine Münchnerin, welch ein Zufall, ungefähr in meinem Alter – Sophia. Da wir uns das gleiche Tagesziel vorgenommen hatten, beschlossen wir, den Rest der Strecke gemeinsam zu gehen. Es lagen noch etwa zehn Kilometer vor uns. Zehn Kilometer, die wir unentwegt miteinander sprachen, als hätte jeder etwas nachzuholen. Aber das war nicht das Verblüffende. Da trafen sich zwei wildfremde Menschen irgendwo in der Botanik und es dauerte keine fünf Minuten, bis sie anfingen, sich gegenseitig ihr Innerstes anzuvertrauen. Ich hätte Small Talk erwartet – wie heißt du, wo kommst du her, was machst du so, diese ganzen Oberflächlichkeiten. Die handelten wir auch ab, aber dann ging es schnurstracks in die Tiefe – Deep Talk, wie es auf Neudeutsch heißt – und zwar so, als wäre das völlig normal. Ich erfuhr, dass sie mit einer Frau zusammenlebte, sich beide ein Kind wünschten und ihre Freundin deswegen eine künstliche Befruchtung hatte vornehmen lassen, kurz bevor Sophia zu der Wanderung aufgebrochen war. Und dass die beiden heiraten wollten. Und dass Sophia vorher mit einem Mann verheiratet war – und, und, und. Bis ich dran war, ihr mein Herz auszuschütten. Warum ich den Jakobsweg lief und welche Päckchen ich noch mit mir herumschleppte. Irgendwie fühlte es sich seltsam an, aber dann auch wieder nicht. Ist schwer in Worte zu fassen. Solche Gespräche führte ich sonst nicht einmal mit meinen Freunden – so intensiv, so ehrlich und so frei von Angst, für das, was ich erzählte, verurteilt zu werden. Vielleicht war es das: Sie verurteilte mich nicht. Und sie sagte nicht, ich solle das mit den Drogen doch einfach lassen. Sie sagte, dass die Wanderung ein guter Anfang sei.

Am Ziel, eine kleine Ortschaft, 9000 Einwohner, suchten wir uns eine Pension. Sophia konnte Spanisch, was die Kommunikation mit den Einheimischen erleichterte. Und sie schien pragmatisch veranlagt zu sein. „Lass uns zusammen ein Zimmer nehmen", schlug sie vor, „ist billiger für jeden." In dem Zimmer, das sie uns gaben, stand ein Doppelbett, so schmal, dass es in besseren Herbergen als Einzelbett durchgegangen wäre. Sophia störte das kein bisschen. Sie zierte sich auch nicht, sich vor mir umzuziehen. Es schien für sie völlig normal zu sein, als wäre sie meine Schwester. Man merkt wahrscheinlich, dass es für mich nicht ganz so war. Ich ließ mir zwar nichts anmerken, hoffentlich, war aber doch einigermaßen verblüfft, wie ungezwungen sie mit der Situation umging.

Am nächsten Morgen trennten wir uns. Jeder wollte für sich weitergehen. Auch kein gemeinsames Frühstück, nur ein kurzes „Buen Camino", gegenseitig, der übliche Gruß unter Pilgern, zur Begrüßung und zum Abschied. Ich verließ das Zimmer zuerst, wollte an dem Tag nur die Hälfte der ursprünglich geplanten Strecke gehen, wegen des Knöchels. Lief dann aber doch die ganze Distanz, dreißig Kilometer, worüber sich der Knöchel bitter beschwerte, selbst nach drei Ibus gab er keine Ruhe. Auf der Strecke wieder Gedanken wie Zugvögel. Einen an meine Mutter bekam ich zu greifen, was für eine tolle, starke Frau sie ist – und schon war er wieder weg. Dafür trieb mich die Unterhaltung mit Sophia noch eine Weile um, nicht nur an dem Tag. Eines Abends, ich hatte gerade wieder an sie denken müssen, schrieb ich in mein Heft:

Eine Sache, die ich von Sophia gelernt habe: Wenn du von jemandem Hilfe verweigerst, verweigerst du ihm, dir zu helfen, obwohl er das gern tun würde. Lass dir helfen, wenn du Hilfe brauchst, und gib anderen Menschen die Chance, dir helfen zu können.

Tag um Tag kämpfte ich mich weiter. Auf der Route gibt es einen Abschnitt, der bis auf eine Höhe von 1500 Metern führt, angeblich der schönste, aber auch anstrengendste Teil. Warum ich ausgerechnet dort das Thema Skifahren im Kopf bewegte? Es kam einfach. Vielleicht wegen des extremen Anstiegs und des ziemlich steilen Abstiegs danach. Höhen und Tiefen, das Symbolische, meine Karriere in drei Worte gefasst. Die größten Ausschläge, in beide Richtungen. Gute Gefühle, schlechte Gefühle. Wie dort auf dem Weg. Die Natur so unglaublich schön, dass mir das Herz aufging. Aber ich kam auch an einem Pferdekadaver vorbei in dieser herrlichen Landschaft. Ein Wildpferd, das es bereits vor einiger Zeit dahingerafft haben musste. Steckte darin noch mehr Symbolik? Keine Ahnung. Wie gesagt, ich war mit meiner Karriere beschäftigt. Schleppte mich den Berg hinauf, gedankenversunken. Der Rucksack wog zwanzig Kilo. In dem Moment vielleicht noch das Leichteste an Ballast. Ich war kein Skifahrer mehr. So oft ich das schon gedacht hatte, dort oben am Pass, auf diesem Kiesweg, ließ ich endlich los. Ohne dass ich es wollte, fing ich an zu schreien, so laut es meine Stimme hergab. Es passierte einfach – und ich ließ es zu. Schrie es aus mir heraus. Mit Dankbarkeit, auch ein bisschen stolz, auf das, was ich erreicht hatte. Doch nun war es Zeit, sich auf das neue Leben zu konzentrieren – und nur darauf, nicht mehr in der Vergangenheit festzukleben. Den Skifahrer Bene gab es nicht mehr – Ausrufezeichen! Ab jetzt war ich Benedikt, der Immobilieninvestor – noch ein Ausrufezeichen, besser zwei, drei. Auch das schrie ich heraus.

Wie durch eine himmlische Fügung waren am nächsten Tag die Schmerzen verschwunden. Vor lauter Übermut beschloss ich am Abend, den übernächsten mit einer Marathonstrecke zu krönen, meiner ersten, knapp 45 Kilometer, sagte der Reiseführer. So bin ich nun mal. Aber es ist auch wichtig, sich Ziele zu setzen – und diese nicht aus den Augen zu verlieren, niemals: eyes on the prize. Gilt immer, ganz gleich ob Sportler, Businessman oder sonst was. Galt sogar dort auf dem Camino. Zwei-, dreimal hatte ich mich verlaufen, nur weil ich an einer Stelle kurz unkonzentriert oder abgelenkt war und die falsche Richtung einschlug.

Ich brauchte vierzehn Stunden. Die halbe Strecke ein Höllenmarsch, denn natürlich war mein Knöchel nicht durch ein Wunder genesen. Trotzdem wollte ich es durchziehen. So schmerzhaft jeder Schritt gewesen sein mochte, es war auch immer ein kleiner Sieg. Und die ganze Strecke zu schaffen, nicht aufzugeben, trotz allem, war ein großer Sieg. Das nimmt man von so einer Wanderung mit, egal wo man sich die Füße platt tritt. Und das bleibt irgendwie in einem drin. Nicht aufgeben, weitermachen! Noch einen Schritt und noch einen, mit jedem rückt das Ziel näher, das ist immer so – bis man es erreicht und sich damit selbst übertrumpft hat.

In meinem Camino-Tagebuch stehen einige solcher schlauen Erkenntnisse. Eine andere geht so:

Weniger ist mehr. Es braucht nicht viel, um glücklich zu sein. Weniger befreit auch.

Und dann kommt das Beispiel mit dem Apfel. Dass man sich an einem mehr erfreuen kann als an zwei oder drei. Hat man nur diesen einen, wird man ihn mehr schätzen, mehr genießen und ihn nicht einfach verputzen und dann zum nächsten greifen.

Das erinnert mich an einen Morgen, an dem ich einen fast magischen Augenblick erlebte. Ich hatte in einer einfachen

Herberge übernachtet. Mein Zimmer war karg eingerichtet, kein Gegenstand zu viel, nur das Notwendigste – Bett, Schrank, Stuhl und an der Wand ein Wachbecken mit einem kleinen Spiegel darüber. So wie man sich eine Mönchszelle vorstellt. Ich war fertig zum Abmarsch, musste nur noch meine Wanderschuhe anziehen und den Rucksack schultern, in dem ich die Verpflegung verstaut hatte. Aus irgendeinem Impuls heraus schoss ich schnell noch ein Foto mit meinem Handy, auf dem alles drauf war, was ich bei mir hatte: die Schuhe, der Rucksack, mein Sonnenhut. Dann schaute ich mir das Foto an und fragte mich, warum ich mich gerade so gut, so zufrieden fühlte. Die Antwort war ganz einfach: weil ich auf dem Foto alles das sah, was ich brauchte, um in dem Moment, an dem Tag glücklich zu sein. Mehr war nicht nötig.

Mit wie wenig man auskommen und zufrieden sein kann, lehrte mich auch die Begegnung mit Emma, einer anderen jungen Frau, meiner zweiten Camino-Bekanntschaft. Es war an dem Tag, als ich die Marathonstrecke absolvierte. Der Weg führte schon ein ganzes Stück durch einen Wald. Ich versuchte mal wieder, meine Gedanken zu ordnen, als mich auf einmal eine Stimme aufschreckte, die meinen Namen rief. Ich kannte die Stimme nicht, sah auch niemanden, sodass ich dachte, ich hätte es mir aus lauter Einsamkeit bloß eingebildet. Doch dann hörte ich erneut meinen Namen, nun etwas lauter. Ich blieb stehen und sah dorthin, wo die Stimme herzukommen schien. Etwas tiefer im Wald saß eine Frau mit einem Hund, die sich auf einem Campingkocher Nudeln kochte, nur mit Butter, Salz und Pfeffer. Anscheinend ihr

Frühstück, sie hatte im Wald übernachtet, wie sie mir erklärte. Meinen Namen kannte sie von Sophia, die mit ihr gefacetimt hatte, als wir zusammen gelaufen waren. Das also war Emma. Und ihr Hund Bakir, ein Mischling, so groß wie ein Schäferhund. Wir unterhielten uns ein Weilchen, wobei das Gespräch nicht so tief ging wie das mit Sophia. Emma war seit Monaten auf dem Camino unterwegs, nicht nur dort auf dem Primitivo. Sie schlief immer im Wald und brauchte auch sonst kaum etwas. Trotzdem schien sie zufrieden und mit sich im Reinen zu sein. Nicht dass ich mich nach einem solchen Leben sehnte, aber ihre Art beeindruckte mich.

Am selben Tag, Stunden nachdem ich mich von Emma verabschiedet hatte und weitergelaufen war, geschah etwas Seltsames. Längst schmerzte der Knöchel wieder, jetzt umso mehr, da ich mich einen Berg hinaufquälte. Die höchste Erhebung der Etappe, auch diesmal, über tausend Meter, und das steilste Teilstück war es ebenfalls. Komisch, dass es immer an solchen Extrempunkten geschah, die einem alles abverlangten. Wo sich die Grenzen verschoben zwischen dem, was man glaubte, leisten zu können, und dem, was man dann tatsächlich aus sich herausholte. Mein Herz pumpte jedenfalls kräftig, als mir ein alter Traktor entgegenkam, der einen Anhänger zog und gemächlich dahinzuckelte. Am Steuer saß ein junger Kerl. Auf dem Anhänger hatten es sich eine ältere Frau und ein älterer Mann mit zwei Hunden bequem gemacht. Das fiel mir aber erst auf, als sie an mir vorbeifuhren. Obwohl ich keine Puste zu verschenken hatte, wollte ich freundlich sein und grüßen. Ich hob die

Hand, sah zu dem Hänger hinüber – und blieb stehen wie vom Donner gerührt. Der ältere Mann, er sah aus wie mein Opa Franz, der Vater meiner Mutter. Die Nase, das Profil seines Gesichts, der Hut, so ein spitzer grüner Bauernhut, das Lächeln – und er hatte auch einen solchen Traktor gehabt, einen Fendt, grün mit roten Rädern. Was passierte da gerade mit mir? Es konnte unmöglich mein Opa sein, der war gestorben, als ich noch ein Kind war, sechs oder sieben Jahre alt. Viele Erinnerungen waren verschwunden, doch meine Mutter hatte mir einmal erzählt, dass wir uns sehr nahegestanden hätten, ich ihm kaum von der Seite gewichen sei, wenn wir ihn besuchten oder er bei uns war.

Ich stand da und winkte diesem Mann hinterher, irgendwie fassungslos und überwältigt zugleich. Er lächelte mir zu, während sich der Traktor entfernte und immer kleiner wurde. Dann machte der Weg eine Kurve und Traktor und Hänger verschwanden hinter Bäumen. Plötzlich wieder allein, brach es aus mir heraus, ich fing an zu weinen, so sehr, dass mein ganzer Körper vibrierte. Ich weinte noch, als ich weiterlief, den Berg hinauf, vielleicht 200, 300 Meter, bis ich die höchste Stelle erreichte. Dort, auf einer Lichtung neben dem Weg, stand eine kleine Kapelle. Wie von allein führten mich meine Beine zu ihrer Tür, die offen stand. Ich ging hinein, verdrückte die letzten Tränen und betete das Vaterunser, dreimal hintereinander.

Als ich die Kapelle verließ, merkte ich, dass die Tränen einem Lächeln gewichen waren. Und einem warmen Gefühl, das ich immer hatte, wenn ich an Opa Franz dachte oder jemand aus der Familie von ihm sprach. Draußen lachte ich laut los, wie befreit, glücklich, und setzte meinen Weg fort, leichtfüßig, geradezu beschwingt, als hätte ich den Rucksack in der Kapelle gelassen und auch keine Schmerzen mehr gehabt. Klingt verrückt, ich weiß, aber so war es. Ich konnte ihn spüren, als wäre er mir ganz nah gewesen, wie früher in der Kindheit. Was das zu bedeuten hatte? Wer weiß. Vielleicht kamen auf dem Weg nach und nach all die unerledigten Sachen hoch, die ich – bewusst oder unbewusst – mit mir herumschleppte. Opa Franz war an Alzheimer gestorben. Ich konnte mich damals nicht von ihm verabschieden. Zuletzt hatte er nicht mehr gewusst, wer ich war.

Das mit den verschwundenen Schmerzen war übrigens die pure Selbsttäuschung, die mit jedem gelaufenen Kilometer an Wirkung verlor. Als ich in der späten Abenddämmerung endlich in der nächsten Herberge ankam, war mein gesamter Körper ein einziger Schmerz. Und trotzdem schlief ich selig ein, mit einem Lächeln im Gesicht, wie an keinem Tag zuvor.

Von da an war ich noch knapp eine Woche unterwegs, einen faulen Ruhetag abgezogen, bis ich in Santiago de Compostela einmarschierte und dort direkt die gewaltige Kathedrale ansteuerte, das offizielle Ziel. Was für ein Gefühl, es geschafft zu haben! Überwältigend, einerseits – andererseits ein bisschen unwirklich, surreal. All die Tage auf dem Weg, wie aus der Zeit gefallen. Und nun wieder in der Gegenwart zurück. Vieles musste erst einmal sacken. Ich kam dort nicht an mit der Erkenntnis, ab sofort ein neuer Mensch zu sein. Obwohl ich es irgendwie erwartete. Der heilige Weg, noch dazu im heiligen Jahr, das musste doch etwas mit einem anstellen. Tat es auch. Da war ich mir ganz sicher. Oder ich wollte mir ganz sicher sein. Keine Ahnung, ob ich den Unterschied gemerkt hätte. Ich blieb drei Tage in Santiago, dann flog ich zurück, in dem festen Glauben, nie wieder Drogen anzurühren, kein weißes Pulver und auch sonst nichts.

Last Exit

Wenn das Ende ein neuer Anfang ist

Drei Wochen vergingen, dann reiste ich wieder nach Spanien, diesmal in den Süden, nach Andalusien. Die Eltern eines Freundes hatte sich dort ein Häuschen gekauft. Eine Finca, um genau zu sein. Idyllisches Grundstück, Terrasse und Pool, die reinste Filmkulisse. Eben noch der Pilger, reduziert auf sich selbst und das einfache, genügsame Leben – krasser konnte der Gegensatz kaum sein. Zumal wir auch noch im Privatjet hingeflogen waren. Auf ein verlängertes Wochenende. Spontantrip. Komm, lass uns mal die neue Bude meiner Leit anschauen. Dann saßen wir dort auf der Terrasse, nur wir zwei, tranken Wein, das Wasser im Pool gluckste, die Sonne schien, spiegelte sich darin, einfach nur traumhaft. Doch irgendetwas fehlte.

„Wir brauchen Mädels." Aus meinem Mund kam der Vorschlag nicht. Ich sah aber auch keinen Grund, der dagegensprach. Nette Gesellschaft konnte nicht schaden. Doch bevor ein falscher Eindruck entsteht: Ich war nach wie vor mit meiner Freundin zusammen, schwer verliebt und dankbar, dass sie mich noch nicht in den Wind geschossen hatte nach all den Dramen, die wir durchgemacht hatten, hauptsächlich durch mich verursacht. Es war also kein Gedanke, für ein bisschen Vergnügen irgendwelchen Bockmist zu verzapfen, der unsere Beziehung noch mehr belasten würde. Das machte ich auch nicht, nur um das schon einmal vorwegzunehmen, nicht dort in der Finca.

Mein Freund telefonierte etwas herum und fand heraus, dass zwei Mädels, die wir beide kannten und mochten, in der Nähe urlaubten. In der Nähe für jemanden, der mal eben einen Privatflieger auf eine der spanischen Inseln im Mittelmeer schicken konnte, um sie dort abzuholen. Wie auch immer, drei oder vier Stunden später waren wir nicht mehr allein. Die Mädels kamen und dazu noch zwei, drei andere Leute, die er angefunkt hatte und die sich wirklich in der Nähe aufhielten, in der Gegend von Marbella.

In der Zwischenzeit war auch ich nicht untätig gewesen, denn wir hatten uns, nachdem die Mädels zusagten, darauf verständigt: „Dann machen wirs aber gscheit." Mehr musste gar nicht gesagt werden, so lange und so gut wie wir uns kannten. Gscheit bedeutete, dass ich in meinem Telefonverzeichnis eine Nummer reaktivierte, die ich nach dem Jakobsweg nie wieder hatte anrufen wollen.

Man versteht es nicht. Ich verstand es ja selbst nicht. Als hätte ich, kaum dass das Wort ausgesprochen worden war, jegliche Kontrolle an eine imaginäre Kraft abgegeben, die mich von da an steuerte. Und jeglichen Willen gleich mit. Ich zögerte nicht eine Sekunde, hinterfragte auch nicht, was ich da anstellte. Kein schlechtes Gewissen, kein innerer Kampf von wegen: Tu es – lass die Finger davon, nicht der geringste Widerstand. Da war nicht einmal so etwas wie Widerstreben oder auch nur Unbehagen, das ich in mir gespürt hätte. Von einem Stoppzeichen – bis hierher und nicht weiter, mein Bester! – ganz zu schweigen.

Ich wählte die Nummer, es meldete sich eine Stimme, die vertrauter klang, als ich es in Erinnerung hatte. Wie die Stimme eines guten Freundes: Schön, dich zu hören, wie gehts, was darf ich dir bringen? So in der Art. Ein cooler Typ, wir kannten uns von früheren Aufenthalten, er hatte immer zuverlässig und schnell geliefert, gute Ware, nicht das ewig verschnittene Zeug, an das man dort auch leicht geraten konnte. Da ich kaum Bargeld bei mir hatte, nicht so viel, fuhr er mich zu einer Bank. Der kleine Sonderservice für gute Kunden. Anschließend wickelten wir das Geschäftliche ab: MDMA-Pillen und weißes Pulver, zehn Gramm oder so, schließlich hatten wir das ganze Wochenende vor uns.

Mal eben 1500 Euro und noch immer regten sich keine Bedenken in mir. Stattdessen: die pure Vorfreude. Ich konnte nicht schnell genug wieder zurück sein. Aussteigen, klingeln, rein ins Haus, in die Küche, eins der Tütchen rausholen und den Inhalt auf einem flachen Teller ausbreiten, vor den anderen – das war alles eins. Wie ein heftiger Fieberschub.

Nun war es nicht so, dass ich nicht auch vorher schon an das weiße Pulver gedacht hätte. Selbst in Santiago, im Schatten der Kathedrale, hatte ich mir kurz die Frage gestellt, ob man an einem solch christlichen Ort welches auftreiben könnte, sie aber direkt wieder verscheucht wie eine lästige Fliege, die einem vor dem Gesicht herumschwirrt. Zurück in München kam der Gedanke spätestens dann auf, wenn sich Freunde für den Abend verabredeten, um gemeinsam Party zu machen. Das löste sofort Assoziationen aus. Und dazu meldete sich Schwester Versuchung, die mir ins Ohr flüsterte: Vielleicht solltest du mitgehen, da gibt es bestimmt ... Doch bevor ich das zu Ende dachte, schaltete sich der Verstand ein, die innere Bremse: Nein, das machst du nicht! Du kochst nachher schön mit deiner Freundin, bleibst brav zu Hause.

Spürt man diese Verlockung immer wieder, ohne dass sie an Intensität nachlässt, sodass man sich jedes Mal mächtig zwingen muss, es nicht zu wollen, obwohl man es eigentlich doch will, steht man praktisch schon in den Startlöchern – auf dem Weg zurück zu alten Gewohnheiten, ins Verderben. Ist nur eine Frage der Zeit. War es bei mir auch. Das nennt man einen geplanten Rückfall. Die Sache spukt einem ständig im Kopf herum, man weiß im Grunde, dass der Moment kommen wird, will es sich nur nicht eingestehen. Woran man dann wiederum sieht, wo man in Wirklichkeit steht im Kampf gegen die Sucht. Aber das will man genauso wenig wahrhaben, Stichwort: Selbstlüge.

Das Wochenende wurde für alle, die wir herbeigerufen hatten, vergnüglich, nur nicht für mich. Die anderen naschten auch vom weißen Pulver und warfen sich Pillen ein, doch im Gegensatz zu ihnen muss ich es übertrieben haben. Es war schönstes Wetter, sie plantschten im Pool und fuhren zu einem Beachclub ans Meer. Am Anfang machte ich mit, ausgelassen und fröhlich, bis zu dem Moment, als mir bewusst wurde, dass ich wieder in der Klemme steckte. Schlimmste Depressionen, übelste Paranoia, die Nacht ein einziger Horror, der nächste Tag nicht minder. Um das irgendwie zu ertragen, nahm ich noch mehr und verkroch mich im Haus, wie jemand, der das Licht scheute. Keinen Fuß setzte ich vor die

Tür, bis Sonntag nicht, dann musste ich zum Flughafen, um Montag wieder im Büro zu erscheinen. Mein Freund konnte noch ein paar Tage bleiben, ich hatte mir einen Linienflug gebucht. Dumm nur, dass die Maschine bereits gestartet war, als ich am Flughafen aufschlug. Flüge zu verpassen, ist eine meiner Spezialitäten, darin könnte ich glatt Weltmeister sein. Es war der letzte Flug nach München an dem Tag. Zurück in die Finca wollte ich nicht, aber wohin dann?

Genau in dem Moment, als ich mir diese Frage stellte, während ich leicht verzweifelt den Ausgang ansteuerte, summte mein Handy. Die vertraute Stimme, die nun noch vertrauter war. Nein, nicht meine Freundin – der Dealer, der mich hilfsbereit zur Bank chauffiert hatte. Als hätte er einen siebten Sinn gehabt. „Was geht so, Bro, brauchst du noch was?" Als er hörte, dass ich gerade etwas ratlos war, meinte er: „Kein Problem, bin in der Nähe, warte kurz, ich hol dich ab."

Die dann folgende Nacht kann man so zusammenfassen: ein nettes Hotel, eine Suite, drei Mädels, zwei Typen, reichlich Getränke und ein ordentliches Schneegestöber, mitten im andalusischen Frühsommer. Es war nicht die schönste Nacht meines Lebens, sie war nicht einmal großartig, aber ich fühlte mich wohl. Ein faires Arrangement, fast wie in den Stripklubs. Ich zahlte die Suite, er sorgte dafür, dass ich ein Upgrade bekam. Die Getränke gingen ebenfalls auf mich, auch die wurden, dank seiner Kontakte in dem Hotel, nicht mit dem vollen Preis berechnet. Dafür ließ er es für uns alle immer mal wieder schneien, Flöckchen von feinster Qualität.

Am nächsten Tag dann der Auftritt des Lügenbarons. Zuerst tischte ich meiner Freundin eine Geschichte auf, noch am Telefon, danach Sven und ein paar anderen, denen ich zu erklären hatte, warum ich mich verspätete. Es war immer die gleiche Geschichte, Kokain kam darin nicht vor.

Ein Ausrutscher war es aber eben auch nicht, wie sich zeigte. Ich landete genau wieder dort, wo ich vor dem Jakobsweg war. Dieselben Verhaltensmuster, dieselben Lügen, sodass es sich bald nicht mehr verbergen ließ. Wieder lange Gespräche mit Sven. Er ging sogar wandern mit mir, weil wir glaubten, es würde mir guttun. Tat es auch, nur hielt das nicht vor. Lange Gespräche auch mit meiner Freundin. Ich kann den beiden nicht oft genug danken, dass sie das alles mitmachten. Sven war wie ein Bruder zu mir. Obwohl ich ihn immer wieder enttäuschte, was ihm jedes Mal wie eine Ohrfeige vorgekommen sein muss, gab er mich nicht auf.

Wochen verstrichen, Monate. Gute Tage, schlechte Tage, mühevoll jeder einzelne. Irgendwie funktionieren, den Schein wahren, Geschäftstermine absolvieren, Partnerschaft leben – ein ewiger Hochseilakt. Mit Abstürzen. Hinterher kletterte ich wieder drauf, balancierte weiter. Vorher der Neustart, an dem in Wirklichkeit nichts neu war, nur die tausendste Wiederholung. Ich ließ es mit dem Alkohol und fing wieder an. Ich ließ es mit dem weißen Pulver und fing wieder an. Die Geschwister der Nacht, die sich nun auch tagsüber verbrüderten, an den Wochenenden oder im Urlaub, dann auf jeden Fall. Auch dort galt es, den Schein zu wahren, vor der Freundin, ihren Eltern, die um mein Problem wussten, trotzdem gut zu mir waren, der

Vater ein Arzt. Wieder ein Balanceakt, wieder Lügen – und der nächste Absturz, vorprogrammiert.

Und die Stimmen wurden lauter: Du musst in eine Klinik! Sven sagte das, meine Freundin sagte das, alle sagten das, die es gut mit mir meinten.

Nein, keine Klinik!

Geh in eine Klinik! Immer wieder, wie ein Echo.

Nein, ich schaff das.

Dann die Geschäftsreise nach Düsseldorf, drei Tage Termine, drei Tage kein Schlaf, dauernd auf Dope. Schließlich der 10. Oktober – *der* 10. Oktober, also 2021, ein Datum wie eingebrannt. Der letzte Termin, Besuch bei Frau Printius, anschließend die Rückfahrt, der Zwischenfall auf der Autobahn. Wieder Schutzengel. Das hätte das Ende sein können.

Und endlich die Erkenntnis: Ich muss mir Hilfe suchen!

Aber immer noch der innere Widerstreit, ob es wirklich eine Klinik sein musste. Sag einem Süchtigen, dass er süchtig ist. Tausendmal kann man ihm das sagen und trotzdem muss es nicht ankommen, selbst wenn er behauptet, dass es angekommen ist. Etwa so kann man sich das vorstellen. Heute hü, morgen hott, kam auf die Verfassung an. Und bedeutete im Zweifel beides nichts.

Immerhin setzte ich mich an den Computer und befragte Google, wie vorher bei dem Psychologen. Ran an die Tasten – rantasten. Welche Suchtkliniken gibt es, welche sind in der Nähe? Als Privatversicherter sollte es kein Problem sein, einen Platz zu kriegen, dachte ich, rief die erste Klinik an – nichts frei, ein halbes Jahr Wartezeit, mindestens. Bei der zweiten dasselbe, bei der dritten auch. Dann bekam ich einen Tipp von einem Bekannten, der am Chiemsee einen Entzug gemacht hatte. Ein Benzo-Jünger. Das Zeug kascht einen schneller, als die meisten vermuten, die damit anfangen. Also telefonierte ich mit der Klinik dort. Die erste Frage: „Sind Sie ein Akutfall?" Darauf von mir eine ehrliche Antwort, was zu der Auskunft führte: „Tut mir leid, Sofortpatienten nehmen wir nicht." Bei mir nur Fragezeichen im Kopf: Also auf bessere Zeiten warten und dann kommen? Und die erste Erkenntnis: Sich Dope zu beschaffen, geht schneller, als einen Klinikplatz zu finden, wesentlich schneller.

Neuer Versuch. Über meinen Bekannten kam ich zu einer Psychologin, die mich an einen Professor verwies, der Psychiater, Psychotherapeut und Neurologe ist, eine Legende auf dem Gebiet der Suchtbehandlung. Und Chefarzt einer privaten Akutklinik für psychisch Erkrankte, die es erst seit gut einem Jahr gab. Ich denke, das war die ganze Zeit die Barriere in meinem Kopf, zumindest die größte: mir einzugestehen, psychisch krank zu sein. Ich konnte nicht vom weißen Pulver lassen, aber deswegen war ich doch nicht irre. So ist es ja auch nicht, aber das muss man im Kopf erst mal geregelt bekommen.

Die Klinik liegt südlich von München, in der Nähe eines Sees. Meine Freundin fuhr mich hin. Unterwegs versuchte sie, mir Mut zu machen, während ich immer stiller wurde und gegen den Drang ankämpfte, sie zum Umkehren zu überreden. Es war Ende November. Ein düsterer Tag. Vielleicht schien auch die Sonne und der Himmel war wunderschön blau, dann nahm ich das nicht wahr. Ich bin ein Looser, hab alle enttäuscht, hab versagt! Das ging mir durch den Kopf. Ich war auf dem Weg in eine Drogenklinik, nichts konnte schlimmer sein. Mein Leben ist im Arsch. Hoffentlich überfährt mich noch ein Auto, bevor ich da reingehe.

Von außen sah man nicht, dass es eine Klinik war. Es hätte auch ein kleines Hotel sein können. Ein moderner Bau, gerade Linien, helle Fassade, drei Geschosse, Flachdach. Neben der Eingangstür ein winziges Schild, leicht zu übersehen, mit einer Aufschrift, die alles und nichts bedeuten konnte. Wie ein Geheimcode, nur für Eingeweihte.

Ich klingelte, die Tür öffnete sich: „Hallo Herr Mayr ..."

Ich quälte mir ein Lächeln ins Gesicht, um den Looser zu verdrängen und überhaupt alle schlechten Gedanken, jeden Zweifel. Ließ geschehen, was geschehen sollte. Als Erstes der obligatorische Corona-Test. Das fiese Virus, immer noch, die nächste Variante. Und die nächste Welle, welche durchlebten wir gerade?

Drinnen sah es noch mehr aus wie ein Hotel: Empfang, Speiseraum, Bibliothek, Fitnessbereich, Sauna. Auch das Zimmer, in das sie mich einquartierten. Hellblauer Eternitboden, Doppelbett, Schrank, Schreibtisch, großer Fernseher, eigenes Bad – alles sehr modern und geschmackvoll, definitiv die Luxusvariante.

Später noch mehr Tests und Untersuchungen, Urin, Blut, EKG, alles Mögliche. Wichtig war, dass sie Spuren vom weißen Pulver in meinem Blut fanden, sonst wäre ich kein Akutpatient gewesen und hätte nicht aufgenommen werden dürfen. Doch in der Hinsicht war ich absolut verlässlich.

Dann ein Gespräch mit dem Chefarzt, bei dem ich solche Formulierungen wie „ganzheitlicher Therapieansatz für Körper, Geist und Seele", „individuelle Therapiekonzepte" und „diskrete Hilfe im geschützten Raum" zu hören bekam. Klang alles vielversprechend, aber noch während er mir erklärte, wie die Behandlung ablaufen würde, schlich sich wieder der Looser in meinen Kopf. Der Versager, der nicht die Kraft hatte, sich selbst aus dem Schlamassel zu ziehen. Und der jetzt in einer Psychoklinik saß, auf Entzug – allein dieser Stempel, eine Schmach, die ewig an mir haften würde.

Den Ablauf in der Klinik bestimmte eine Art Stundenplan. Vier Mahlzeiten am Tag, das war das Gerüst, dazwischen Einzel-, Gruppen- und Bewegungstherapie. Und Zeit für sich selbst, die ich entweder im Zimmer verbrachte, wo ich meistens las oder fernsah, oder beim Sport. Mich konnte man jeden Tag im Fitnessstudio finden. Und ich ging laufen, fünf Kilometer durch einen nahen Wald, wo es einen kleinen Weiher gab, an dem ich manchmal Zwischenstation einlegte, um zu baden, selbst bei eisigen Temperaturen. Danach war man im Kopf super klar, ich liebte das.

An den Wochenenden hatte man frei, Zeit für Besucher. Meine Eltern, denen ich erst kurz vorher reinen Wein eingeschenkt hatte, was mit mir los war, kamen jede Woche. Sie reagierten überhaupt – wie soll ich es ausdrücken? Einfühlsam beschreibt es wohl am besten. Auch besorgt, aber ohne dass sie mir Vorwürfe gemacht hätten. Sie wollten helfen, wollten für mich da sein, zu mir halten. Irgendwie brachte uns die Sache auf einer Ebene näher, die es so zwischen uns vorher nicht gab. Auch Sven und meine Freundin ließen sich blicken. Und die beiden, mit denen ich den Podcast mache, der lief zu der Zeit ja schon. In die Klinik hinein durfte allerdings niemand. Man musste Ausgang beantragen, mit festgelegtem Zeitlimit. Und wenn man zurückkam, checkten sie einen auf Drogen und Alkohol – Urinprobe und Taschenkontrolle.

Die Gesprächstherapie, ob in der Gruppe oder einzeln, war am Anfang eine ganz schöne Hürde für mich. Man saß da und sollte sich öffnen, sein Herz ausschütten, was einem das Leben schwer machte, gegen welche Dämonen man ankämpfte. Keine leichte Übung. Hallo, ich bin der Benedikt, und ich bin hier, weil ich ein Drogenproblem habe – Alkohol und Kokain. Wumm, als hätte ich mir selbst einen Stempel auf die Stirn gedrückt. Und das sollte dann auch noch etwas bringen, allein dass man es ausspracht. Über diese Brücke musste ich erst mal gehen. Nur reden, wie sollte das funktionieren? Darauf kommt man erst, wenn man sein Problem als das sieht, was es ist: eine Krankheit. Und der erste Schritt dorthin ist so ein Satz, das Geständnis, das man vor sich selbst ablegt. Und vor seinem Therapeuten. Aber noch wichtiger ist, dass man es nicht nur so dahinsagt, weil es der Herr Doktor hören will. Man muss es auch wirklich annehmen, es ist ein Fakt und Punkt – ich bin süchtig. Daher ist eine Therapie zu einem Stück immer auch Selbsttherapie. Jeder Mensch neigt dazu, unangenehme Sachen tief nach unten zu packen, dass er möglichst nicht mehr daran erinnert wird. Wenn man ein Weilchen auf der Welt ist, sammelt sich dort einiges an. Und irgendwann ist die Kiste so voll, dass sich der Deckel nicht mehr schließen lässt. Dann geht es darum, den ganzen Scheiß wieder hervorzukramen und aufzuarbeiten, damit man kapiert, was einen dahin gebracht hat, wo man ist. Und wie man damit umgehen kann, ohne weiter auf dem Drahtseil balancieren zu müssen, stets gefährlich nah am Abgrund.

Bei der Gruppentherapie ging es viel darum, sich selbst zu spüren und zu verstehen, was es war, das man da spürte. Wir saßen in einem klassischen Stuhlkreis zusammen, wie man das immer sieht. Mal waren es fünf Leute, also Patienten, mal zwölf – oder irgendeine Zahl dazwischen, das wechselte. Dazu eine Therapeutin, bei unserer Gruppe war es immer eine Frau. Erst sagte jeder reihum sein Sprüchlein auf, wer er war und was ihn in die Klinik gebracht hatte, anschließend kam die Frage: „Wie geht es Ihnen, was fühlen Sie?" Ich antwortete dann zum Beispiel: „Ich fühle mich heute bedrückt und ängstlich, auch unsicher." Solche Tage gab es, nicht wenige. Wieder ging es reihum. Jeder versuchte, seinen momentanen Zustand in Worte zu fassen. Dann sollten wir die Augen schließen, tiefer in uns hineinfühlen und das, was wir spürten, nicht mit einem Wort beschreiben, sondern mit einer Farbe oder einer Form, geometrisch gedacht. Oder als Vorgang wie beispielsweise einem Strudel, das war bei mir manchmal so. Keine klaren Gedanken, irgendwie konnte ich mich an nichts festhalten und ich kam auch nicht zur Ruhe. Das ging so weit, dass ich während der Sitzung aufstehen und rausgehen musste, um kurz in Bewegung zu sein. Danach hielt ich es dann wieder ein Weilchen auf meinem Stuhl aus. Wie früher in der Schule.

Wollte ich außerhalb der Therapiestunden nicht mit mir allein sein, fand sich immer jemand, dem es gerade genauso ging. So kam ich mit fast allen der anderen Patienten ins Gespräch. Jeder hatte sein Päckchen zu tragen, das schien uns wie ein unsichtbares Band zu verbinden. Einige von ihnen sprachen so offen mit mir, wie ich das bei Fremden vorher nur mit Sophia erlebt hatte, meiner Jakobswegbekanntschaft.

Einer der Patienten, er kam aus Augsburg, ich schätzte ihn auf Mitte fünfzig, war Dauergast, seit die Klinik eröffnet hatte. Am Anfang dachte ich, er gehöre zur Geschäftsleitung, zur kaufmännischen Seite, da er immer herumlief wie aus dem Ei gepellt. Bis er eines Tages in unserer Gruppentherapie auftauchte, was danach nur noch sehr selten vorkam. Er litt an Depressionen und hatte offenbar niemanden, der sich um ihn gekümmert hätte. Von seiner Familie, Frau und Kindern, sei er verstoßen worden, erzählte er. Welche Gründe es dafür gegeben hatte, erfuhr ich nicht. Die Klinikkosten bezahlte er selbst, dank seiner Eltern, die ihm anscheinend ein beträchtliches Erbe hinterlassen hatten.

An einen anderen Patienten muss ich bis heute öfter denken. Gerade wenn es mal wieder im eigenen Businessgetriebe knirscht, einem irgendetwas im Weg steht. Wofür macht man das alles, was man im Leben macht? Wie wichtig ist Erfolg und was bleibt davon, wenn er einem die Gesundheit kostet? Was ist er dann noch wert? Solche Fragen kamen mir in den Sinn, nachdem wir uns einige Male unterhalten hatten. Der Mann, er kam irgendwo aus Baden-Württemberg, war fast neunzig, hatte vor Ewigkeiten die Firma seines Vaters übernommen, ein mittelständisches Unternehmen, das er zum Weltmarktführer auf dem Gebiet machte. Nach außen hin schien er geradezu eine Naturgewalt gewesen zu sein, so erfolg- wie einflussreich, hochdekoriert mit einem Bundesverdienstkreuz. Doch hinter dieser Fassade kämpfte er seit Jahren gegen Alkoholsucht und schwerste Depressionen. Die Firma hatte er inzwischen an seine Kinder übergeben, die sie anscheinend nicht so führten, wie er es sich wünschte. Auch das belastete ihn.

Alkohol war in der Klinik ein heikles Thema. Damit hatten echt viele ein Problem – und eben auch, es zu lassen, obwohl sie genau deswegen dort waren. Kaum ein Tag verging, an dem das Pflegepersonal nicht ausschwärmte, um heimliche Vorräte aufzuspüren, in den Zimmern von Patienten, im Keller oder irgendwo anders. Alte Waschmittelflaschen wurden gern als Depot benutzt, aber das kriegten sie dann raus.

Einmal becherte sich eine Patientin, die nach so ziemlich allem süchtig war, ob Drogen, Alkohol oder Benzos, regelrecht ins Delirium, bevor man sie fand. Die Frau, sie sprach einen osteuropäischen Akzent, war Anfang vierzig und zwei Meter groß, gab jedes Mal, wenn sie bei uns zur Gruppentherapie auflief, eine kleine Show: Minirock, High Heels, Designerhandtasche und geschminkt bis zum Gehtnichtmehr. Fehlte nur der Trommelwirbel oder eine Lichtshow, mit Extraspot auf ihr Gesicht. Mir erzählte sie, sie habe vor Jahren, als junges Ding, eine große Misswahl gewonnen. Jetzt betreibe sie mit ihrem Mann, der sehr wohlhabend sei, eine Escortagentur und scoute nebenbei Mädchen für eine Organisation, die in verschiedenen Ländern Misswahlen veranstaltete. Denen, die es nicht dorthin schafften, würden sie einen Job als Escort anbieten. Klang schon ein bisschen nach Menschenhandel, doch ich will mich nicht zum Richter aufschwingen.

Ein Arzt aus Nürnberg, etwa fünfzig, eigene Praxis, betrachtete die Behandlung in der Klinik offenbar als reine Dienstleistung. Ein cooler Typ, der sein Leben in vollen Zügen zu genießen schien. Er liebte seine Arbeit, aber auch das Vergnügen, das für ihn vor allem mit Kokain und Alkohol verbunden war, worauf er auch nicht verzichten wollte. Allerdings vermischte sich beides manchmal, wie er erzählte. Dann kam es vor, dass er seine Patienten auf Koks behandelte. Ein bisschen wie meine eigene Geschichte. Du nimmst das Zeug, brauchst immer mehr, säufst dazu, um es irgendwie im Lot zu halten, und irgendwann kannst du es nicht mehr bändigen. Er sah das ganz pragmatisch: Sobald er diesen Punkt erreiche, was er auch daran merke, dass seine Frau zunehmend Stress mache, checke er in die Klinik ein, um es wieder unter Kontrolle zu bekommen. So hatte er es wohl schon ein paarmal gemacht, auch woanders, bevor es diese Klinik gab.

In der Zeit, während ich dort war, spielten sich manche Dramen ab. Jeder Rückfall war für den Betroffenen ein Drama. Mir musste das niemand erzählen. Es sei denn, man betrachtete es wie der Arzt aus Nürnberg. Für einen älteren Herrn, ich würde sagen, er war um die siebzig, muss es besonders frustrierend gewesen sein. Auch er wurde zum wiederholten Mal stationär behandelt, litt seit Jahren an schwersten Depressionen. Vor seiner Pensionierung hatte er in der Nähe von Stuttgart ein Architekturbüro geführt und eine Menge Geld verdient. Ihm gehörten mehrere Häuser. Er hätte auf sein Lebenswerk stolz sein können, wäre da nicht diese Krankheit gewesen. Die schien ihm jeden

Lebensmut zu rauben, wohl auch den Glauben daran, ihm könne noch jemand helfen, nach all den gescheiterten Versuchen. In der Gruppentherapie hörte man kaum ein Wort von ihm. Überhaupt zog er sich meist in sein Zimmer zurück, sprach selten mit anderen Patienten. Eines Tages war er ganz verschwunden, kam nicht zur Therapie, nicht zum Essen und in seinem Zimmer fanden ihn die Pfleger auch nicht. Ihre Suche endete in einem Wirtschaftsgebäude nebenan. Dort hatte er sich in einer versteckten Ecke erhängt. Später las ich seine Todesanzeige. Er hinterließ eine Frau, zwei erwachsene Kinder und mehrere Enkel. Selbst das hatte ihn nicht abhalten können. Ich war auch mal so weit, dass ich auf einen Berg fahren wollte, den ich mir schon ausgesucht hatte, um mich hinunterzustürzen. Doch dann musste ich daran denken, wie traurig das die Menschen machen würde, denen ich wichtig war. Dieser Gedanke war wie ein Rettungsring, an dem ich mich festklammerte. Zum Glück kam er jedes Mal, auch später, wenn ich glaubte, dass es das Beste wäre, sich davonzumachen. Um aber ganz ehrlich zu sein: Oft war es auch eine kleine Portion vom weißen Pulver, die mich vom Trübsinn in dieser extremen Form befreite. Das Zeug holte mich aus dem schwarzen Loch, zumindest für den Moment. Und wenn es mich dann wieder dorthin zurückschickte, waren die Gedanken vielleicht nicht so arg düster oder irgendetwas lenkte mich von meinem Lebensschmerz ab.

In ein kleines Drama ganz anderer Natur wurde ich in der Klinik dann selbst noch verwickelt, völlig ahnungslos und ohne dass ich etwas dafür konnte. Es geschah kurz vor

Heiligabend – schöne Bescherung. Jetzt lache ich darüber, aber als es passierte, war mir gar nicht danach zumute. Aber der Reihe nach: Ich hatte schon angedeutet, dass man bei den Therapiesitzungen in sich ging und dabei einen Blick – oder auch mehrere Blicke – in die Vergangenheit warf, Verdrängtes aus der Kiste kramte. Immer auf der Suche nach einem Grund, der erklärte, warum man einer Sucht verfallen war wie ich dem weißen Pulver – warum man überhaupt damit angefangen hatte. Bekanntermaßen leiden die meisten Süchtigen zusätzlich an anderen psychischen Erkrankungen, die oft von den Auswirkungen der Sucht überdeckt werden. Bei vielen sind es gleich mehrere solcher psychischen Leiden, die einander bedingen und einem das Leben irgendwann zur Hölle machen. Man könnte auch sagen, die sich gegenseitig hochschaukeln, sodass es immer übler wird. Diese Grunderkrankungen, wenn sie denn vorhanden waren, galt es zu erkennen. Das war der Ansatz. Oder einer der Ansätze. Nur so würde sich die eigentliche Suchtproblematik verstehen und bestenfalls unter Kontrolle bringen lassen. Unter Kontrolle in dem Sinne, dass man einen Weg fand, damit umzugehen, sich von der Droge fernzuhalten und trotzdem Freude im Leben zu empfinden. Von Heilung kann man ja leider nicht sprechen.

In meinem Fall kam eine ganze Reihe von Punkten zusammen. Es ging los mit der Kindheit, die Quälerei in der Schule, sich nicht konzentrieren zu können, die schlechten Noten, die daraus resultierten, obwohl ich mir Mühe gab und nicht dumm war, die Impulsivität anderen gegenüber, das aufbrausende Gemüt und so weiter. Dann der Sport, angefangen beim Inlineskaten, das Verlangen, sich auszutoben, stundenlang, und dabei alles um sich herum zu vergessen, auch die Hyperfokussierung und die Fähigkeit, sich Tricks draufzuschaffen nur durchs Anschauen, wie andere sie machen. Schließlich der Hang, nicht irgendeinen Sport zu betreiben, sondern das Extreme zu suchen und dabei immer noch einen draufzusetzen, noch gefährlicher, noch verrückter. Und als es das nicht mehr gab oder nur noch selten, stattdessen die Büroarbeit am Schreibtisch in den Vordergrund rückte, die Hinwendung zum Alkohol und dem weißen Pulver, auch da wieder vom gelegentlichen Konsum am Anfang bis zum Extremen. Für die Therapeuten wies all das ganz deutlich in eine Richtung: Der Patient hatte ADHS, und das mit ziemlicher Sicherheit bereits seit seiner frühen Kindheit.

Auf einmal machte so vieles Sinn. Als hätte jemand Licht in einem Raum eingeschaltet, in dem sonst immer finsterste Nacht gewesen war. Die Erleuchtung. An sich ist es ja nicht schlecht, etwas über sich zu erfahren, aber diese Neuigkeit musste ich erst einmal verdauen. Immerhin bedeutete es, dass ich eine psychische Störung hatte, noch habe. Man spricht von einer neurobiologischen Erkrankung, die nicht zu heilen oder wegzuoperieren ist. Damit muss man leben.

Hätte es über die Fakten aus der Vergangenheit hinaus noch eines Beweises bedurft, so lieferte meine Geschichte auch den. Nämlich wie das weiße Pulver bei mir wirkte. Während es andere aufputschte und unruhig machte, sodass sie einen übermäßigen Bewegungsdrang verspürten, rief es bei mir genau den entgegengesetzten Effekt hervor: Mich machte es ruhiger, im Kopf klarer, ich konnte besser denken, mich besser konzentrieren, war nicht mehr so hibbelig – wohlgemerkt bei der richtigen Dosis, die ich in der Anfangszeit noch am ehesten erwischte. In der Phase, als ich es übertrieb, erst recht bei den Afterhours oder ähnlichen Exzessen, schlug das um. Trotzdem kann man sagen, dass ich mir, höchstwahrscheinlich unbewusst, ein Mittel gesucht hatte, das sich positiv auf die ADHS-Symptome auswirkte. Eine Art Selbstbehandlung, die nicht untypisch ist für ADHS-Betroffene. Was auch daran liegen könnte, dass ADHS, obwohl mittlerweile alle Welt darüber spricht, bis heute bei vielen erst spät, im Erwachsenenalter, oder gar nicht erkannt wird. Irgendwo las ich, dass wohl nur jeder Zwanzigste, bei dem die Störung auftritt, entsprechend diagnostiziert wird. Ich bin kein Experte, könnte mir aber vorstellen, dass viele, die nicht darunterfallen, selbst einen Weg suchen, damit klarzukommen. Das versucht doch jeder, nur dass diejenigen nicht wissen, was in Wirklichkeit ihr Problem ist.

Erforscht wurde inzwischen, dass ADHS-Betroffene im Vergleich zu anderen Menschen ein deutlich höheres Risiko haben, suchtkrank zu werden, und auch deutlich häufiger an psychischen Leiden erkranken. Bei Depressionen zum Beispiel liegt die Rate bei Erwachsenen zehnmal höher. Angenommen wird, dass etwa die Hälfte aller Alkoholabhängigen eine ADHS-Problematik haben. Zwei Drittel davon, so wird geschätzt, leiden zusätzlich noch an mindestens einer anderen psychischen Krankheit.

Das individuelle Therapiekonzept, von dem der Chefarzt gesprochen hatte, beinhaltete eine Kombination aus Psychotherapie und medikamentöser Behandlung, hauptsächlich mit

Psychopharmaka. Das Erste, was ich bekam, gleich zum Anfang, waren irgendwelche Beruhigungspillen. Dann wurde getestet, wie ich auf bestimmte Medikamente ansprach, ob sie mir etwas brachten. Mit der Diagnose ADHS kam Medikinet auf meinen „Speiseplan", dreimal täglich zu den Hauptmahlzeiten. Medikinet enthält den gleichen Wirkstoff wie Ritalin, nämlich Methylphenidat. Dieser wirkt im Gehirn ähnlich wie Kokain, gleicht den Mangel des Botenstoffs Dopamin aus, kracht aber nicht so rein, flutet langsam an, wie die Mediziner sagen. Es kommt nicht zu dem typischen Kick wie beim weißen Pulver. Dafür wirkt es länger, die Dopaminkonzentration rauscht nicht so schnell wieder nach unten. Darüber, ob Methylphenidat auch süchtig macht, streiten die Gelehrten. Es gibt Studien, die ein gewisses Suchtpotenzial bestätigen, und andere, aus denen sich das nicht ergibt.

Die entscheidende Frage war, wie viel sie mir davon geben mussten – womit wir langsam zu dem kleinen Drama kommen. Generell, so sagten sie, werde immer versucht, die geringstmögliche Dosis zu wählen. Aber es muss natürlich auch etwas bringen. Deswegen tastet man sich vor, fängt mit einer kleinen Dosis an und steigert die Menge, bis sich die gewünschte Wirkung einstellt. In meinem Fall landeten wir recht schnell bei achtzig Milligramm, das war die übliche Höchstdosis für Erwachsene. Dummerweise änderte diese an meinem Befinden rein gar nichts. Ich fühlte mich innerlich keinen Deut ruhiger. Von den klaren Gedanken, die sich einstellen sollten, merkte ich ebenfalls nichts. Also durfte ich noch ein paar Milligramm zusätzlich schlucken. Am Ende lag ich bei einer Tagesration von 160 Milligramm, der doppelten Höchstdosis. Erst damit wurde ich nachweislich ruhiger und auch das Wirrwarr in meinem Kopf sortierte sich. Die Therapeuten führten die hohe Dosis darauf zurück, dass ich offenbar schon als Kind eine schwere Form von ADHS hatte, die niemals behandelt worden war.

Nach einiger Zeit hatte ich mich einigermaßen an das Medikament gewöhnt. Auch an die anderen Arzneien. Außer Medikinet bekam ich Pregabalin, das gegen Angststörungen helfen sollte, und Mirtazapin, ein Antidepressivum, mit dem meine düstere Stimmung im Zaum gehalten wurde und das mich besser schlafen ließ. Ich schäumte nicht über vor Glück, aber es ging mir ganz gut. Ich machte Fortschritte, sagen wir es so.

Dann, drei Tage vor Heiligabend, bekam ich neue Tabletten. Zumindest dachte ich das. Die, die die Medikinets sein sollten, sahen auf einmal anders aus. Ich fragte die Pflegekraft, die sie ausgab. Sie meinte, es habe alles seine Richtigkeit. Also machte ich mir weiter keine Gedanken, schluckte brav meine Portion, in der Annahme, es sei einfach nur eine neue Charge, vielleicht von einem anderen Hersteller. Bei der nächsten Medikamentenausgabe das Gleiche, nur dass ich nicht mehr fragte.

Meine Zweifel kehrten zurück, als ich am folgenden Tag merkte, dass ich mich irgendwie anders fühlte, wie ruhiggestellt, matt, als wäre mein Blutdruck in den Keller gesackt. Außerdem war da eine unterschwellige Übelkeit, die nicht wegging, und beim Sport noch schlimmer wurde, bis ich erbrechen musste. In der anschließenden Gruppentherapie hing ich auf meinem Stuhl wie ein Schluck Wasser in der

Kurve, fast wollte ich mich abmelden. Plötzlich, mitten in der Sitzung, fegte der Chefarzt in den Raum und meinte, ich solle sofort mitkommen. Kurz überlegte ich, was ich ausgefressen haben könnte. Mir fiel aber nichts ein.

Nicht ich hatte etwas verbockt, sondern jene Pflegekraft, die für die Medikamentenausgabe zuständig war. Die neuen Pillen, das waren doch keine Medikinets gewesen, sondern Methadontabletten, die Heroinsüchtigen beim Entzug verabreicht werden. Aber selbst denen nicht in der Menge, wie ich sie bekommen hatte, 160 Milligramm. Eine Überdosis Methadon ist fast genauso gefährlich wie eine Überdosis Heroin. Die Atmung wird runtergefahren, bis sie schlimmstenfalls ganz aussetzt. Und das war eine Überdosis, umso mehr für jemanden, der dieses Zeug noch nie genommen hatte. Ich erinnere mich nicht, ob sie mir das an dem Tag so deutlich sagten. Alles ging plötzlich ratzfatz, rein in den Rettungswagen und ab in die Notaufnahme. Wobei es nicht so einfach war, eine zu finden, die noch Kapazitäten hatte, weil die meisten mit Coronapatienten ausgelastet waren. Ich höre noch, wie ständig jemand auf mich einredete, ich müsse die Augen aufbehalten, dürfe auf keinen Fall einschlafen, sonst sei es vorbei. Gerettet hat mich wahrscheinlich, dass sie mir Naloxon spritzten, womit die atemlähmende Wirkung des Methadons aufgehoben wurde.

Danach ging es mir schnell besser. Über Weihnachten durfte ich nach Hause zu meinen Eltern, direkt aus dem Krankenhaus, in das sie mich gebracht hatten. Ich trank keinen Schluck Alkohol, um gar nicht erst auf dumme Gedanken zu kommen. Nach den Feiertagen fuhr ich noch einmal in die Suchtklinik ein, für knapp zwei Wochen. Dann hieß es Abschied nehmen. Die Medikamente sollte ich weiternehmen, alle drei. Damit, sagte die Therapeutin, müsste ich das Suchtproblem im Griff haben. Auch die Depression, die sie zusätzlich diagnostiziert hatte. Das eine hänge mit dem anderen zusammen, entstanden sei alles jedoch durch die ADHS-Geschichte. Solange ich das händeln könne, sollte ich auf der sicheren Seite sein. Früher sei es der Sport gewesen, der vieles kompensiert habe, jetzt übernähmen das die Medikamente. Wichtig sei, für einen geregelten Tagesablauf zu sorgen, für feste Strukturen, um der Sucht keinen Raum zu lassen. Sport empfahl sie auch, die Bewegung, das Auspowern sei gut für Körper, Geist und Seele. Aber da rannte sie offene Türen bei mir ein. Vor der Klinikzeit hatte ich keinen Bock mehr gehabt, mich körperlich anzustrengen, jetzt wollte ich wieder durchstarten. Nur für mich, um so fit zu werden, wie ich es nie war. Das schrieb ich dann auch unzählige Male in mein Tagebuch – immer versehen mit dem kleinen verbalen Tritt in den Hintern: „Let's get it!"

Als ich die Klinik Mitte Januar verließ, war ich so euphorisch wie selten: Juchhe, Bene ist gesund!

Am 15. März, einen Tag nach meinem 33. Geburtstag, trank ich das erste Mal wieder Alkohol. Für die Therapeuten in der Klinik war der Alkohol bei mir kein großes Thema gewesen.

Im April flog ich mit meiner Freundin und einer Handvoll Freunden nach Las Vegas. Die nächste Versuchung, ich griff auch diesmal zu.

Zwei Wochen später eröffnete ein Freund ein Wirtshaus in München, da wurde ich das dritte Mal schwach.

Mitte Mai ein Kurztrip nach Mallorca. Meine Freundin, Sven und ein paar andere. Gespeichert habe ich zwei Bier, es können auch zwei mehr gewesen sein.

Und dann, knapp eine Woche danach, eine Messeveranstaltung in Hamburg, inklusive fetter Party. Vorher ein Abstecher in ein Restaurant, in dem sich folgende Szene ereignete:

Eine größere Tafel, jeder Platz besetzt. Neben mir eine junge Frau, sehr attraktiv, sportlich. Wir waren uns auf der Messe über den Weg gelaufen. Ich kannte sie von anderen Veranstaltungen. Wir mochten uns, hatten aber nie etwas miteinander. Der übliche Small Talk. Auf einmal hörte ich, wie sie sagte: „Ich hätte schon Lust, mit dir zu vögeln ..."

Meine Antwort war nicht Empörung, eher das Gegenteil.

Dann wieder sie: „Ballerst du?"

Ich: „Hab ich früher mal." Als wäre es nur noch eine Erinnerung gewesen, damals, irgendwann.

Darauf sie: „Wollen wir?"

Ich hatte alle Kontakte von Dealern auf meinem Handy gelöscht. Sie aber nicht. Ein Anruf und jeder von uns hatte ein Gramm in der Tasche. Was mich da ritt? Das gleiche Spielchen wie im spanischen Süden, in Andalusien. Als würde ein Schalter umgelegt, der die Datenübertragung im Gehirn blitzschnell neu strukturierte.

Plötzlich klingelte das Telefon meiner Sitznachbarin. Ihr Freund, sie müsse los, sonst gebe es Stress, und schon war sie verschwunden.

Ich hätte mit dem kleinen Tütchen auf die Toilette gehen und das weiße Pulver runterspülen sollen. Ich ging auch – aber um mir eine Line zu bauen. Wie auf Autopilot, fremdgesteuert.

Die ganze Nacht. Dreimal darf man raten, wo ich zum Schluss landete. In einem Stripklub. Bei den Mädels, die mich nicht verurteilten. Wo ich mich doch selbst genug verurteilte, nicht gleich, aber am Morgen danach. Man hätte mich verprügeln oder mit Waterboarding quälen können, ich hätte keine Antwort gehabt, warum das passiert war.

Zwei Wochen später das Gleiche in Düsseldorf, nur schlimmer. Eine Geschäftsreise. Ich hatte einige Besichtigungstermine für Immobilien, außerhalb der Stadt. Am Abend rief eine Bekannte an. Immer fand sich so jemand. Ich fuhr zu ihr. Wir redeten, tranken Wein, alles noch unschuldig. Bis die Frage im Raum stand, was wir jetzt noch anstellen wollten. Man muss sich von den Bekannten und Freunden fernhalten, von denen man weiß, dass sie die gleiche Vorliebe teilen. Sonst schafft man es nie.

Der nächste Tag ging so weiter wie die Nacht. Wir rührten uns kaum von der Stelle. Das Pulver wurde geliefert. Mein Handy schaltete ich aus, um nicht erreichbar zu sein. Für Sven und meine Freundin ein sicheres Zeichen, dass ich wieder in anderen Sphären schwebte. Der Nachtsurfer. Dann zogen das Mädel und ich doch noch los, zu einem Bekannten, der schick am Rhein wohnte, einen Kumpel zu Besuch hatte und direkt die Party ausrief. Wie aus der Zaubertüte tauchten fünf andere Mädels auf. Bunte Pillen kullerten auf den Tisch, jeder warf sich welche ein. Und irgendwann sprangen wir alle nackt durch die Wohnung.

Zwischendurch Gedankenblitze: Was treibst du hier eigentlich? ... Bist du wahnsinnig? ... Das werden sie dir nie verzeihen ... Scheiß drauf, ist eh alles aus ... Du brauchst gar nicht wieder nach München zurück ... Aus, vorbei ... Also amüsier dich!

Der letzte Tanz.

Noch eine Line, noch ein Pille.

Wer hüpft denn da durchs Zimmer? Die Mädels sind plötzlich Häschen ... Ach nein, sie tragen nur Masken ... Auch ein schöner Spaß ... Welche war es denn eben? ... Was für ein süßer Arsch! ... Ist es schon hell draußen? ... Wer will denn noch was von München wissen? ... Bleib ich eben hier ... Darauf die nächste Line, her mit dem Zeug!

Verging ein Tag oder waren es zwei?

Irgendwann die Ernüchterung. Wieder bei dem Mädel zu Hause. Achterbahn in Sturzfahrt ... und Aufprall, wumm! Das Ende, jetzt wirklich.

Schlaf wäre gut gewesen, alles vergessen.

Ich schlief nicht. Keine Sekunde. Das schlechte Gewissen, die Drogen, der Kater – was es auch war. Aber der wirklich harte Teil stand mir noch bevor. Anrufen, ich musste mich melden. Sven, meine Freundin, meine Eltern – sie waren doch die Wichtigsten in meinem Leben. Ihnen musste ich sagen, dass ich es verkackt hatte, nun endgültig. Ich nahm meinen ganzen Mut zusammen – nein, es war kein Mut. Pure Verzweiflung war es. Zum großen Finale fehlte noch der letzte Messerstich, direkt ins Herz, tief reingebohrt. Tot war ich schon. Alles verloren, Freundin weg, Job weg, die Familie bitter enttäuscht. So würde es sein, ich musste es nur noch hören.

Doch bevor ich sie anrief, wählte ich eine andere Nummer, die der Klinik. Der einzige sichere Ort. Ich brauchte einen Platz, jetzt sofort ... LAST EXIT.

Ich fuhr mit dem Zug hin. Irgendwann fielen mir die Augen zu, endlich.

Ein Tagebucheintrag aus dieser Zeit:

Ich fühle pure Angst.
Heiß, kalt – gleichzeitig.
Ich zittere, mein Kopf rauscht.
Ich lass den Gedanken freien Lauf. Ich atme schnell. Versuche, es zu unterdrücken. Wut und Panik. Wut auf mich. Panik, allein zu sein.
Gefühle, die ich in solcher Wucht nie wahrnehmen konnte. Versuche, sie zuzulassen.
Vielleicht die schwierigste Abfahrt meines Lebens.
Vergleichbare Gefühle kenne ich nur vom Skifahren.
Oben am Start die Panik – und die Wut am Ziel. Das Gefühl wächst zur Ekstase. Keine Droge dieser Welt konnte mir dieses High bescheren. Kurz vor der Ohnmacht stehend und doch lebendig fühlend, ist es Irrsinn oder real, bin ich verrückt?
Bin so übermannt, dass ich nicht weiß, wer diese Zeilen gerade scheibt ...

Dann in die Klinik, ins Zimmer, ins Bett. Stundenlang lag ich dort, starrte an die Decke, regungslos, wartete darauf, dass die Happy-Pillen wirkten, die sie mir gegeben hatten, dass sie ein bisschen Sonne brachten – ich merkte nichts. Einer der Therapeuten sagte später, sie hätten selten einen Patienten gehabt, der so fertig bei ihnen ankam.

Irgendwann in dieser Phase, an einem der ersten Tage, ploppte auf meinem Handy eine WhatsApp-Nachricht auf. Ein Bekannter, der in einem Nachbarort wohnte. Könnte auch sein, dass ich mich vorher bei ihm gemeldet hatte, ohne es selbst richtig registriert zu haben. Bei dem Nebel, der in meinem Kopf herrschte, würde ich das nicht ausschließen. Sonst wäre es ein verdammt großer Zufall gewesen, dass er sich ausgerechnet jetzt meldete. Dieser Bekannte betrieb eine Gärtnerei, im Hauptberuf. Nebenbei dealte er. Wir telefonierten kurz, und an dem Wochenende, das dann kam, holte er mich ab.

Die nächste Session. Ich dachte nicht an morgen, war sowieso alles verloren. Auch nicht an die Klinik. Was kümmerten mich die Ausgangsregeln! Und was kümmerte es mich, dass sie mich spätestens am Abend zurückerwarteten!

Ich blieb, wo ich war, zwei Tage. Wir ballerten uns eine Line nach der anderen rein. Wenn schon untergehen, dann sollte es sich wenigstens gut anfühlen. Dabei tat es das nicht einmal. Nur Dunkelheit, nicht der kleinste Lichtschein. Die blanke Selbstzerstörung, als wollte ich mich bestrafen.

Die Leute aus der Klinik meldeten sich. Ich ließ mich von einem Taxi zurückbringen. Der Drogentest war natürlich positiv. Auch am nächsten Tag. Ich hatte mir heimlich etwas mitgenommen, gut versteckt. Als der kleine Vorrat aufgebraucht war, ließ ich den Dealer noch zweimal liefern. Was war ich für ein Idiot! Aber klar genug, um das Pulver immer gut zu verstecken. Sie filzten ein paarmal mein Zimmer, fanden jedoch nie etwas.

Ungefähr eine Woche guckten sie sich das an, dann nahm mich eine der Ärztinnen, eine taffe, vor der ich großen

Respekt hatte, beim Schlafittchen, im übertragenen Sinn. „So geht das nicht weiter", sagte sie. „Wir geben Ihnen noch genau eine Chance, sonst müssen Sie uns verlassen." Der Weckruf. Erst ab da war ich wirklich in der Klinik – bereit, mir helfen zu lassen.

Wieder das übliche Prozedere, der Stundenplan wie gehabt. Jeden Wochentag eine Einzelsitzung, aber mit einer neuen Therapieform – EMDR, die Reise zu den dunklen Orten der Vergangenheit, um es einfach auszudrücken. EMDR steht für Eye Movement Desensitization and Reprocessing. Man wird vom Therapeuten zu bestimmten Augenbewegungen animiert, was einen in die Lage versetzt, verdrängte Erinnerungen – die Sachen in der Kiste – hervorzuholen und zu verarbeiten. Das ist dann der Idealfall. Die Augenbewegungen werden so gelenkt, dass sie denen in Schlafphasen nahekommen, bei denen das Tagesgeschehen verarbeitet wird. Es geht praktisch darum, vorhandene Blockaden zu überwinden. Ursprünglich für die Bewältigung traumatischer Erlebnisse entwickelt, die die Betroffenen aus der Bahn werfen (Stichwort: posttraumatische Belastungsstörung), wird die Methode inzwischen auch bei Depressionen und verschiedenen Suchterkrankungen angewendet. Man kann mit ihr nicht direkt etwas heilen, aber Verarbeitungsprozesse unterstützen, zum Beispiel von Ereignissen, die die Sucht ausgelöst haben können. Oder von Alltagsängsten und solchen bei Rückfällen.

Angeblich ist es eine der schonenden Therapieformen. Ich weiß nicht, was da zum Teil zum Vorschein kam, also leicht war das nicht zu verkraften. Manchmal saß ich hinterher fix und fertig in meinem Zimmer und heulte, dass es mich nur so schüttelte. Es waren Kindheitsgeschichten, die ich lieber für mich behalte. Ich bin mir auch gar nicht sicher, ob ich manches doch besser nicht erfahren hätte. Schleppt man nur noch mehr Ballast mit sich herum. Irgendwie war es aber auch faszinierend zu erleben, wie dabei Sachen hochkamen, die für mich absolut neu waren, als hätte ich sie niemals erlebt. Dass man nicht einmal die blasseste Erinnerung daran hatte – schon verrückt, wie so ein Gehirn funktioniert. Auch die andere Seite, wie solche Dinge hervorgezaubert werden: Da bewegt der Therapeut seinen Zeigefinger vor deinen Augen, du folgst ihm mit deinem Blick, immer hin und her, und auf einmal siehst du etwas vor dir. Wie früher, als man Fotos noch in einer Dunkelkammer entwickelte. Sieht man manchmal in alten Filmen. Zuerst ist nur das weiße Papier zu erkennen, dann entsteht darauf ein Bild. Oder es war plötzlich ein Geruch da oder eine Empfindung, so etwas wie kalt oder warm. Jedes Details war wie ein Puzzleteil, das zusammen mit vielen anderen eine verdrängte Erinnerung ergab.

Jeder hat sein Päckchen zu schleppen, keiner marschiert ohne durchs Leben. Ich brauchte mich bloß umzuschauen. Der Dauerpatient aus Augsburg, den seine Familie verstoßen hatte, war übrigens immer noch da. Ansonsten das Übliche, eine bunte Mischung aus interessanten Leuten und traurigen Schicksalen. Da war das Mädel aus Heidelberg, das es als Model bis nach New York geschafft hatte, dort bei einer Agentur unter Vertrag stand, sich nun aber mit Psychosen herumschlug – sie sprach mit den Wänden –, die die Therapeuten aufs Kiffen zurückführten. Offenbar hatte sie es damit übertrieben. Ein anderer Patient, ehemaliger Luftwaffenpilot, er kam aus Bamberg, versuchte ständig, mit dem Mädel anzubandeln. Er litt an Depressionen, die er in Selbstmedikation mit Unmengen an Alkohol bekämpft hatte, was auf Dauer nach hinten losging. Sein Suizidversuch Nummer drei hatte ihn in die Klinik gebracht.

In der Gruppentherapie tauchte eines Tages ein völlig überdrehter Typ auf, Mitte zwanzig, für den die schwierigste Aufgabe darin zu bestehen schien, seine Klappe zu halten. Er redete in einer Tour, sodass kaum ein anderer zu Wort kam. Bis die Therapeuten ein Medikament fanden, das ihn etwas sozialisierte. Seine Diagnose: bipolare Störung, er war manisch-depressiv.

Eine gute Kontaktbörse war die Medikamentenausgabe, wenn man dort zusammen wartete. Einmal hörte ich schon von Weitem eine – ich sag mal – markante Stimme. Sie fiel einfach auf. Tief, ein bisschen Slang, nichts Bayerisches, eher norddeutsch, Digga und so. Das Gesicht sagte mir nichts, aber das Outfit sah schwer nach Rapper aus, Lederkutte, fette Uhr am Handgelenk, Bling-Bling, konnte man nicht dran vorbeischauen. Wir saßen dann nebeneinander:

Er: „Hallo, ich bin ..."

Ich: „Bene, freut mich."

Er: „Hab gehört, du bist auch Skifahrer."

Das „auch" machte mich kurz stutzig, bis ich kapierte, wie er das meinte.

Wieder er: „Zu viel Koka, du auch?"

Ich: „Ja, habs ein bisschen übertrieben zuletzt."

Er: „Wie viel, am Tag?"

Ich: „Fünf."

Er: „Ich sieben, aber hey, fünf sind auch stabil."

Versicherungsmakler, Zahnarzt, Unternehmer, Berufssohn vom reichen Papa, Lehrer, Ex-Polizist – war alles vertreten. Einmal, den Anblick werde ich wohl nie vergessen, kam ein Typ hereingehumpelt, halb zusammengekrümmt, als hätte er schlimmste Schmerzen, und gekleidet wie eine Vogelscheuche. Zerrissene Jeans, weites T-Shirt, beides schmutzig wie aus der Mülltonne gezogen. Er sagte kein Wort, schien beim Klinikpersonal aber bekannt zu sein. Ich meine, er musste nicht erst irgendwelche Bögen ausfüllen oder so. Sie sprachen ihn allerdings auch nicht mit seinem Namen an, oder das entging mir. Nicht entgangen ist mir, wen sie da vor sich hatten: einen ziemlich bekannten Sportler, einen ehemaligen, er war früher eine große Nummer, lebte eigentlich irgendwo bei Frankfurt. Über die Sportschiene kamen wir nach ein paar Tagen ins Gespräch. Es schien ihm besser zu gehen. Er konnte wieder aufrecht laufen. Sein Problem: der Suff. Die Quartalsnummer. Eine Weile hielt er durch, dann der totale Absturz, jedes Mal schlimmer. In der Klinik war er wegen seiner Kinder. Die seien alles für ihn, für sie mache er das. Zwei, drei Wochen, dann war er auf einmal verschwunden.

Ich blieb diesmal drei Monate. Wie eine Generalüberholung – für den Kopf. Und für den Verstand. Und für die Seele, für die auch. Doch die Therapie war damit nicht beendet, das ist sie bis heute nicht. Jede Woche zwei Termine, eine Einzelsitzung, eine Gruppensitzung, in München, weil es einfacher ist. Struktur ist wichtig, daran hat sich nichts geändert. Klarer Tagesablauf, genaue Terminplanung, keine Eskapaden. Sven und ich, wir haben uns ausgesprochen. Das heißt, wir sprechen jeden Tag. Zum Glück nun hauptsächlich über Themen, die unsere Firma betreffen, das Business. Ich bin froh und dankbar, dass wir wieder echte Partner sind. Meine Freundin hat sich von mir getrennt, was schade, aber verständlich war. Allerdings, und das rechne ich ihr hoch an, wartete sie damit, bis es mir besser ging. Ich sag' ja, sie ist eine tolle Frau. Inzwischen habe ich eine neue Liebe gefunden. Ich versuche, vieles besser zu machen. Keine Drogen, das ist klar. Auch keine Lügen mehr. Vertrauen und Ehrlichkeit. Und trotzdem werde ich Fehler machen, bei ihr und überhaupt. Weil jeder Fehler macht. Doch die größten kann ich hoffentlich vermeiden.

Der Weg ist noch nicht zu Ende. Es wird ein Kampf bleiben, das weiß ich.

ZUM AUTOR

Benedikt Mayr, geboren 1989 in München, war einer der erfolgreichsten deutschen Freestyle-Skifahrer. Er nahm an drei Weltmeisterschaften teil, an den Olympischen Spielen 2014 in Sotschi, fuhr im Weltcup und bei Profi-Events in Europa und in den USA. Er ist Mitinhaber einer Immobilienfirma und Co-Host des erfolgreichen Podcasts „Reden am Limit".

IMPRESSUM

Projektleitung: *Dr. Marten Brandt*
Lektorat: *Dr. Marten Brandt, Stephan Klemm*
Layout und Satz: *Datagrafix GSP GmbH, Berlin*
Umschlaggestaltung:
Groothuis. Gesellschaft der Ideen und Passionen mbH | www.groothuis.de
Lithographie: *Frische Grafik*
Gestaltung der Bildstrecke:
Groothuis. Gesellschaft der Ideen und Passionen mbH
Druck und Bindung: *GGP Media GmbH, Pößneck*

Alle Rechte vorbehalten. All rights reserved. Das Werk darf — auch teilweise — nur mit Genehmigung des Verlags wiedergegeben werden.

 1. Auflage 2024
© 2024 Edel Verlagsgruppe GmbH
Neumühlen 17
D-22763 Hamburg
ISBN: 978-3-98588-082-9

LIEBE LESERINNEN, LIEBE LESER

wie schön, dass Sie ein Buch von EDEL EXTREME lesen! Wir lieben große Geschichten, herausragende Persönlichkeiten und starke Meinungen aus der faszinierenden Welt des Sports und freuen uns sehr, dass Sie diese Leidenschaft mit uns teilen. Sport ist Emotion, Entertainment und Business zugleich. Geben Sie uns gern Ihr Feedback auf Instagram (@edel.sports) oder schreiben uns an:
info@edelsports.com

UNSER VERLAGSHAUS

Mit Standorten in Hamburg und München zählt die Edel Verlagsgruppe zu den größten unabhängigen Buchanbietern Deutschlands. Zur Gruppe gehören die Verlage Dr. Oetker Verlag, Edel Sports, KARIBU und ZS.

EDEL Sports – Ein Verlag der Edel Verlagsgruppe
🌐 www.edelsports.com
📷 www.instagram.com/edel.sports

LEBEN UND TOD DER BIG-WAVE-SURFER

Matt Majendie
Nazaré

ISBN 978-3-98588-100-0

Aufregend, tückisch erschreckend

Jetzt überall, wo es gute Bücher gibt.

EIN LEBEN AUF DER ÜBERHOLSPUR

**Lindsey Vonn
Hoch hinaus**

ISBN 978-3-98588-036-2

Medaillen, Rekorde, Depressionen

Jetzt überall,
wo es gute Bücher gibt.

EIN BUCH WIE EIN RAUSCH

**Eric Stehfest
9 Tage wach**

ISBN 978-3-8419-0518-5

Offen, ehrlich, schonungslos

Jetzt überall,
wo es gute Bücher gibt.